O CAMINHO ABERTO

pastor alemão, tão carinhosa que chegou a adotar um carneiro no jardim. ("O carneiro tenta mamar nas tetas dela. Claro, isso [illegible] nenhum pouquinho; ao contrário, [illegible]") [illegible] que ficou cuidando dos assuntos em [illegible]

[illegible] não se trata de [illegible] enfrentar a expressão [illegible] nos lembrar que a nutrição [illegible] predação. [illegible] de não dar cascos afiados aos cervos [illegible] sem dúvida [illegible] [illegible] a ser vegetarianos, compreendo [illegible] de — que ele [illegible] também [illegible] pouco possuem cascos pontudos.

Mas o principal tema que ele [illegible] pre, é o que aprendeu da visita em curso, especialmente [illegible] contros com físicos em Tóquio. No antigo Tibete, diz ele, as mandalas mostravam que o sol e a lua eram do mesmo tamanho e equidistantes da terra. "Isso é um erro", afirma ele, como [illegible] que cada vez mais costuma utilizar tudo que a ciência [illegible] velado ser falso pode ser afirmado. "As Quatro Verdades Nobres, *shunyata*" — a doutrina do vazio, ou interdependência — "é [illegible] que nós, budistas, necessitamos. Todo o mais, segundo [illegible] são, são folhas de outono."

Recordo-me de como ele se inflamou quando foi [illegible] do pelo jovem filósofo japonês em volta da mesa de conferência. O próprio budismo, diz ele agora, só tem a lucrar com o debate, assim como aconteceu antes com o hinduísmo. Reinos inteiros estiveram em risco, declara com crescente entusiasmo, quando o budismo debateu suas posições em relação ao hinduísmo e o povo acompanhou o choque de ideias, tal como mais tarde observou a luta de homens armados.

Reinos inteiros estão agora em risco, penso eu, recordando

PICO IYER

O caminho aberto

Um dalai-lama na era global

Tradução
Sergio Duarte

COMPANHIA DAS LETRAS

O autor agradece à John Simon Guggenheim Memorial Foundation pelo generoso apoio que tornou possíveis a pesquisa e a redação deste livro.

Grafia atualizada segundo o Acordo Ortográfico da Língua Portuguesa de 1990, que entrou em vigor no Brasil em 2009.

Título original
The open road: the global journey of the fourteenth Dalai Lama

Capa
João Baptista da Costa Aguiar

Imagem de capa
© Adan Hawalej/ EPA/ Corbis/ LatinStock

Preparação
Leny Cordeiro

Revisão
Eliana Medeiros
Carmen S. da Costa

Dados Internacionais de Catalogação na Publicação (CIP)
(Câmara Brasileira do Livro, SP, Brasil)

Iyer, Pico
O caminho aberto : um dalai-lama na era global / Pico Iyer ; tradução Sergio Duarte. — São Paulo : Companhia das Letras, 2009.
Título original : The open road : the global journey of the fourteenth Dalai Lama.
ISBN 978-85-359-1465-8

1. Bstan- `dzin-rgya-mtsho, Dalai Lama XIV, 1935- I. Título.

09-04252 CDD-922

Índice para catálogo sistemático:
1. Líderes religiosos : Biografia 922

[2009]
Todos os direitos desta edição reservados à
EDITORA SCHWARCZ LTDA.
Rua Bandeira Paulista 702 cj. 32
04532-002 — São Paulo — SP
Telefone (11) 3707-3500
Fax (11) 3707-3501
www.companhiadasletras.com.br

Simplifica, pois, o problema da vida, distingue o necessário e o real. Pesquisa a terra para ver que direção seguem tuas principais raízes. Quero apoiar-me em fatos.

Henry David Thoreau, 27 de março de 1848
(na primeira carta ao novo amigo Harrison Blake)

EM PÚBLICO

Tudo isso é um sonho. No entanto, observe-o por meio de algumas experiências. Nada é tão maravilhoso para ser verdadeiro, se for coerente com as leis da natureza.

Michael Faraday, 1849

sua antiga cultura, dada por dois austeros professores de mantos vermelhos [illegible] morarem em uma mansão de verão cheia de flores, animais e jogos. Seu irmão mais velho lhe fazia companhia no frio e escuro palácio que dominava a cidade.

Certo dia, prosseguia o conto, o menino ainda adolescente foi chamado a ser o governante de muitos milhões de pessoas, assim como seu principal monge e líder religioso. Viajou novamente em caravana e num barco feito com pele de iaque até a distante cidade do imperador, que revelou a intenção de invadir o país do menino — "libertá-la", em suas palavras — a menos que este fosse capaz de persuadi-lo do contrário. Ele se recusou e o imperador atacou. Certa noite, disfarçado de soldado, logo depois de terminar seus exames finais, o menino escapou de seu palácio em companhia da mãe, do irmão mais moço e de alguns amigos fiéis, iniciando uma longa e arriscada viagem através das mais altas montanhas da terra.

Naquele ponto a história ficava mais emocionante. Nosso pequeno rádio de pilha emitia muita estática e ruído, e depois de desligá-lo meu pai se voltava para mim [illegible] antes da chegada da televisão, para me informar dos acontecimentos do dia. O jovem rei ia fugindo através de montanhas altas e geladas, com os perseguidores em seu encalço. Às vezes era possível à noite ver as fogueiras do acampamento do inimigo e as tendas dos soldados a algumas centenas de metros. O pequeno grupo desaparecera nas montanhas. Um misterioso avião — amigo ou inimigo? — voava em círculos acima deles. Naquela noite, a informação era de que o grupo de fugitivos se aproximava de [illegible]dade na fronteira.

Não era uma história muito diferente das que eu ouvia nas aulas das escolas St. Philip e St. James. Falavam de outras fugas, de outras joias preciosas conduzidas para a segurança além-fron-

O enigma

Num quarto de paredes decoradas com coloridas figuras tibetanas, sob picos nevados e rodeados de encostas cobertas de pinheiros, dois jovens compartilhavam muitas experiências. Ambos eram viajantes — exilados — que haviam deixado para trás os lugares de origem e portanto podiam pensar na pátria de um jeito novo, sem as limitações de nacionalidade e raça. Ambos eram filósofos, também, mas filósofos com um profundo interesse no mundo real e no modo como a política e a sociedade podiam ser transformadas quando contempladas sob uma luz diferente. Ambos chegavam à idade adulta numa época em que as culturas tinham alcançado uma capacidade inédita de comunicação, graças aos aviões a jato e às telas de TV, e talvez para eles a questão principal fosse como transformar essa realidade global em uma nova oportunidade.

O décimo quarto dalai-lama tinha somente 24 anos de idade na época, e chegara à Índia cerca de um ano antes, em março de 1959, obrigado a fugir de seu Tibete natal quando as tropas chinesas ameaçaram levar a guerra à capital, Lhasa. Agora, pela primeira vez na vida adulta, morava com a mãe e alguns dos irmãos, satisfeito com a oportunidade de conversar com gente desconhecida e descer de seu trono, como jamais poderia ter feito em seu antigo lar. Naqueles primeiros tempos, ele apreciava as caminhadas pelas altas montanhas e os piqueniques nos prados. Chegou mesmo a iniciar o cultivo de um jardim, como fizera em Lhasa. Porém, como ele revelou mais tarde, cada vez que começava o trabalho uma das famosas monções indianas reduzia seus esforços a nada, e uma parte de seu ser sentia falta dos planaltos secos do Tibete.

Ao entrar naquele quarto, meu pai percorria um caminho oposto. Era cinco anos mais velho do que o dalai-lama, filho de pais hindus, e crescera em um pequeno apartamento em Mumbai onde moravam também seus seis irmãos, alguns primos e um ou outro vizinho. Estudara em escolas católicas britânicas, e assimilara tão bem o que lhe haviam ensinado sobre santo Agostinho e Shakespeare que conseguiu obter uma bolsa de estudos para Oxford, e agora (tal como minha mãe, também hindu e educada em Mumbai) era professor de filosofia política na antiga universidade. Tinha consciência da rara oportunidade de juntar a grande tradição ocidental de Platão, Plotino e Kant com o hinduísmo e o budismo que assimilara quando garoto.

Na época em que acabava de voltar à Índia e havia pedido para visitar o recém-chegado dalai-lama, meu pai estava imerso em uma pesquisa sobre Mohandas Gandhi. O próprio líder tibetano também se sentia bastante interessado em Gandhi, claro, na medida em que tentava descobrir como liderar uma luta não violenta contra a ocupação estrangeira e utilizar a experiência política em favor de uma causa que transcendia a política. Por acaso, o lugar em que estava morando lhe fora cedido pela mesma rica família indiana que emprestara a Gandhi sua última morada, em Delhi, e no prédio em que os dois jovens se encontraram havia muitos retratos do ativista indiano de apenas uma geração antes. O subtítulo escolhido por Gandhi para sua autobiografia — *História de minhas experiências com a verdade* — poderia servir igualmente para a história do dalai-lama (também um aficionado prático da experimentação durante toda a vida) e sua tentativa de construir um Tibete novo e mais duradouro fora do Tibete, e de descobrir como proteger os direitos de seu povo sem negar os legítimos direitos do "grande vizinho", como ele costumava dizer, a China comunista.

Cinco anos depois daquele primeiro encontro, meu pai publicou um livro, *The glass curtain* [A cortina de vidro], que tratava dos muitos séculos de incompreensão e conjecturas que haviam separado a Ásia da Europa. O prefácio foi escrito por seu novo amigo, o dalai-lama, cujo principal objetivo sempre fora vencer as diferenças para chegar a um entendimento comum mais profundo. O livro era dedicado a um menininho chamado Pico — embora eu só tenha percebido isso muitas décadas depois — e "aos de sua geração, para os quais não haverá cortina".

Passados 43 anos daquele auspicioso encontro, um de seus beneficiários se levantou da cama em seu apartamento de dois quartos num subúrbio no Japão, numa radiante manhã de outono, na aurora do novo milênio, a fim de ir passar o dia com o dalai-lama. Naquela altura eu já o vinha visitando em sua casa no exílio ao longo de quase trinta anos, e passara quase o mesmo tempo acompanhando-o em suas viagens pelo mundo. No entanto, ainda me sentia intrigado com a revolução silenciosa que ele difundia, desafiando-nos a enxergar a política, o globalismo e a própria celebridade sob uma luz mais clara e mais ampla, e estava interessado em examinar todos os enigmas e indagações que sua experimentação suscitava.

Nos últimos anos ele vinha viajando cada vez mais, em parte, como sempre, para falar em nome dos 6 milhões de tibetanos mais ou menos aprisionados no Tibete sob a ocupação chinesa, porém também cada vez mais apresentando o que agora chamava de "ética global", isto é, os princípios básicos de bondade e responsabilidade que qualquer um pode pôr em prática em sua vida, esteja ou não ligado a alguma religião. Em meus muitos anos de viagens como jornalista, não conheci nenhum outro tibetano — ou exilado — que não ficasse o tempo todo lamentando o passado perdido e em vez disso concentrasse energia em descobrir como construir um futuro mais útil e inclusivo para o mundo todo.

O Japão, em novembro, irradia resplendor e impermanência. Naquele dia o céu da aurora surgiu com um azul surpreendente, à temperatura de pouco mais de vinte graus, mesmo com as folhas das árvores em torno da cidade de Nara já começando a se colorir de ocre, amarelo-limão e do tom avermelhado dos mantos dos monges. O coração de Nara, a primeira capital budista do Japão, treze séculos antes, é um parque para cervos que lembra aquele no qual Buda fez seu primeiro sermão, na Índia. Tudo muda, decai e morre, dizem as folhas das árvores no outono japonês, e no entanto tudo ressurge, e a própria mudança é uma forma de constância. A vida, na visão de alguns budistas, é a "participação alegre em um mundo de pesares".

Eu e Hiroko, minha companheira de muitos anos, nos levantamos à luz matinal que projetava poças douradas em nosso teto, e fomos de ônibus e trem ao bolorento Hotel Nara, um refúgio de caçadores de noventa anos de idade que fica em um canto do parque, como um souvenir que tivesse caído do bolso de algum turista distraído. Pouco antes das nove horas fomos levados a uma sala de reunião onde já estavam dez acadêmicos e monges locais — todos homens, a maioria usando traje formal preto —

sentados em volta de uma mesa, procurando disfarçar os bocejos e manter-se bem eretos, à maneira japonesa. Como observadores, sentamo-nos em cadeiras dobráveis colocadas contra a parede, e eu fiquei imaginando que o próprio dalai-lama já estaria de pé há mais de cinco horas, pois acordava, como sempre, às três e meia da madrugada para passar as primeiras quatro horas do dia meditando sobre as raízes da compaixão e sobre o que poderia fazer por seu povo, pelos "irmãos e irmãs chineses" que mantinham seus compatriotas como reféns, e por todos os demais, enquanto se preparava para a própria morte.

Quando ele entrou na sala, acompanhado por um grupo de assessores e anfitriões, o vulto curvado caminhando para a frente — "Ele parece um jogador de futebol americano", disse-me certa vez seu velho amigo e admirador Abe Rosenthal, que por muito tempo foi editor-chefe do *New York Times* —, a atenção de nosso grupo redobrou. Ele olhava em volta como de costume, perscrutando rostos conhecidos, olhando nos olhos dos que não conhecia, examinando o local onde se encontrava (quando fui vê-lo em Dharamsala, dezoito meses depois, percebi que muitos dos exemplos que ele utilizaria tinham se originado naquela breve viagem ao Japão). Tinha as mãos juntas diante de si, em um gesto de respeito, e eu percebi que sua atitude, que nada tinha de esquiva, objetivava dissolver todas as barreiras e acabar com a formalidade. Sua linguagem corporal parecia estar dizendo: estamos nisto juntos, vamos ver se conseguimos aproveitar esta sessão para fazer algo de bom.

Tomando assento junto a uma das extremidades da mesa, olhou o aposento com uma curiosidade desembaraçada e franca e depois se voltou para o tradutor escolhido para a reunião, que parecia um hippie americano nativo, a julgar pelo espesso rabo de cavalo grisalho e o colete à moda cigana. (O dalai-lama dificilmente resiste a puxar a barba ou o rabo de cavalo dos homens.)

Enquanto o tibetano pronunciava algumas palavras de apresentação, notei algo que não percebera antes. Ele fora até ali sobretudo para falar de "potencial", para usar uma de suas expressões preferidas. Uma equipe de cientistas no estado de Wisconsin, complementada por pesquisadores de Princeton e Berkeley, explicou ele, em seu ritmo ponderado e alternando entre inglês e tibetano, vinha levando a cabo uma série de experiências com monges e pessoas habituadas à meditação, a fim de avaliar o possível efeito desse treinamento sobre a mente. Até o momento haviam descoberto que os que meditavam há muitos anos conseguiam reduzir o ritmo das batidas do coração a três ou quatro por minuto (e em certos casos ainda menos), alterar a capacidade de percepção do cérebro e até estimular o sistema imunológico. Ainda era preciso confirmar os resultados positivos, mas a pesquisa sugeria que, assim como tantos treinam para fortalecer o corpo, talvez fosse possível fazer o mesmo com a mente.

E que, se conseguíssemos controlar as pulsações do coração, as ondas teta e até a temperatura do corpo, talvez pudéssemos também fazer mais para controlar nossa maneira de pensar, nossa ira, nossas concepções. Sem dúvida, as novas ideias neurológicas sobre a "plasticidade neuronal" sugeriam que temos um potencial de mudança muito maior do que se imaginava. Teríamos, segundo a pesquisa, potencial para transformar a mente e portanto também o mundo que a mente cria.

Siddhartha Gautama, o Buda, era antes de mais nada um empírico, um cientista de si mesmo; tudo o que aprendeu foi por meio de experiências com o espécime mais próximo, ele próprio. Primeiro, abandonou seu suntuoso palácio aos 29 anos de idade a fim de observar pessoalmente as realidades que o pai procurara esconder dele, as verdades permanentes da idade avançada, do sofrimento e da morte. Em seguida viajou muito, consultando mestres e praticando o ascetismo, até afinal sentar-se sob uma figueira jurando não levantar enquanto não chegasse a alguma compreensão da natureza do sofrimento, e, mais do que isso, de como alcançar a libertação do sofrimento. Depois viajou até o fim da vida, ampliando e compartilhando o entendimento que havia adquirido.

Sempre fazia questão de explicar às pessoas que não era mais do que um experimentador, nada fazendo que qualquer um não pudesse fazer; seu objetivo era simplesmente o mesmo de um médico à cabeceira do doente, ansioso por encontrar solução para o problema imediato sem afirmar que fosse a única nem mesmo a melhor das soluções. Falando, como sempre fazia, de um "caminho", queria dizer que sempre é possível ir mais longe, que tudo se encontrava em constante estado de fluidez e que só o que fazia era mostrar a trilha para que outros a pudessem percorrer em novas direções.

O décimo quarto dalai-lama já percorria a mesma trilha havia várias décadas, em busca de um mundo no qual quase todas as culturas pudessem ter acesso umas às outras e no qual uma única imagem tivesse o poder de atingir todo o planeta; havia saído da aldeia de casas de barro e pedra em que nascera para chegar ao centro de um reino que mesmo na década de 1950 ainda não tinha estradas que o ligassem ao resto do mundo, e daí direto para o olho do furacão do século XXI. Mas sempre assinalava que, como o "cientista da mente" que fora seu mestre principal, não desejava reivindicar autoridade final.

"Nosso mestre nos deu liberdade para investigar até mesmo suas próprias palavras", ouvi-o dizer dois anos depois em Zurique, ao falar de Buda, "e eu exerço integralmente essa liberdade!" Quando menino, cedo demonstrou fascínio por tudo o que fosse científico, consertando o gerador do Palácio Potala, em Lhasa, usando um telescópio que o décimo terceiro dalai-lama lhe legara e descobrindo, contrariamente aos ensinamentos tibetanos, que a lua não emite luz própria; divertia-se desmontando relógios (como fazia o décimo terceiro dalai-lama) e tentando montá-los novamente. Mesmo agora, conservava na escrivaninha de casa um modelo em plástico do cérebro com suas diversas partes rotuladas, e gostava de conversar com cientistas que pudessem aperfeiçoar seu entendimento do mundo e da mente, contestando parcialmente suas próprias ideias a respeito.

A ciência, disse ele a intelectuais japoneses, "trata sobretudo da matéria; a fé trata sobretudo do próprio observador". Ambas, no entanto, nos informam que "não existe objetividade independente". E ambas, afirmava, se dedicam a "reduzir o hiato entre realidade e percepção". Poderia acrescentar que pesquisas recentes, anunciadas na capa da revista *Time*, sugeriam que as pessoas que obtêm notas mais elevadas em testes de felicidade vivem mais do que as outras, em parte porque a felicidade depende não tanto de nossas circunstâncias quanto de nossa percepção. Ganhadores de loteria muitas vezes confessam que não estão em melhor situação do que antes — não sabem mais quem são seus amigos, sentem-se deslocados em bairros elegantes, passam o tempo todo consultando advogados; outros, porém, que ficaram paraplégicos de repente, após cerca de um ano de adaptação dizem que suas condições não são piores que antes. A mente, como disse Milton no início do *Paraíso perdido*, "pode fazer do céu um inferno, e do inferno um céu".

Creio que a intenção é explorar o mundo de perto, a fim de descobrir suas leis para depois ver o que pode ou não ser feito dentro dos limites dessas leis; as palavras favoritas do dalai-lama, conforme verifico nesta manhã, são "investigar", "analisar" e "pesquisar". Não menciona o budismo, até porque as pessoas em redor da mesa estão aqui como estudiosos, e além disso alguns dentre eles (como eu) podem nem sequer ser budistas. O mais importante é o que cada um pode fazer, seja cristão, marxista ou até mesmo inimigo do budismo. As opiniões religiosas dos cientistas não têm importância; o que importa é o que suas experiências terão revelado e que tenham consciência, como nas pesquisas nucleares, das consequências para o mundo real daquilo que sua mente vai descobrindo.

À medida que a sessão prossegue, sinto — e talvez não seja o único — que às vezes o visitante parece otimista demais, disposto demais a juntar o realismo à autoconfiança. As recentes manifestações contra a invasão do Iraque pelos Estados Unidos, diz ele (referindo-se às ações militares iniciadas oito meses antes), são algo positivo, "encorajador", embora não tenha havido indícios de alternativa não governamental para pôr em prática aquele desejo de paz. Muitos outros, imagino eu, poderão achar que o fato de haver muita gente nas ruas hoje significa apenas que muita gente tem algo de que se queixar. Mas o princípio ainda permanece: se acreditarmos que a beleza está nos olhos do observador, talvez a força, a possibilidade e a boa vizinhança tambem estejam.

A outra bandeira que ele levanta é a razão, e uma recusa, como disse Buda, em aceitar qualquer coisa com fé cega ou porque desejamos que seja verdade. "Naquela época", diz ele, a respeito do início da guerra, falando com isenção característica, "algumas pessoas me pediram: 'Vá a Bagdá!'. Mas eu pensei: isso não faz sentido. Não é realista. Não tenho amigos em Bagdá. Sou um monge budista — talvez nem eu mesmo consiga encontrar o caminho."

Recordo que nas paredes do templo junto a sua casa na Índia há apenas duas citações de Buda. Uma delas diz: "Assim como se avalia o ouro esfregando-o, cortando-o e derretendo-o, também é preciso examinar bem minhas palavras e aceitá-las, mas não por respeito a mim".

"Naquele ponto", prossegue o dalai-lama, "tive uma sensação muito forte de que alguém como o presidente Havel, que o mundo todo conhece, ou um ganhador do prêmio Nobel, como Jimmy Carter ou o arcebispo Tutu, uma pessoa assim deveria ir até lá, falar com Saddam Hussein e seus assessores." Havia só "uma possibilidade remota" de que desse algum resultado. Mas nada se perderia por tentar. "Porque em geral não há muita confiança nem mesmo em representantes das Nações Unidas. Sempre há suspeitas."

Enquanto o tradutor local transmite as palavras em japonês, o visitante tibetano olha ao redor da sala com o interesse de um recém-chegado. Em determinado momento tira do amplo manto uma caneta prateada e anota alguma coisa. Está tão à vontade diante dos cientistas quanto se estivesse sozinho em sua própria casa. As pessoas sempre comentam seu sorriso e seu encanto quase palpável; mas, para que suas ideias de fato tenham algum efeito, penso eu, é preciso que brotem da acuidade e da vivacidade de espírito.

"A grande morada da alma", escreveu certa vez D. H. Lawrence em um relato tipicamente amplo sobre Walt Whitman, "é o caminho aberto. Não é o céu, nem o paraíso. Não fica 'lá em cima'." A alma, na visão de Lawrence, é "um peregrino que segue pelo caminho", e a "verdadeira democracia" floresce no ponto em que "uma alma se encontra com outra, no caminho aberto". Nesse sentido, o caminho parece ser também o lar natural de alguém que visivelmente se desloca em uma trilha, a fim de falar com todos que encontrar pelo caminho e de descobrir de que maneira os estrangeiros, os especialistas e outros peregrinos poderão instruí-lo.

Logo que o dalai-lama termina de falar, os peritos em volta da mesa, um após outro, apresentam comentários, em geral afirmações secas e um tanto formais, preparadas de antemão. No entanto, de repente um homem — o mais jovem entre os presentes, que talvez ainda não tivesse quarenta anos — se dirige diretamente ao dalai-lama. "Sou um realista", diz ele. "Toda essa história sobre *ahimsa* e não-violência, tudo isso é muito bom, mas de que maneira ajuda o mundo? Há gente morrendo no Iraque, no Afeganistão", ele acrescenta, quase desnecessariamente. Na mesma hora o dalai-lama se anima, como num debate do tipo que a escola tibetana de budismo preconiza como forma de aguçar a mente e superar certezas arraigadas. Os governos custam a se informar sobre as possibilidades que as pessoas percebem, diz ele; de qualquer forma, demora-se muito a mudar e descartar antigos hábitos. A resposta é dada com tanta segurança que começo a pensar que essa também deve ser uma das muitas perguntas que o dalai-lama faz a si mesmo diariamente.

Um instrutor religioso que aconselha as pessoas a não se deixarem confundir nem distrair com a religião; um tibetano que dá a entender que o Tibete não tem todas as respostas; um budista que cada vez mais incita os estrangeiros a não adotar o budismo, e sim estudar no âmbito da própria tradição em que suas raízes são mais profundas; no mínimo, parecem propostas muito radicais. No início do novo século o mundo se apresenta mais dividido que nunca, e sua potência mais forte está fracionada por muitas disputas; em meio a tudo isso, o líder do budismo tibetano insiste em que não se dê tanta atenção à doutrina, que muitas vezes pode ser fonte de divergências, mas sim que ela seja impulsionada na direção de alguma coisa humana, em que a ideia de "civilizações em choque" possa parecer remota.

Quando o corpulento tibetano deixa o recinto e se dirige para a rua, sob a luz do sol — onde há gente segurando cartazes com o slogan TIBETE LIVRE e agitando a bandeira tibetana, agora proibida no Tibete —, percebo qualquer coisa incongruente no fato de este jornalista cético e estranho ao grupo (eu mesmo) dedicar tanto tempo à tentativa de entender o que aquele homem está dizendo.

Mas o dalai-lama me impressiona, ou me desarma, rejeitando muitas das categorias com as quais nós mesmos nos aprisionamos. As únicas verdades que podem fazer sentido para nós, sugere ele, se aplicam a todos os seres humanos, assim como acontece no teorema de Pitágoras ou nas leis da termodinâmica; caso se refiram somente a uma tradição ou cultura específica, nesse caso não são de modo algum verdades humanas. E a única coisa que um oriental — ou ocidental — pode oferecer é uma janela de onde olhar essas verdades, que permita ao restante de nós vê-las mais claramente do que antes. Para alguém como eu, que cresceu em muitas culturas mas se recusa a acreditar que a falta de um ponto de apoio fixo signifique a falta de um centro interior, é estimulante ouvir essas coisas, assim como é estimulante a ideia de que não precisamos nos definir por meio de nossas diferenças.

Vou seguindo o dalai-lama enquanto ele caminha pelas trilhas de seixos brancos do centro de Nara e noto, à medida que as pessoas se dirigem a ele em busca de uma bênção ou de um aperto de mão, que ele passa com a velocidade de um raio, como sempre, de monge a chefe de Estado, a filósofo, cientista e homem comum. Verifico, porém, que o mais surpreendente é o fato de que ele nos apresenta todas essas facetas em conjunto, como que entrelaçadas, a fim de mostrar como elas podem esclarecer umas às outras. Não conheço muitos monges tão dispostos a afirmar apenas o que é passível de verificação científica, e menos ainda políticos que tentem falar com a tranquilidade e o cuidado de um monge. O papa João Paulo II, bom amigo do dalai-lama, também viaja cada vez mais pelo mundo, utilizando aviões e automóveis para levá-lo a toda parte; mas quando viaja costuma visitar outros católicos para proclamar a fé e oferecer orientação doutrinária. O dalai-lama, em contraste, parece gostar de conhecer pessoas de tradições diferentes da sua — católicos, neurocientistas, até mesmo maoístas — e ver o que têm em comum por baixo de suas diferentes denominações.

Não posso deixar de pensar que se trata de uma reação interessante a uma época em que alguns matam em nome de Alá e outros em nome do Deus cristão. Mas ao mesmo tempo que penso essas coisas, vejo os tanques que me cercavam na Etiópia não faz muito tempo, os soldados armados que encontrei na Arábia disputando tostões. Lembro-me dos guerrilheiros que entraram na sala onde eu estava em El Salvador, durante a guerra civil naquele país, e dos barracos que vi em Soweto, onde as ideias filosóficas não pareciam capazes de trazer alimento às mesas. Não posso dizer, após vinte anos de cobertura jornalística de guerras e revoluções, que exista alguém que tenha todas as respostas (e sei que o dalai-lama tampouco diria isso); o que anima são as perguntas que ele traz à baila.

Após um breve intervalo para o almoço no Hotel Nara, onde se hospedara naquele dia, o dalai-lama volta a sair à rua na tarde radiante para o que sem dúvida será o ponto culminante de sua visita: uma excursão a Todaiji, no parque de cervos, o grande templo considerado o maior prédio de madeira do mundo. Foi a partir dali que o monge japonês conhecido mais tarde como Kobo Daishi viajou para a China há doze séculos, trazendo ao regressar uma forma de budismo — *Shingon* — que pode ser uma tradução aproximada do budismo tibetano. Há mais de um milênio um grande Buda, de mais de quinze metros de altura, ocupa o centro do recinto de orações.

Esse lugar está sempre cheio de turistas de todo o mundo, que tentam retratar o Buda nas máquinas fotográficas de seus telefones celulares ou posando para fotos no imenso pátio, mas nesse dia percebo que para um budista o templo pode significar algo mais profundo. Duas vezes a grande estrutura foi completamente destruída por incêndios, e duas vezes foi reerguida. As mãos do Buda datam do século XVI, a cabeça de um período posterior, e outras partes do corpo vêm da primeira fase da construção. Nesse aspecto, não difere muito do dalai-lama: o veículo, o condutor físico, sem dúvida é extremamente perecível. A mensagem, no entanto, permanece constante.

O dalai-lama desce do carro diante do portão externo do conjunto, que costuma ficar fechado mas hoje está escancarado, e eu o sigo junto com Hiroko subindo o curto lance de degraus de pedra que levam à entrada formal. Por um momento fico involuntariamente em silêncio. Há gente por toda parte na ampla área do pátio. Mães erguem os filhos pequenos para que possam vislumbrar o famoso visitante, tibetanos de outras partes do Japão desdobram grandes lenços cerimoniais brancos, enquanto a visita de estrangeiros vestidos como hippies e moças de saltos altos e bolsas Vuitton tem de ser postergada por alguns minutos. Por morar em Nara, costumo vir muito aqui, mas nunca vi o lugar transformado, como hoje, em uma sala de audiência global à luz do sol.

O dalai-lama caminha pela alameda, parando a toda hora para perguntar algo a algum ocidental, para abençoar um bebê de colo ou conversar com crianças do lugar. Tendo abençoado individualmente 70 mil pessoas ao chegar a Lhasa, aos quatro anos de idade, ele sempre se sentiu muito à vontade em meio às multidões. Após entrar no templo e sentar-se tranquilamente diante do Buda, bombardeando seus anfitriões com perguntas (por meio de um tradutor), ele surge de novo ao ar livre e pronuncia algumas palavras de agradecimento e saudação a todos em um inglês tão reconfortantemente capenga quanto o deles próprios.

Em seguida é impelido em direção à parada seguinte de seu itinerário, uma reunião com o abade de Todaiji em um templo secundário próximo, e começa a afastar-se cercado por cerca de quarenta guarda-costas, secretários, anfitriões preocupados e circunstantes, como Hiroko e eu. De repente, ao adiantar-se para além do espaço público, vê alguma coisa e muda de rumo. O restante de nós se esforça para segui-lo. Sozinhas na extremidade de uma colunata deserta há duas japonesas junto a uma menina de uns dez anos, com um tufo de cabelos negros e óculos muito grossos, sentada em uma cadeira de rodas; suas pernas, com meias listradas de cores berrantes, mal alcançam o chão.

Em poucos segundos o dalai-lama chega junto da menina e se curva para falar com ela.

"O que ela tem?", pergunta às mulheres — imagino que sejam a mãe e uma amiga —, e recebe como resposta que a criança não tem dificuldade de visão, mas perdeu o movimento das pernas.

O dalai-lama olha a menina nos olhos durante um bom tempo. Em seguida se curva e encosta a cabeça no rosto dela. Por fim, voltando a olhá-la, diz qualquer coisa e afaga a criança afetuosamente, antes de retomar seu caminho.

Quando ele se volta para partir, a mãe da menina enxuga o rosto com um lenço, murmurando: "Obrigada. Desculpe. Obrigada". A mulher a seu lado parece prestes a desmaiar. A menina balança as pernas, como se o dia estivesse apenas começando.

Quando alguém pergunta quem é ele, o décimo quarto dalai-lama costuma responder (exatamente com as mesmas palavras usadas pelo décimo terceiro dalai-lama) que é "um simples monge budista". Isso não faz justiça ao fato de ele ser o líder temporal dos tibetanos, que organiza cinquenta comunidades de exilados em todo o mundo, trata quase todos os dias com duas das grandes potências atuais, Pequim e Washington, mora em uma terceira, a Índia, faz pronunciamentos e toma decisões constantemente, como é dever de todo chefe de Estado. Tampouco essa resposta leva em conta adequadamente suas obrigações práticas como líder de uma das maiores escolas de budismo e como estudioso, administrador e professor que tem de fazer conferências, escrever livros e gerir uma estrutura hierárquica de grande complexidade hoje espalhada pelo mundo. Nem sequer leva em consideração os aspectos mais comuns de sua pessoa, sempre preocupado com seu povo, irritado (assim ele confessa a entrevistadores) quando seu tempo não lhe parece estar sendo bem empregado, e emocionado até as lágrimas, como me disse, quando ouve os relatos que as pessoas lhe trazem.

Mesmo assim, aquela resposta na verdade é tão exata quanto a maior parte de suas outras afirmações. Leva uma vida simples, e quando viaja, apenas alguns retratos de seus professores e família e um rádio portátil decoram seu quarto. É sem dúvida, em tempo integral e durante toda a vida, um estudioso de Buda, que lhe ensinou que quase tudo é ilusório e passageiro, inclusive esse mesmo indivíduo que declarou ser quase tudo ilusório e passageiro. E realmente aspira, como fazem todos os monges, a uma simplicidade que não antecede a complexidade mas está, isso sim, muito distante dela, não por ter se esquivado da experiência, e sim por tê-la incorporado. Nem mesmo o nome pelo qual o chamam — Tenzin Gyatso — lhe pertence.

Em apenas alguns anos, o dalai-lama se tornou, inesperadamente, uma das figuras mais visíveis do planeta. E ainda assim, me pego a imaginar, essa mesma visibilidade muitas vezes obstrui as ideias que ele expressa ou as pessoas em nome das quais ele fala. Seu próprio calor humano e carisma são tão poderosos que às vezes aqueles que o ouvem podem não enxergar aquilo que é verdadeiramente duradouro e que pouco tem a ver com sua pessoa. Nesse sentido, ele pode ser uma das figuras menos visíveis do planeta.

Sempre que seus seguidores procuraram criar uma religião ou uma doutrina a seu redor — ou mesmo um culto da personalidade em torno de uma figura que falava sobre a insignificância da personalidade —, o Buda sempre fez questão de acentuar que era apenas um ser humano que fazia o que qualquer um de nós poderia fazer caso decidisse meditar e vencer as ilusões da mente. Dizia sempre que por si mesmo nada tinha de especial; era apenas um sinal indicativo, semelhante ao que os monges zen chamam de "um dedo apontando para a lua". O budista mais ilustre dos tempos atuais, creio eu, provavelmente diria que isso é ainda mais verdadeiro no seu caso: ele é apenas um dedo que aponta para o dedo que aponta para a lua.

Quando a noite começa a cair sobre o parque e surge a primeira fisgada do inverno naquele dia, o dalai-lama se dirige a seu último compromisso da visita, em um teatro moderno não longe de Todaiji, e para a maioria dos habitantes da cidade esse pronunciamento de caráter geral será o que ele, no fim das contas, deixará ali após sua estada. Hoje em dia ele faz palestras semelhantes em quase todos os lugares que visita, normalmente falando sobre algum princípio genérico de como nossas vidas se entrelaçam e o que isso significa em termos de possibilidades de transformação. Essas ocasiões têm sido tão frequentes que ele consegue fazer tais palestras mesmo quando não se sente muito bem, e com o inglês cada vez melhor, assim como um político em campanha (embora no caso do dalai-lama a campanha não seja de autopromoção).

"Não estamos falando de Deus", explica ele às cerca de 2 mil pessoas que encheram o teatro (enquanto isso, um grupo de raelianos* se levanta mostrando um cartaz que nos recorda que nossa esperança está no espaço cósmico). "Não estamos falando do nirvana. Falamos apenas em como nos tornar seres humanos mais compassivos." As próprias palavras "tibetano", ou "budista", ou "monge" só podem ser utilizadas entre pessoas; claramente, o interesse dele é o que uma pessoa pode fazer sem se preocupar com termos ou teorias.

"Tenho 68 anos de idade", prossegue, "e no entanto continuo a lutar, dia após dia." (Os budistas presentes sem dúvida percebem o quanto essas palavras se assemelham às últimas ditas por Buda antes de morrer: "Trabalhem diligentemente por sua salvação".) Fico pensando na distinção que os tibetanos costumam fazer entre sofrimento e infelicidade: o sofrimento é o estado normal do mundo, dizem eles, mas a infelicidade nada mais é do que a posição que escolhemos (e que podemos não escolher) assumir diante do mundo.

A energia do dalai-lama diminui visivelmente à medida que o dia vai terminando, e ele sempre fala do sono como uma das mais importantes atividades diárias, chegando a citar textos antigos para sugerir formas de utilizar positivamente o sono, como é possível fazer com quase todas as coisas, para o esclarecimento da mente. Creio que o sono o atrai porque é uma atividade comum a toda a humanidade, e a natureza do nosso sono desempenha um papel importante na clareza com que vemos o mundo. Porém, no momento em que uma mulher bem-vestida sobe ao palco, ajeita-se em uma tribuna ao lado e se dispõe a ler as perguntas da plateia, o dalai-lama se anima. "Esta é minha oportunidade de aprender com vocês", diz ele, com evidente sinceridade (por meio de uma japonesa de Dharamsala a quem recorre no

* Adeptos da Igreja raeliana, fundada na França em 1974. (N. T.)

momento para traduzir suas falas ao público). "Por favor, não se acanhem. Perguntem qualquer coisa. Não guardem para si nem sejam formais. Todos nós somos apenas seres humanos."

Para minha surpresa, os japoneses, embora em geral hesitantes e reservados, não são nada tímidos. Não se acanham e parecem dispostos a perguntar qualquer coisa. A maioria das perguntas vem de mulheres, identificadas somente pela idade e gênero, e para cada uma o dalai-lama parece ter um estado de espírito ou voz diferente. (Paul Ekman, um dos mais importantes cientistas do mundo na questão das emoções, disse que o décimo quarto dalai-lama usa os músculos faciais com mais vigor e precisão do que qualquer pessoa que ele tenha estudado nos últimos quarenta anos; todos os sentimentos — alegria, sagacidade, solicitude, reflexão — o invadem por um momento e em seguida desaparecem.) Alguém faz uma pergunta sobre o Tibete, e a figura no palco, sentada com as pernas cruzadas em uma cadeira encimada por um grande estandarte dourado, assume expressão solene, até mesmo grave. Uma mulher indaga como pode melhorar a relação com o chefe, e ele dá um sorriso cordial. "Talvez você possa se juntar a outras com o mesmo problema e formar um grupo. Ou então, se isso não funcionar, entrar em greve!"

Alguém pergunta sobre o budismo no Japão, e ele se transforma em diplomata. Outro quer saber sobre a prática budista diária, e ele se transforma em instrutor, enumerando com os dedos os diversos pontos e desdobrando cada um em passos claros e lógicos, movimentando as mãos robustas e elegantes para cima e para baixo ao descrever certas técnicas eficazes. Tornou-se famosa a maneira como sua voz oscila desde o baixo profundo, ideal para murmurar cânticos tibetanos na madrugada, até o guincho de um menino para expressar incredulidade ou deleite. Ele fala em grande parte com o corpo, curvando-se como se estivesse vendo coisas, movimentando-se todo, balançando-se na cadeira alta, com os olhos visivelmente alertas para explicar detalhes importantes.

O período de perguntas após a conferência de 45 minutos foi programado para durar somente quinze, mas o dalai-lama continua a falar, como se aquela fosse sua chance de oferecer alguma coisa útil. A cada vez que a apresentadora lhe lança um olhar, para ver se ele pretende terminar a sessão, ele diz, em inglês: "Próxima pergunta! Próxima!". (Ela, por seu turno, responde com um "*Hai! Arigatogozaimashita!*" formal, quase militar, que significa "Sim, senhor. Muito obrigada!", e em certo ponto, como um menino travesso, ele arremeda o *Hai*!) Prossegue ainda durante quase uma hora, usando os momentos em que suas respostas são traduzidas para o japonês para observar o estandarte logo acima dele, reconhecer um amigo na plateia e fazer um aceno alegre, ou ficar sentado, de olhos fechados, como se estivesse meditando em seu quarto na alvorada. Às vezes saca da bolsa a tiracolo um lenço de papel e limpa os óculos — o que, penso eu, pode ser uma metáfora para o que ele nos estimula a fazer.

Em outro momento, visivelmente curioso, pede aos que têm menos de 25 anos que levantem as mãos, e depois aos que têm menos de trinta (evidentemente, acha que são esses os que construirão o futuro). Chega a perguntar quem na plateia não tem religião (várias mãos se erguem) e quem não bebe. No começo da palestra, como faz em ocasiões desse tipo, ele havia tirado o relógio de grossa pulseira de aço inoxidável e as contas *mala* que usa no braço. Talvez para dizer a si mesmo que precisa saber exatamente de quanto tempo dispõe, e que deve utilizá-lo para fazer alguma coisa boa.

Quando o dalai-lama parte para o compromisso seguinte em seu itinerário global — levantando-se ainda no escuro para completar suas quatro horas de meditação —, muitos à minha volta comentam, como sempre acontece após uma visita assim, que uma luz parece ter se espalhado sobre a cidade. Por um breve momento amigos e vizinhos se mostram mais esperançosos, como se fossem animados por um tio errante. Eu, no entanto, sempre jornalista, desejo ardentemente saber o quanto do que ele disse e fez terá permanecido, e que efeito produzirá — se é que teve algum — naqueles que nunca o viram. A impressão que me fica da visita é de energia e rapidez, assim como um médico chamado ao hospital, que não tem um minuto a perder (sobretudo se tiver ido também para falar sobre outras pessoas distantes dali e desesperadamente necessitadas).

Ao entrar com Hiroko na velha e empoeirada sala do Hotel Nara que lhe foi destinada para receber visitantes, vemos o décimo quarto dalai-lama de pé diante da janela, olhando para os cervos lá fora. Chamado em Pequim de "um lobo vestido de monge", ele é famoso por seu amor aos animais.

"O senhor tem sorte de estar num lugar dominado pelos cervos", digo eu. "Eles reinam em Nara, à maneira deles, há 1300 anos."

"Talvez você venha a ser um cervo na próxima encarnação", diz ele, começando a rir. "Um cervo escritor! Como é mesmo que se diz?", prossegue, voltando-se para uma secretária. "Com o casco! Um cervo que escreve com o casco!"

"Não", retruca Hiroko, sempre rápida em sua compreensão. "Com a cabeça."

Ela imita um cervo que escreve no chão com a galhada, e o dalai-lama, agora sentado, bate palmas de admiração e continua a rir.

"Sabe", explica ele, "algumas pessoas me dizem que, como gosto de animais, voltarei como animal em minha próxima vida."

Continua a falar, dizendo que tem em casa uma fêmea de

pastor alemão, tão caridosa que chegou a adotar um coelho no jardim. ("O coelho tenta mamar nas tetas dela. Claro, isso a perturba um pouco!") Ao contrário, o cachorro do outro secretário, que ficou cuidando dos assuntos em Dharamsala, é "famoso por sua ferocidade".

Mais tarde percebo que não se trata de uma conversa banal. Em suas palestras, ele acentua a expressão "animais sociais", quando mais não seja para nos lembrar que a nutrição é tão instintiva para nós quanto a predação. E quando diz que a natureza, ao não dar cascos afiados aos cervos de Nara, sem dúvida os destinou a ser vegetarianos, compreendo — embora muito mais tarde — que ele está também falando dos seres humanos, que tampouco possuem cascos pontudos.

Mas o principal tema que ele gosta de abordar, como sempre, é o que aprendeu da visita em curso, especialmente seus encontros com físicos em Tóquio. No antigo Tibete, diz ele, as mandalas mostravam que o sol e a lua eram do mesmo tamanho e equidistantes da terra. "Isso é um erro", afirma ele, com o vigor que cada vez mais costuma utilizar; nada que a ciência tenha revelado ser falso pode ser afirmado. "As Quatro Verdades Nobres, *shunyata*" — a doutrina do vazio, ou interdependência — "é o que nós, budistas, necessitamos. Tudo o mais, segundo a conclusão, são folhas de outono."

Recordo-me de como ele se inflamou quando foi estimulado pelo jovem filósofo japonês em volta da mesa de conferência. O próprio budismo, diz ele agora, só tem a lucrar com o debate, assim como aconteceu antes com o hinduísmo. Reinos inteiros estiveram em risco, declara com crescente entusiasmo, quando o budismo debateu suas posições em relação ao hinduísmo e o povo acompanhou o choque de ideias, tal como mais tarde observou a luta de homens armados.

Reinos inteiros estão agora em risco, penso eu, recordando

os tibetanos que pedem ao dalai-lama que seja mais decisivo em sua oposição à opressão chinesa, que não aceite compromissos, que defenda a ação e a independência total, e não apenas os princípios religiosos de tolerância e busca de pontos comuns.

Esse é, na verdade, o mais aflitivo e crescente dos enigmas que o acompanham. Mesmo tendo encantado esse pequeno recanto do Japão e começado a transmitir certo grau de confiança, o país que ele deveria governar por direito de nascença cada vez mais descamba para a extinção. No transcurso de sua vida e em parte graças a ele, o Tibete e o budismo tibetano se tornaram parte viva e libertadora da comunidade global, mas ao mesmo tempo seu próprio povo perdeu em grande medida o contato com seus líderes, seus seres queridos e sua cultura, e um dos grandes centros do budismo, cinco vezes maior do que a Grã-Bretanha, se encontra prestes a ser varrido do mapa. O líder dos tibetanos se vê carregando nos ombros uma cultura inteira, e enquanto procura ajudar 6 milhões de pessoas que não vê há meio século, é obrigado a criar um novo Tibete entre os que poucas vezes, ou nunca, viram o Tibete.

Certa tarde em Dharamsala noto nuvens que começam a amontoar-se acima do vale do Kangra. A pequena cidade do norte da Índia onde o dalai-lama e seu governo se instalaram há mais de quarenta anos é um lugar enlameado e improvisado, mas se o observarmos por um prisma adequado, como na pequena hospedaria em que me encontro, a aldeia é capaz de mostrar um certo aspecto de conto de fadas. Do jardim onde estou não ouço nada além dos cânticos e sons de gongo que vêm do templo do outro lado da rua, vizinho à casa do dalai-lama; sentado na varanda ensolarada de meu quarto, tudo o que vejo são jovens monges que correm pelos terraços caiados de um mosteiro e cujos mantos vermelhos ficam estendidos diante dos picos nevados, para secar.

Esse pequeno recanto da aldeia na montanha simboliza com perfeição a maneira mais sólida e consciente como o Tibete está sendo reconstruído, fora das fronteiras do próprio Tibete. Nesse dia, no entanto, ao observar a tempestade que se forma no vale, vejo que a chuva começa a cair furiosamente, e o vento sacode os resistentes três andares do prédio, enquanto as árvores lá fora se agitam e galhos se partem. Ouve-se um estalo vindo de algum lugar mais abaixo na montanha, e a eletricidade acaba em toda a aldeia.

Olhando para fora, só vejo escuridão. Gritos vindos da estrada, mais abaixo, alcançam meus ouvidos, e ouço os que vivem ao longo do caminho correndo em busca de abrigo. Parece loucura sair em meio à intempérie, mas se Hiroko e eu não respeitarmos o compromisso dessa noite, não sei quando haverá outra oportunidade.

Com esforço, saímos juntos na chuva, com o guarda-chuva em pedaços, e escorregamos num declive não pavimentado; e nossa tentativa de manter a dignidade é ridícula. Após alguns minutos, encontramos uma minivan disponível. Descendo pela estrada íngreme da montanha, vemos alguns vultos refugiados debaixo de árvores ou em grupos compactos sob telheiros.

Quando afinal chegamos a nosso destino, o anfitrião vem a nosso encontro, dizendo de maneira afável e com uma tranquilidade bem típica: "Venham. Está tudo bem com vocês?". E assim entramos no abrigo da casa de Ngari Rinpoche. Quando era ainda criança, descobriu-se que esse irmão mais jovem do dalai-lama — mais de dez anos de diferença — era um *rinpoche*, ou alto lama reencarnado, e ele foi educado como monge, responsável por numerosos outros monges nas regiões indianas de Zanskar e Ladakh. Bem cedo, no entanto, deixou de lado o hábito de monge e se transformou em algo semelhente à leal oposição ao Tibete institucional. Segundo afirmou, naturalmente foi declarado *rinpoche*, por ser irmão mais moço do dalai-lama. (Na verdade, também o irmão mais velho foi considerado alto lama antes mesmo do nascimento do dalai-lama, mas a questão persiste: o sistema tibetano de reencarnações sempre dá margem a certa manipulação.)

Nos anos seguintes, o jovem irmão do dalai-lama se tornou paraquedista do exército indiano; fumava e devorava bifes, e até hoje gosta de chocar, com sua irreverência igualitária, as pessoas que encontra. Se alguém diz alguma coisa positiva sobre o Tibete, ele é capaz de replicar: "Você é apenas um ocidental impressionável, um tiete". Cada vez mais, à medida que passam os anos, ele me pergunta quando me vê se estou me preparando para ser monge, já que estou ficando careca.

Ngari Rinpoche nos acompanha agora à elegante e sóbria sala de estar de sua casa, de onde se descortina o vale lá embaixo. Há um brilho de relâmpago, a eletricidade volta por um instante para logo cair outra vez. Sobre a mesa vejo uma nova tradução para o inglês de um texto tibetano do século XV, em três volumes, que ele está estudando em seus serões (escreve em inglês com mais segurança que em tibetano, porque saiu do Tibete pouco depois de completar treze anos).

Há sete anos eu não via Ngari Rinpoche, que agora prefere usar o nome secular de Tendzin Choegyal, e a mudança é notável. Ele sempre pareceu ser o lado privado, sem censura, o *alter ego* do dalai-lama, com quem morou em Dharamsala durante quarenta anos, trabalhando com ele como tradutor, mediador e até mesmo secretário particular (o irmão mais velho se mudou em 1968 para Bloomington, no estado de Indiana, a fim de dedicar-se ao magistério; o segundo mora em Hong Kong e é homem de negócios, viajando frequentemente a Pequim como uma espécie de emissário não oficial; a irmã dirige a Aldeia Infantil Tibetana em Dharamsala, e o terceiro irmão, que vivia modestamente em New Jersey, trabalhando como zelador de um prédio com o nome de "Sam", até que sua identidade foi revelada pelo *New York Times*, morreu com pouco mais de cinquenta anos de idade).

Esta noite, no entanto, percebo que Nigari Rinpoche está ficando muito parecido com o irmão mais famoso. A voz baixa e profunda poderia ser a do dalai-lama, sobretudo numa noite como esta, em que a sala se encontra quase às escuras. O riso, repentino e selvagem — a conversa cessa quando ele ri —, é idêntico. E, como seria de esperar, muitas vezes o que diz é exatamente o que o irmão diria, em parte porque são irmãos, porém ainda mais porque ambos estudaram a mesma filosofia a vida inteira, e Ngari Rinpoche passou a própria vida estudando sob a orientação do dalai-lama e conversando com ele. Quando Hiroko começa a contar que acreditava ter visto em um templo no Tibete o irmão com quem rompera, nosso anfitrião se curva para a frente na penumbra, com uma única vela iluminando-lhe as maçãs do rosto e os olhos perspicazes, com a expressão de um médico que ouve a narração dos sintomas; é impossível não pensar que nos encontramos na casa do dalai-lama, montanha acima, embora não oficialmente.

"Você deve dizer isso a Sua Santidade quando o vir", diz ele a Hiroko, e algo dentro de mim controla o romantismo de atribuir intenções àquele monge despojado — é muito fácil ter tais ideias no Tibete — enquanto outra parte de mim nota que ela na verdade está ficando cada vez mais bonita.

Sentamo-nos todos à mesa de jantar, com os relâmpagos cortando novamente o vale, muito próximos de nós na semiescuridão, e recordo que, na última vez em que vi aquele lama inortodoxo, ele me falara do que chamou "síndrome de Shangri-la", isto é, a tendência dos ocidentais a facilmente atribuir muita sabedoria a qualquer tibetano que conheçam, e a dos tibetanos a tirar vantagem disso. Fluente em chinês e inglês, além do tibetano, tendo passado a infância em Pequim e depois no norte da Índia, além de Lhasa, Ngari Rinpoche fala em nome da parte do Tibete que é ao mesmo tempo moderna e global.

Após o jantar, voltamos à sala de estar para tomar o chá e repentinamente, com característica franqueza, nosso anfitrião se volta para mim na semiescuridão.

"Você acha que fiz alguma coisa pelo Tibete?"

"Claro", respondo, gaguejando um pouco, por causa da surpresa. "Você foi um intermediário entre os tibetanos e o mundo ocidental."

"Você está dizendo que não passo de um ocidental?"

"Não." Menos versado que ele no ritual do debate, hesito durante um momento. "Mas você pode ver que Sua Santidade também concorda."

"Há outras pessoas que podem fazer isso para ele. Sei o que estou dizendo."

Fico me remexendo na cadeira, esperando que ele mude o rumo da conversa.

"Você está sendo amável", prossegue Ngari (e novamente penso na impaciência do irmão com o mero formalismo). "Minha pergunta é séria. Acha que fiz alguma coisa para melhorar o Tibete?"

"Sim, por conhecer o mundo fora do Tibete."

Ele ri, deixando de lado o assunto, como se eu tivesse errado ao devolver um saque num jogo de tênis. Continuamos a conversar durante algum tempo e depois volto com Hiroko para nosso quartinho na hospedaria, mais acima na montanha. Ao chegar, recordo que tinha ouvido do dalai-lama quase exatamente a mesma frase catorze anos antes, no dia seguinte ao anúncio de que ele recebera o prêmio Nobel. "Fico pensando se tenho me esforçado o bastante", dissera ele, no mesmo momento em que recebia as maiores homenagens do mundo inteiro. Tudo o que podemos fazer, disse-me então, é tentar, ainda que às vezes pareça ser em vão.

No fim da noite, pego minha caneta. Não estou bem certo de que algum dos muitos livros e filmes que mostraram ao mundo o décimo quarto dalai-lama tenha tratado da questão realmente essencial.

Eu e meus quatro cameramen *ficamos sem fala diante da solidão da paisagem, do vento invisível que varria a terra árida, do céu alto e infinito e do silêncio absoluto. Minha mente e minha alma sentiam-se limpas e vazias. Perdi a noção de onde estava ou a necessidade de falar.*

Xinran, jornalista de Pequim, ao descrever
o Tibete em seu livro *Enterro celestial*

Conto de fadas

Quando eu era criança, ainda sem saber bem o que eram "notícias" (as crianças pequenas têm uma noção de tempo diferente), meu pai começou a me contar uma história todas as noites, antes de dormir. Os contos que narrava eram muitas vezes sobre anjos, demônios e deuses com muitas cabeças, oriundos dos antigos mitos da Índia, onde ele tinha sido criado, ou avivados pelos de Shakespeare e Dickens da Inglaterra, onde morávamos. Na mesma rua, a cinco minutos de caminhada, C. S. Lewis e J. R. R. Tolkien se encontravam regularmente no pub Eagle and Child, e criavam histórias de armários mágicos e túneis ocultos e outras que misturavam o bem e o mal. Mas das histórias que meu pai contava, a que mais me tocou foi a de um menino nascido em um estábulo longe de tudo, lá no alto da montanha, que um dia foi visto por monges que passavam e declarado rei.

O menino, não muito mais velho do que a criança de olhos arregalados que ouvia o pai em Oxford, foi levado a uma capital distante e, após longa cavalgada, instalado em um palácio de mil quartos. Recebeu instrução sobre todas as filosofias e ciências de sua antiga cultura, dada por dois austeros professores de mantos vermelhos, enquanto sua família foi morar em uma mansão de verão, cheia de flores, animais e lagos. Só um irmão mais velho lhe fazia companhia no frio e escuro palácio que dominava a cidade.

Certo dia, prosseguia o conto, o menino ainda adolescente foi chamado a ser o governante de muitos milhões de pessoas, assim como seu principal monge e líder religioso, e viajou novamente em caravana e num barco feito com pele de iaque até a distante cidade do imperador, que revelou a intenção de invadir o país do menino — "libertá-la", em suas palavras — a menos que este fosse capaz de persuadi-lo do contrário. Ele se recusou, e o imperador atacou. Certa noite, disfarçado de soldado, logo depois de terminar seus exames finais, o menino escapou de seu palácio em companhia da mãe, do irmão mais moço e de alguns amigos fiéis, iniciando uma longa e arriscada viagem através das mais altas montanhas da terra.

Naquele ponto a história ficava mais emocionante. Nosso pequeno rádio de pilha emitia muita estática à noite, e depois de desligá-lo meu pai se voltava para mim, um pouco antes da chegada da televisão, para me informar dos acontecimentos do dia. O jovem rei ia fugindo, atravessando montanhas altas e geladas, com os perseguidores em seu encalço. Às vezes era possível, à noite, ver as fogueiras do acampamento do inimigo e as tendas dos soldados a algumas centenas de metros. O pequeno grupo desaparecera nas montanhas. Um misterioso avião — amigo ou inimigo? — voava em círculos acima deles. Naquela noite, a informação era de que o grupo de fugitivos se aproximava da liberdade na fronteira.

Não era uma história muito diferente das que eu ouvira nas aulas das escolas St. Philip e St. James. Falavam de outras fugas, de outras joias preciosas conduzidas para a segurança além-fronteira antes que o inimigo as apreendesse. Como uma criança podia resistir àqueles contos?

O menino e o irmão conseguiriam chegar a um lugar seguro? Será que o bem sairia vitorioso? A criança de dois anos em Oxford, na simplicidade de suas emoções, falava de "tibetanos bons, chineses maus". Finalmente, um dia — os tibetanos haviam se revoltado contra os chineses, no dia em que o pai do menino completava 29 anos — chegou a notícia de que o grupo havia alcançado a liberdade, extenuado e enfermo. O local daquela liberdade, para a felicidade do menino, era a Índia, a terra em que agora habitava e que ele mal conhecia (o que significava que o menino-rei, tal como no conto de fadas, voltava à terra de seu mestre). O bem não vencera, mas pelo menos conseguira ficar um passo adiante do mal.

O único problema é que não se tratava de um conto de fadas, exceto aos olhos de um menino de dois anos. Era uma história dolorosamente verdadeira, que em breve se complicaria, com 80 mil outros tibetanos saindo do país nos meses que se seguiram e centenas de milhares permanecendo e perdendo a vida, e com a CIA surgindo para levar alguns dos ativistas pela libertação a uma região remota onde pudessem aprender métodos de guerrilha (com gente que estava perdendo uma guerra de guerrilhas na época), enquanto batalhões de jovens chineses seguiam ao encontro da morte, ou pelo menos de grandes provações, no planalto tibetano. O problema do Tibete, como o de tantos filhos seus no decorrer da história, é que tudo tem sido muito semelhante ao enredo de um conto de fadas. O Tibete se parece — ou talvez nós façamos questão de que se pareça — mais com Shangri-la do que com um país que poderia ter assento nas Nações Unidas. Já temos o suficiente de líderes exilados e homens com causas exóticas — não precisamos de outros. Nossos mitos exigem sábios transparentes, de sorriso fácil e com senso de humor juvenil.

Na verdade, o décimo quarto dalai-lama — e esse talvez seja o elemento mais parecido com um conto de fadas — havia chegado ao mundo quase no mesmo instante, em 1935, em que a ideia de Shangri-la penetrava na imaginação ocidental, quando o romance *Horizonte perdido*, de James Hilton, e em seguida o filme de Frank Capra baseado no livro nos contavam não apenas que existia um lugar onde a longevidade dos lamas atingia centenas de anos e era possível habitar um mundo mágico de jardins e erudição platônica, mas também que esse lugar devia existir dentro de nós, quer fosse real na terra ou não. O ambiente natural para situá-lo seria o lugar que nunca veríamos (até 1950 o Tibete havia sido visitado por menos de 2 mil ocidentais, dos quais mais da metade eram membros de uma expedição militar britânica em 1904).

Meu pai, que crescera lendo histórias sobre o Tibete escritas por H. P. Blavatsky, Nicholas Roerich e outros aventureiros místicos, foi ao encontro do dalai-lama meses após as transmissões radiofônicas noturnas porque percebeu algo que muito poucos haviam percebido: que de fato um grande tesouro havia chegado ao mundo, pela primeira vez na história. (O décimo terceiro dalai-lama havia sido obrigado por forças invasoras a fugir de Lhasa em duas oportunidades, mas nunca esteve de fato acessível ao mundo como seu sucessor se tornaria em 1959, ocasião na qual, em inquietante presságio do que iria acontecer, foi retratado na capa da revista *Time* com a manchete A FUGA QUE ABALOU OS COMUNISTAS.) Cheio da indignação própria da juventude, meu pai se queixou ao dalai-lama de que a imprensa da Índia se concentrava somente no tesouro material que se comentava haver sido levado para o exílio pelos tibetanos. Tal como teria feito hoje, o jovem dalai-lama aconselhou meu pai a ser paciente e disse que a compreensão viria no devido tempo.

Meu pai prosseguiu dizendo que seu filho único, de três anos de idade, que estava na Inglaterra, havia acompanhado com interesse especial a história da fuga do tibetano. A resposta do dalai-lama foi mandar para mim, na distante Oxford, um retrato seu quando criança, sentado no Trono do Leão em Lhasa. Nos anos seguintes eu o conservei sempre em minha escrivaninha, onde estivesse, como um talismã de conto de fadas. O retrato me acompanhou à Califórnia quando nos mudamos para lá, e sempre que eu me sentia deslocado ou estranho em algum lugar olhava para aquela figura de quatro anos de idade que havia sido isolada de sua família e de seu lar e colocada no trono de seu país, e com isso eu dava perspectiva às coisas. Certo dia um incêndio na floresta varreu as colinas próximas de nossa casa e a foto desapareceu, junto com tudo o mais que eu possuía.

Numa primavera em Dharamsala eu adquiri o hábito de acordar muito cedo, antes que o sol surgisse sobre as montanhas, e ir até a parte central do conjunto do templo, de onde os gongos soavam todas as manhãs. Era sempre uma caminhada mágica. Os transeuntes ainda não eram visíveis na encosta fronteira ao jardim da hospedaria e os automóveis não tinham começado ainda a se acumular no cruzamento. Sentia-se o aroma vindo dos fogões de algumas casas próximas, havia um ou outro monge solitário subindo alguma ladeira íngreme, ou uma mulher com um balde de água no telhado de sua casa. Cães não paravam de latir — bandos deles correm soltos pelas gargantas da montanha e ruas poeirentas de Dharamsala — e as luzes ainda estavam acesas nas casas visíveis no vale, lá embaixo.

No templo central, mesmo àquela hora da manhã, havia dezenas de tibetanos caminhando sem cessar, dedilhando os rosários, fazendo girar grandes tambores de oração feitos de bronze, murmurando cânticos ou rezando pela longevidade de seu líder. Muitos eram extremamente idosos — mulheres de aparência saudável com os cabelos arrumados em uma única trança fina e trazendo à cintura os tradicionais aventais *chuba*, velhos com chapéus de caubói, homens de pernas curvadas ou rostos que revelavam algum problema mental. Também havia jovens do lugar, que nunca tinham visto o Tibete mas mantinham as tradições tibetanas mesmo usando óculos escuros, batom e camisas de gola olímpica com emblema da equipe de futebol americano da cidade de San Francisco. Eram muitos, como uma procissão, enquanto um ou dois monges varriam o recinto a fim de mantê-lo limpo; numa pequena câmara junto ao templo iam sendo acesas velas de manteiga de leite de iaque, formando um mar de pequenas luzes.

Todos os dias, quando o sol surgia acima da cordilheira distante, colorindo de rosa e em seguida de dourado os picos cobertos de neve, ambos os salões do templo se enchiam de monges que recitavam seus cânticos. Notei especialmente um deles. Tinha amplos bigodes, coisa pouco comum no Tibete, o que lhe dava algo do carisma especial do décimo terceiro dalai-lama. Era o líder do segundo salão de orações, onde se faziam preces pela paz mundial durante duas semanas (Washington havia atacado o Iraque quinze dias antes). Certo dia um cão entrou, sentou-se em uma das almofadas de meditação e o monge se abriu num grande sorriso. O cachorro levantou a cabeça e latiu enquanto os monges cantavam, mas quando dois deles tentaram retirá-lo o animal se esquivou e voltou a sentar na almofada, latindo ao ritmo dos cânticos. Costuma-se dizer no Tibete que os cães se aproximam dos templos não apenas por causa de comida e do bom acolhimento (assim se espera), e sim porque em vidas anteriores foram monges pouco diligentes e agora têm a esperança de conquistar o direito de voltar ao merecido lugar.

Os tibetanos continuavam a chegar, caminhando sem cessar em torno do templo. Abaixo de nós, ocultos pelas árvores, muitas outras dezenas deles iniciavam uma caminhada mais longa em volta da colina na qual se erguiam o templo, um mosteiro adjacente e a casa do dalai-lama. Em meio a seus cânticos, que expressavam as esperanças coletivas, eu observava os monges que oravam e especialmente aquela figura carismática.

Naquele dia específico, após cerca de duas semanas de orações, em minha ida ao templo ocorreu-me ver o monge que me atraíra a atenção do lado de fora do salão, entre os visitantes, ao final de seu período de cânticos. Fiquei surpreso ao constatar que estava disposto a conversar; seus olhos se iluminaram quando me viu, e ele me deu seu cartão de visita, onde constava o endereço em uma região nobre da Califórnia, fazendo-me um apelo urgente para que fosse visitá-lo e me tornasse seu discípulo. Ao ver minha encantadora companheira japonesa, o brilho em seus olhos aumentou. Também deu a ela um cartão de visita, e depois outro, para o caso de ela perder o primeiro. Fitou-a longamente nos olhos e disse que ficaria muito contente se ela fosse visitá-lo.

"Nós o observamos todos os dias", disse eu, procurando levar o tema da conversa de volta ao templo em que estávamos e às orações.

"Eu já estive em Nova York muitas vezes", informou ele.

Sem dúvida o monge tinha certo poder, um verdadeiro magnetismo, combinado com o mistério e o glamour de seu manto e de suas origens. Outra jovem japonesa se aproximou e ele também fez questão de dar um cartão de visita (ou dois). Pareceu-me muito mais interessante quando eu nada sabia a seu respeito e tinha a possibilidade de projetar nele todas as minhas esperanças, meus contos de fadas acumulados.

Foi um incidente banal, porém cada vez menos atípico. Ali estava o enigma tibetano em miniatura, como Ngari Rinpoche sempre assinalava. Nos cafés de Dharamsala, veem-se por toda parte grupos de rapazes tibetanos com cabelos que chegam à cintura e maçãs do rosto salientes — cujos sorrisos se iluminam com dentes muito brancos, olhos misteriosos e profundos, capazes de narrar histórias palpitantes de travessia do Himalaia para estar perto de seu líder e passando repentinamente a entoar canções dos nômades da província de Amdo, quando não se entregam a conversas em um inglês precário — vagueiam como bandos de cães ferozes, e poucos visitantes conseguem resistir. Muitos estrangeiros que visitam Dharamsala são jovens do sexo feminino, seja qual for o motivo, e sem compromisso romântico (talvez atraídas pela tranquilidade e graça da cultura tibetana depois da avidez das multidões na Índia). Aqueles rapazes lembram os astros de filmes de seus sonhos, e além disso têm histórias trágicas para contar. Os lojistas indianos observam com inveja e mal disfarçada frustração por trás das pirâmides de biscoitos quando um rapaz de nome Lhamo ou Sangye toma uma das moças pelo braço e lhe entrega uma mandala tibetana ou tira de algum bolso interno uma foto da aldeia que deixou para trás, na província do dalai-lama.

Esse é um dos problemas que o dalai-lama e seus assessores têm de tratar, embora nada tenha a ver com o que se conta no Ocidente a seu respeito; de certa forma, é a segunda história mais importante de suas vidas, depois da história dos tibetanos que estão no próprio Tibete. Esses rapazes e muitos milhares de outros, que como pessoas que habitam países pobres desejam ardentemente ir para o Ocidente e utilizarão todo o talento e encanto que possuem para fazer que isso aconteça, usarão o Tibete sempre que for preciso, ainda que sua experiência não seja tibetana (como poderia ser? O próprio uso da língua tibetana está desaparecendo nas escolas do Tibete). Eles têm pouca motivação para conservar a cultura e a história que os nutriram, mas todos os estímulos para usá-las em seu próprio proveito. Sabem como representar o conto de fadas, vezes sem conta.

Nesse aspecto, como em muitos outros, o Tibete parece representar grande número de lugares em todo o globo, como se fosse o cenário de uma parábola; com a mesma rapidez com que atendeu a certas necessidades, o globalismo igualmente complicou milhares de outras. Temos agora, cada vez mais, acesso a um número crescente de culturas no mundo inteiro, e o resultado é que a inquietação, assim como a esperança, se tornaram globais, com a sensação de que as respostas poderão ser encontradas em lugares diferentes daquele em que estamos. "Quando estavam no Tibete, eles sonhavam com Dharamsala", disse-me um dia num jantar um grande filósofo tibetano, falando dos rapazes tibetanos que perambulavam pelas ruas ao redor. "Agora que estão em Dharamsala, sonham com o Ocidente. Com que sonharão quando chegarem à Califórnia?"

Mais do que qualquer outra filosofia que eu conheça, o budismo não se interessa pela "terras dos sonhos" ou pelos lugares que temos na cabeça e que são um obstáculo à nossa ligação com aquilo que acontece aqui e agora. Afinal, o nome e o próprio significado de Buda derivam do sentimento de estar de olhos bem abertos em meio à confusão e à ignorância. A filosofia que se originou de seus ensinamentos não afirma a existência de um paraíso absoluto do tipo louvado nos textos cristãos ou islâmicos. Para os que pertencem à tradição do dalai-lama, o próprio Nirvana é apenas uma parada intermediária, na verdade um estado de espírito, que o verdadeiro *bodhisattva* considera não como ponto final, e sim como um ponto de vista, a ser transportado por ele para a algazarra do mundo.

No entanto, um dos aspectos curiosos da ordem global é

que hoje em dia o Outro está em toda parte, e é cada vez mais fácil imaginar que esse Outro tem as respostas que não podemos saber. Dessa forma, o dalai-lama se vê dilacerado em meio a sonhos conflitantes. Nós o miramos por seu caráter monástico e até mesmo por seu distanciamento, porém, a fim de cumprir seu dever religioso e proteger sua comunidade, ele é obrigado a viajar constantemente, ficando longe de casa e surgindo em nosso mundo tão diferente.

Nesse processo, as autoridades chinesas que se sentem ameaçadas por ele podem dizer que se trata apenas de um político, que advoga sua causa por trás do hábito de monge, e os estrangeiros que nunca ouviram falar dele ou que jamais o viram podem imaginar que ele não passa de produto do momento para a mídia, joguete de estrelas de cinema e milionários. Há várias décadas o dalai-lama vem afirmando que uma das virtudes do exílio é o fato de tê-lo trazido, assim como a seu povo, "para mais perto da realidade", como ele próprio diz, e, conforme salientou para mim há vinte anos, "não vale a pena fingir". No entanto, os mais ansiosos por ouvi-lo lhe pedem que seja não apenas mais um personagem do mundo real e sim um emissário de algum outro mundo que não existe.

Na era da imagem, quando somos tão dominados pelas telas, qualquer um que queira atrair — e manter — nossa atenção pode fazer isso transformando-se em "notícia de interesse humano", traduzindo sua vida como uma espécie de fábula. O menino de Hope, o humilde lavrador de amendoim da aldeia de Plains são denominações que reforçam a aura de alegoria; na Índia, assim como nos Estados Unidos, é comum que os astros e estrelas do cinema surjam no palco político, simplesmente levando de um auditório a outro sua aparência envolvente e sua ligação com finais felizes. Os que almejam uma credibilidade capaz de ter consequências reais em nossa vida conquistam esse poder cada vez mais apresentando a si mesmos como personagens de contos de fadas.

Por natureza e aprendizado, o dalai-lama se encontra na estranha posição de ter de procurar fazer o contrário: ele vem a nós afirmando que é real, tão real quanto seu país, sangrando e oprimido, vivendo em um mundo muito mais complexo do que os brados de "tibetanos bons, chineses maus" de um menino de dois anos (o dalai-lama provavelmente diria "tibetanos potencialmente bons, chineses potencialmente bons). Estudioso da vida real há muitos anos, governante de seu povo antes dos cinco anos de idade, ele ouve todo dia a *Voz da América*, as transmissões da BBC para a Ásia e o serviço mundial da mesma emissora — mesmo enquanto medita — e devora a *Time* e a *Newsweek* e muitas outras fontes de notícias (penso no Buda, frequentemente retratado com uma das mãos tocando o chão, no que os budistas chamam o gesto de "testemunho da terra"). Seu pai, segundo alguns familiares, morreu envenenado em um piquenique, e o avô teve fim idêntico. Quando o atual dalai-lama ainda era pequeno, o regente que o supervisionava partiu para um longo retiro e o poder foi entregue a um homem mais idoso, ao que parece temporariamente. No regresso do regente, cujo nome era Reting Rinpoche (como narra a mãe do dalai-lama), aquele homem se negou a restituir o poder. Em resposta (embora os relatos dos acontecimentos sejam tão numerosos e diversos quanto os tibetanos), os partidários do regente deposto enviaram ao rival um pacote que explodiu ao ser aberto, matando um de seus seguidores. Seguiu-se uma guerra civil, e os monges de Sera, um dos grandes mosteiros de Lhasa, se revoltaram e mataram mais de duzentos de seus homens, inclusive um abade. Reting Rinpoche foi encontrado morto na prisão, vítima, tudo leva a crer, de um homem cujos olhos ele havia arrancado com as mãos. Os conspiradores foram julgados e condenados a serem chicoteados, e um deles se suicidou antes que a justiça pudesse ser aplicada.

Aos doze anos de idade, o dalai-lama presenciou tudo isso, vendo seu regente encarcerado no próprio Palácio Potala, onde vivia. Um relato afirma que o jovem governante foi considerado um falso dalai-lama e levado ao Templo Jokhang, no centro da cidade, a fim de enfrentar um rival (três vezes a sorte foi tirada segundo o rito cerimonial, e três vezes o nome do dalai-lama surgiu). Pouco após essa tentativa de golpe de Estado no mosteiro, ele ficou sabendo que os chineses haviam pressionado seu irmão mais velho para que o matasse. Pouco depois de assumir seu posto, houve também um atentado contra a vida do décimo terceiro dalai-lama, por parte de um rival que colocou o contorno de uma figura humana num par de sapatos novos pertencentes ao jovem líder, numa espécie de vudu tibetano.

Ao longo dos anos em que o ouvi fazer palestras, não me lembro de o dalai-lama jamais ter usado as expressões "conto de fadas" ou "romance" ou mesmo "desejo", principalmente com sentido positivo. Seu domínio é o presente, e a palavra que ele sempre acentua (como seus amigos cristãos acentuam "Criação") é "Realidade". Em certos aspectos, seu poder como pensador político e global deriva do fato de ele ser um hiper-realista que explode em acessos de riso contagioso quando pensa em gestos irrealistas como o dos tibetanos que conservam suas pesadas roupas de brocado no calor da Índia ou o dos ativistas que esperam poder reverter séculos de história e voltar ao século XV. Enquanto os cristãos acreditam na transcendência da vida cotidiana, embora encontrando em Deus uma vida superior, os budistas em geral creem na transformação da vida, encontrando aqui e agora a vida melhor.

Mesmo assim, para muitos de nós — como eu próprio quando criança — a força da história do dalai-lama vem do fato de ele ter sido encontrado aos dois anos de idade por um grupo de monges que o procuravam, guiados até ele por diversos arco-íris no céu a noroeste de Lhasa, por um fungo em formato de estrela que apareceu numa coluna do Palácio Potala e pela cabeça do cadáver do décimo terceiro dalai-lama, que repetidas vezes se moveu em direção ao noroeste. Ele mora no exílio em companhia de quatro oráculos e um lama especializado na arte de fazer chover. Os mantos que veste para falar do estudo da realidade às vezes são completados com algo que parece um chapéu cônico de mago, cravejado de estrelas, e ele fica sentado diante de rolos de telas, ou *tangkas*, que mostram caveiras sorridentes e deidades lascivas cujo significado não pode ser decifrado pela mente racional.

Num sentido mais profundo, todos nós ainda preferimos chamar a terra do nunca, onde sonhamos deixar o mundo para trás e alcançar um lugar mais elevado em nós mesmos, pelo nome de "Tibete" (o reino nas alturas, oculto atrás das montanhas mais altas do mundo). No Tibete, como escreveu o historiador britânico Peter Hopkirk ao descrever as viagens de antigos exploradores que procuraram penetrar naquela terra escondida, "é possível sofrer simultaneamente queimaduras de frio e de sol". O céu é tão claro em certos lugares que as pessoas são visíveis a mais de quinze quilômetros de distância; há gargantas tão profundas que a luz do sol as penetra apenas durante uma hora por dia. Pode-se mergulhar a mão em água fervente no Tibete sem precisar retirá-la (porque a água ferve a uma temperatura mais baixa a 4500 metros de altitude, a média do planalto do Tibete); em certas regiões é possível caminhar durante 81 dias seguidos, conforme relatou outro viajante ocidental, sem encontrar pessoa alguma.

Lembro-me da primeira vez em que estive no Tibete, em 1985, como obstinado repórter da revista *Time* sobre assuntos internacionais, resolvido a não repetir os lugares-comuns costumeiros (tais como, pensava eu, a matéria das histórias em quadrinhos de *Tintim no Tibete*). Fui de avião até Lhasa, partindo da cidade chinesa de Chengdu, e após o percurso de duas horas de automóvel desde o aeroporto, caminhei pela principal rua da cidade com minha mala, que era decididamente muito difícil de transportar. As duas únicas hospedarias ofereciam quartos que eram como caixotes sem iluminação em torno de um pequeno buraco central no chão, com uma única bomba de água no pátio; o Holiday Inn, do outro lado da cidade, era uma espécie de vila fantasma, com tanques de oxigênio junto a cada cama vazia. As viagens entre Pequim e Guangzhou pela estrada de ferro que as liga me haviam apresentado a uma vida surpreendente e sem encantos, na qual o surgimento do conforto de um modo geral ainda demoraria muitos anos.

Instalei-me em meu pequeno e despojado quarto e comecei a caminhar em direção ao Palácio Potala e aos arredores da cidade, onde ficavam os mosteiros (que já tinham sido os maiores do mundo e agora estavam em grande parte arruinados). Em pouco tempo me vi em outro mundo, que muito pouco tinha a ver com o que eu conhecia. Nos pátios ensolarados os monges vinham brincar com minha máquina fotográfica; havia cães nas alamedas em torno dos santuários, totalmente silenciosos. Em pequenos recintos que cheiravam a manteiga de leite de iaque, a luz do sol se derramava sobre monges com mantos empoeirados, sentados nos cantos, recitando orações. Fui até as imensas e impressionantes ruínas do Mosteiro Ganden, fora de Lhasa; vi brigas de socos e açougueiros que retalhavam cadáveres humanos à maneira tradicional tibetana para dá-los como alimento a aves de rapina; saí caminhando para fora da cidade antes do nascer do sol, passando por tendas de nômades iluminadas, feitas de couro de iaque, e percebi que tudo o que via e pensava era muito distante da vida a que estava habituado, de uma forma que até então, e posteriormente, não me havia acontecido em toda uma vida de viagens.

No livro *Enterro celestial*, em que a veterana jornalista de Pequim Xinran Xue narra a história de uma chinesa que ela conhecera e que se perdeu no Tibete em busca do marido, a autora, também locutora de rádio, assim fala de seu personagem: "Ela começava a compreender que o Tibete inteiro era um grande mosteiro. Todos estavam imbuídos do mesmo espírito religioso, quer usassem mantos monásticos ou não". A autora começa falando da "lendária crueldade" dos tibetanos e termina repetindo que a "selvageria dos tibetanos era bem conhecida". Entre uma passagem e outra, no entanto, refere-se à bondade e à devoção e a uma inocência mágica que aos poucos muda a mentalidade da forasteira chinesa, que sempre desprezara os tibetanos por considerá-los pouco civilizados. (O livro na verdade remete aos relatos de cativeiro dos primeiros colonos da América do Norte raptados por indígenas que passam a perceber nos costumes dos nativos a existência de uma energia e poder que lhes eram desconhecidos em sua própria cultura.)

O efeito de transformação talvez resulte em parte da altitude e do ar rarefeito (embora eu não tenha sentido o mesmo em três viagens a La Paz, na Bolívia, que fica numa altitude um pouco mais elevada que Lhasa); talvez seja o caráter remoto de sua localização, intensificado pelo choque cultural e pela diferença de fuso horário. Talvez o que nos leva a ver o lugar mágico de que sempre ouvimos falar sejam também os muitos anos de histórias sobre o Tibete. Quem nunca visitou o Tibete espera um verdadeiro arrebatamento, e quem já visitou espera que seus relatos a respeito do país sejam fascinantes.

O resultado final, no entanto, é que quando a China atacou o Tibete, em 1949 — na época não havia sequer um aeroporto em todo o país e apenas cinco estrangeiros moravam lá —, o governo apelou para as Nações Unidas e jamais recebeu resposta; seus aliados em Londres, Washington e Nova Delhi conseguiram fingir que o Tibete praticamente não existia como lugar real (embora seis anos antes Franklin Delano Roosevelt tenha enviado uma carta e dois emissários do Serviço Estratégico ao dalai-lama, que tinha oito anos de idade, pedindo ajuda para o transporte de suprimentos norte-americanos através do Tibete durante a Segunda Guerra Mundial). Ao fazer amizade com o primeiro estrangeiro, o viajante austríaco Heinrich Harrer, o dalai-lama lhe pediu que montasse um projetor de filmes para que (por assim dizer) ele pudesse captar imagens reais e não idealizadas do mundo em geral, e assistia religiosamente a noticiários cinematográficos que lhe revelavam o que estava acontecendo fora de seu isolado reino; para Harrer, porém, assim como para muitos de nós, antes e depois, o fascínio do Tibete e de seu líder estava na distância em relação ao mundo real tal como o conhecemos.

Sempre que acompanho o dalai-lama, em qualquer lugar, noto que o rosto das pessoas não se ilumina muito quando ele diz: "Nada de sonhos!", enfatizando para a mulher que pergunta se, para a solução do seu caso, "a principal responsabilidade repousa sobre seus próprios ombros", ou quando diz: "Costumamos esperar que a paz e a compaixão caiam do céu. Bobagem! É preciso que alguém comece", recordando-nos a virtude da verdadeira ação, em vez de sonhar acordado. Repetidas vezes ele aconselha um realismo prático e uma recusa em se deixar enredar pelas atrações e distrações do otimismo insensato, e menos ainda do tipo que deriva da fé indiscriminada. Essa ênfase no que nós mesmos podemos fazer está no cerne do otimismo e da contagiosa confiança dele; nem sempre, no entanto, é a mensagem que desejamos ouvir.

A história de Harrer nos recorda isso de maneira dolorosa.

Esquiador olímpico da Áustria nazista — as metáforas já vêm prontas —, ele conseguiu escapar de um campo de prisioneiros de guerra na Índia britânica em 1944 e se viu no território então conhecido como "Reino Proibido", o Tibete. Atravessou a pé, durante dois anos, o mais elevado planalto da terra, aprendeu o idioma e chegou a ser tomado por tibetano por habitantes inexperientes do local, que nunca tinham visto o rosto de um estrangeiro. Chegou enfim à capital, onde o dalai-lama, então adolescente, que ouvira falar do andarilho de cabelos louros, pediu que o levassem até ele, e ambos se tornaram grandes amigos.

O europeu costuma achar que entrou em um mundo de cabanas cercadas de flores, festas em jardins e povo forte, habituado à vida ao ar livre como ele próprio, que o trata como hóspede de honra; parece-lhe ter escapulido da vida real para um dourado conto de fadas. Mas em breve, inevitavelmente, a realidade reaparece, quando soldados chineses entram no Tibete oriental em 1949 e o aventureiro é obrigado a abandonar seu idílio e voltar à Europa devastada.

Nos anos seguintes, enquanto Harrer escrevia a narrativa de sua estada numa terra encantada, a província tibetana oriental de Amdo, onde nasceu o atual dalai-lama, foi transformada no mais extenso *gulag* do mundo, preparado para comportar mais de 10 milhões de prisioneiros. Segundo as estimativas tibetanas, um em cada cinco tibetanos — 1 milhão, no total — morreu de fome ou em choques diretos com os chineses. Um em cada dez acabou encarcerado, enquanto todos os mais de 6 mil mosteiros do Tibete, com exceção de treze, foram arrasados, e os textos de muitos séculos de antiguidade, incinerados. Pais eram obrigados a aplaudir enquanto os filhos eram fuzilados.

Em anos recentes vieram à luz mais detalhes do que a Comissão Internacional de Juristas descreveu na época como "genocídio", assim como as histórias de muitos dos que acabaram por escapar do cárcere. (Um monge, respondendo a perguntas do dalai-lama quando afinal chegou à liberdade no exílio na Índia, contou que de fato sentira medo durante o tempo em que estivera preso — medo de algum dia perder a compaixão que sentia por seus captores chineses.) No entanto, o que costumamos notar são os contornos mais amplos da história e não as realidades brutais para cuja mudança poderíamos colaborar.

Em 1932, um ano antes de morrer, o décimo terceiro dalai-lama deu a conhecer o que ficou conhecido como seu "último testamento", no qual previu o que ocorreria caso os tibetanos não se abrissem ao mundo, se recusassem a adaptar-se aos acontecimentos de nossa época e continuassem a se desentender. "Não demorará muito", escreveu ele, segundo uma das traduções,

> para que tenhamos de enfrentar o ataque dos comunistas a nossas portas. É apenas uma questão de tempo [...] e quando isso acontecer, temos de estar preparados para nos defender. Do contrário, nossos ensinamentos espirituais e culturais serão completamente erradicados [...] os mosteiros serão saqueados e destruídos e os monges e monjas assassinados ou expulsos [...] Tornar-nos-emos escravos de nossos conquistadores e teremos de vagar sem destino, como mendigos. Todos serão obrigados a viver na penúria e os dias e noites passarão lentamente, com grande sofrimento e terror.

O décimo terceiro dalai-lama se esforçou para resguardar o Tibete contra seus temores, organizando o primeiro sistema postal e de cunhagem de moedas na história de seu país, introduzindo telefones e passaportes em Lhasa e até mesmo mandando quatro rapazes tibetanos para receber instrução na escola Rugby, em Londres (um deles regressou e ajudou a levar a eletricidade a

Lhasa). Porém mais importante para nossos contos de fadas, ao que parece, é a notável premonição de sua visão, e não, na verdade, o que ela significou. Onze séculos antes, Padmasambhava, o grande reformista indiano do budismo tibetano, a quem os tibetanos veneram sob a denominação de Guru Rinpoche, havia declarado: "Quando o pássaro de ferro voar e os cavalos correrem sobre rodas, o povo tibetano será espalhado como formigas por toda a face da terra e o darma será vendido caro na terra dos homens vermelhos". E em 1956, quando o atual dalai-lama avaliava suas opções, seu oráculo oficial, Nechung, que dá conselhos quando entra em transe, dissera: "A verdadeira luz brilhará a partir do ocidente" (na realidade, referia-se à Índia, que fica a oeste da maior parte do território tibetano, e de fato era uma profecia radical, já que apenas um dalai-lama em toda a história havia estado fora do Tibete).

Essas redes de causa e efeito, de difícil explicação, nos fazem admirar os poderes secretos do Tibete e deixam de levar em conta o fato de que, na época da invasão pelas tropas de Mao Tsé-tung, o exército tibetano contava com apenas 8500 homens, protegidos por cinquenta peças de artilharia e alguns fuzis antigos, e que em consequência de seu erro de avaliação os tibetanos foram torturados e submetidos a eletrochoques, esterilização forçada e estupro. O dalai-lama viu mais de 300 mil soldados estrangeiros ocupando seu território, e quase cem mísseis nucleares.

Ao observar o dalai-lama ao longo dos anos e meditar sobre sua missão, tornou-se mais claro para mim seu comprometimento com a "Realidade", como se fosse o enxame de energias que ele investigava a fim de compreender como tudo aquilo funcionava. Ele sempre ressaltava que muitos dos problemas sofridos pelo Tibete de certa forma eram o resultado de erros que a própria cultura havia cometido, por deixar de se informar sobre as verdades do mundo exterior e não examinar a si mesma com honestidade suficiente para poder pensar em reformas; as circunstâncias agora haviam conferido a ele e a seu povo a oportunidade ideal para aprender com seus erros e criar algo mais sólido. O Tibete poderia finalmente se tornar parte de uma família global.

Para um jornalista como eu, tudo isso foi tão novo e libertador quanto deparar com alguém que carrega um estetoscópio em vez de um Livro Branco pelo mundo afora. A maioria dos políticos que conheci em meus 25 anos de cobertura do noticiário tinha raízes firmes no futuro e nas promessas que fazia ou no passado e nas queixas que prometia reparar. Mas o cientista de si mesmo vivia inteiramente no presente e não tinha maior interesse nas projeções do romantismo nem nas ilusões do cinismo. Os budistas não falam do bem e do mal tanto quanto da ignorância e do despertar; nesse sentido, projetam toda a responsabilidade dentro de si mesmos, de modo a não perder tempo responsabilizando o outro, mas sim vendo como podem compreender melhor (e portanto resolver) o problema a partir do interior.

A ocasião em que vi o dalai-lama se mostrar mais veemente, nos mais de trinta anos em que venho conversando com ele, ocorreu de fato quando lhe perguntei num outono sobre a capacidade do budismo de adaptar-se ao mundo moderno e a circunstâncias que o próprio Buda não poderia ter imaginado. Ele respondeu, como eu sabia que faria, dizendo que o budismo oferece as linhas gerais de um conjunto de princípios que, em seu cerne, se aplicam a todos os seres humanos em qualquer tempo; os detalhes superficiais podem mudar, mas as leis básicas do valor da compaixão e do treinamento de nossas mentes para que enxerguemos além de nosso sofrimento o caminho para a liberdade nada têm a ver, na realidade, exclusivamente com o mundo de hoje ou com o mundo antigo.

E então, de repente, ele desviou a conversa. "Nesta encarnação", disse ele (referindo-se, como costuma fazer, ao papel do dalai-lama como se fosse apenas um manto que por acaso estivesse vestindo), "há algumas traduções, sobretudo do chinês, que falam em 'Buda vivo'. Isso está completamente errado!"

Olhou para mim com expressão quase feroz, para certificar-se de que eu entendera.

> A palavra chinesa significa "Buda vivo". No idioma tibetano, a palavra "lama" é uma tradução direta de "guru", isto é, alguém respeitado por sua sabedoria, ou por causa da gratidão que alguém tem para com ele. Portanto, o sentido geral é "alguém digno de respeito". Não há alusão a "Buda vivo"! Assim, os chineses criaram essa confusão devido às traduções para o chinês.

Era de fato raro que ele dissesse qualquer coisa contra os chineses, que se esforça por perdoar e procurar compreender. E sei que não precisava ter entrado no assunto só para oferecer uma resposta formal a minha simples pergunta. Mas sem dúvida considerava o tema de tal importância que fizera questão de explicar completamente sua posição, com uma tenacidade que eu o tinha visto aplicar a muitos pontos de exatidão acadêmica.

"Alguns livros ocidentais", prosseguiu, "também falam no 'Buda vivo' quando tratam de mim, ou falam em 'Deus'. Totalmente errado." Quando ele disse isso, lembrei que eu próprio utilizara muitas vezes, oito anos antes, outras versões daquela expressão ao redigir um perfil dele, e meus editores em Nova York ampliaram o erro ao dar ao artigo o título de "O Buda vivo do Tibete". Talvez ele estivesse apenas se certificando de que eu não cometeria o mesmo equívoco outra vez. Afinal, não é comum que um Buda vivo fuja de seu trono montado em um iaque e chegue ao mundo exterior sofrendo do problema muito pouco divino de disenteria. Dizer que o dalai-lama é mais do que humano é, para os não tibetanos, uma forma de diminuí-lo, e ao mesmo tempo de diminuir a nós mesmos, ao sugerir que não somos capazes de fazer o que ele faz.

Registrei devidamente a emenda e escrevi novo artigo incluindo a série de debates que tínhamos levado a efeito. Quando foi publicado na mesma revista de Nova York, imaginem que título recebeu: "O Deus exilado" — como poderia ser diferente? Ele poderia ter me dito que os seres humanos não abandonam facilmente seus contos de fadas.

Se tivéssemos de mostrar somente o lado positivo dos personagens, deveríamos sentir-nos desesperançados, e creio que seria impossível imitá-los em qualquer aspecto.

Samuel Johnson (a Edmund Malone)

O ícone

Quando conheci o dalai-lama pessoalmente, eu era um rapazinho de dezessete anos levado com relutância por meus pais em viagem a minhas origens ancestrais, sendo apresentado a tios, avós e primos a quem mal havia visto antes. Na época eu não tinha interesse pela Índia, a não ser pelos aspectos pitorescos que recordavam e coloriam as canções e modas psicodélicas favoritas em meu colégio na Inglaterra, e fiz o que pude para não dar demasiada importância nem me envolver no redemoinho caleidoscópico do país, e sim manter minha privacidade e minhas convicções secretas, como faria qualquer adolescente ansioso por ser mal compreendido. Quando meu pai me levou para uma excursão de dois dias nas montanhas para apresentar-me ao dalai-lama, eu estava decidido a não demonstrar o menor interesse por ele; afinal, era apenas um amigo, ou colega, de meu pai.

Consegui levar a cabo o que tencionava. Tomamos o trem noturno de Nova Delhi a Pathankot e em seguida entramos em um táxi apertado para a longa viagem até Alta Dharamsala. Durante o que pareceram horas intermináveis, viajamos através de nuvens de diferentes tons de cinza. Dharamsala é conhecida pela intensidade das chuvas no verão, e hoje só recordo os pinheiros, as curvas fechadas da estrada, nuvens e mais nuvens. Depois chegamos a uma aldeia de aspecto pobre com algumas cabanas aglomeradas e seguimos por uma rua estreita sobre o vale até uma casa, na qual encontramos um homem vestido com mantos avermelhados e cor de açafrão.

Não me lembro do que ele disse na ocasião, embora a conversa tivesse durado uma hora e meia ou mais (em 1974 não havia muita gente procurando o dalai-lama). Só me lembro de que usou a palavra *bodhichitta* (que para ele significa "bom coração repleto de sabedoria"), termo que voltaria a utilizar quando o visitei outra vez, sozinho, na mesma sala. Com toda a sabedoria de meus dezessete anos, eu naturalmente não tinha ideia de que àquela altura já fazia um quarto de século que esse homem mantinha constante negociação com a China e Mao Tsé-tung, esperava poder em breve mandar delegações ao Tibete, havia ordenado pouco antes a seus guerrilheiros Khampa que depusessem as armas após a abertura à China levada a cabo pelo presidente Nixon e Henry Kissinger, e tampouco sabia que o Nepal havia resolvido ajudar o poder constituído em Pequim. Sabia apenas que havia nuvens por toda parte, na sala e em volta dela, rodopiando no espaço enquanto conversávamos, e que o mundo estava muito longe dali, oculto no nevoeiro.

Estávamos no topo de uma montanha — na época eu nunca havia estado em tal altitude na Ásia — onde um governante deposto, vestido com mantos de monge, falava sobre o Vazio e a Realidade, e do lado de fora, pelas amplas janelas, não se viam sinais de habitação humana. Na verdade, estávamos completamente alheios ao mundo real.

Para mim, um dos pequenos milagres de minha vida foi ver o dalai-lama descer do alto da montanha, por assim dizer, saindo de dentro do nevoeiro e tornando-se claramente visível como membro da comunidade global, e tão acatado quanto o cantor--ativista Bono ou o outro herói dos povos oprimidos, Nelson Mandela. A efígie dele surge em adesivos em para-choques de automóveis em lugares onde há surfistas (ANIME-SE!); as revistas de bordo em aviões comerciais nos dizem (em artigos sobre a definição de "sereno") que "o dalai-lama é sereno porque é". O excêntrico cineasta Werner Herzog publica um livro sobre ele e Hunter Thompson o inclui em sua "Lista de Honra" de heróis do jornalismo sensacionalista. Essa reunião de mundos tão diferentes (talvez uma realidade maior e outra menor) proporciona uma oportunidade e levanta uma questão: quando um monge aparece diante de uma infinidade de máquinas fotográficas, o que vemos é o monge ou o que as câmeras nos mostram?

No verão de 2005 eu já estava quase acostumado a ver o dalai-lama ser usado como elemento cômico em muitos filmes de Hollywood; no decurso de dois meses vi alusões a ele nos filmes *A sogra*, *Penetras bons de bico*, *Em boa companhia* e *Grande menina, pequena mulher* (no qual uma jovem rica de Manhattan, sentindo-se entediada, procura emprego na butique Henri Bendel, da Quinta Avenida, e dá como referência "o dalai-lama, no Tibete" — engano um tanto cruel, pois o Tibete praticamente não existe como país e o dalai-lama já não mora lá há meio século). Hoje em dia é possível comprar por duzentos dólares bonecos com a figura dele, produzidos em pequena quantidade, e um produtor teatral da Broadway tem falado em fazer que um vampiro, personagem de uma farsa, se disfarce de dalai-lama. "Antigamente", diz Gilbert, figura de ficção criada por Oscar Wilde há mais de um século, "costumávamos canonizar nossos heróis. O método moderno é banalizá-los."

Porém, o que me surpreendeu muitas vezes em meio a tudo isso é que visivelmente o dalai-lama percebia tudo de maneira muito mais abrangente do que eu, até mesmo a máquina de publicidade, o circo das celebridades e a mídia cada vez mais agressiva. Alguns de nós costumamos pensar no mundo espiritual, no ambiente dos monges, como algo puro, enquanto o mundo das imagens fotográficas e dos sons, na melhor das hipóteses, é algo suspeito. Em relação àquele monge budista foram tomadas certas liberdades que dificilmente eu poderia imaginar sendo aplicadas ao papa e até mesmo, nos dias de hoje, a um religioso islâmico. Porém um dos argumentos mais surpreendentes apresentados por esse monge mais visível entre todos, assim como por algumas pessoas que pensam de modo semelhante, é que tais coisas mundanas podem ser transformadas para os objetivos que desejarmos. Não existe nada que seja mau ou bom; é o pensamento que as faz ser o que são.

Na primavera de 2004, portanto, fui de avião a Vancouver para ver de que forma o dalai-lama lidaria com multidões ruidosas e exposição à mídia muito mais intensa que na recatada Nara. Não tinha interesse especial em sua personalidade, embora fosse emocionante e radiosa, em parte porque não o achava particularmente interessado nela e além disso porque suas virtudes públicas eram na verdade apenas sintomas das práticas privadas e da quietude subjacentes. Durante décadas, porém, me interessei em examinar como a globalização poderia atingir profundidade, certa introspecção que a sustentaria mais do que poderiam fazê-lo os bens ou os dados, e como a mídia poderia tratar de algo mais do que apenas os acontecimentos efêmeros do dia a dia. Há muito eu vinha pensando que se nossa nova maneira de viver tivesse alguma substância real a oferecer, esta teria de ser invisível, no domínio do que está por trás da aceleração e das multinacionais.

Semanas antes que eu sequer pousasse na Colúmbia Britânica, o site da internet lançado especialmente para o evento (como ocorre hoje para visitas do dalai-lama em qualquer parte do mundo) me informou que a cidade já se encontrava num frenesi; o padroeiro da ordem global, como às vezes ele parece ser, já não vinha ao Canadá há mais de uma década. Sua palestra genérica sobre a maneira de levar uma vida mais atenta e generosa tinha sido deslocada para o maior local público da cidade, o Pacific Coliseum, onde normalmente jogava a equipe de hóquei sobre gelo da cidade, denominada Canucks — porque com muitos meses de antecedência as entradas se esgotaram em apenas vinte minutos, e 8 mil pessoas ficaram frustradas, sem poder comprá-las. Em Toronto, na mesma viagem, o dalai-lama tinha uma palestra marcada para o cavernoso Sky Dome, onde cabiam 50 mil pessoas, em geral para assistir a grandes concertos de rock e jogos de beisebol. Para onde quer que eu me voltasse, na tarde chuvosa de abril em que cheguei, via retratos do dalai-lama flutuando pendurados nos postes de Vancouver (isto é, nos que não estavam ocupados por flâmulas dos Canucks). Como frequentemente mencionava a imprensa, era como se fosse uma visita de um presidente em companhia de Mick Jagger.

Como era típico, o dalai-lama tinha ido à cidade a convite de um amigo chinês que por acaso batera à sua porta em 1972, sem saber bem para onde estava indo, vestido de capa negra e cavanhaque de Fu Manchu. O viajante, que se chamava Victor Chan, tinha sido sequestrado pouco antes no Afeganistão, em lugares frequentados pelos hippies, junto com duas mulheres; os três escaparam e uma delas se lembrou de ter consigo o nome e o endereço de um tibetano hospitaleiro que morava em uma remota aldeia nas montanhas do norte da Índia, de nome Dharamsala. Naturalmente, esse tibetano era nada menos que o dalai-lama, não muito conhecido naquele tempo, e agora, 32 anos depois, esse Heinrich Hagger chinês da contracultura, isto é, Victor, o havia trazido a Vancouver para falar de paz e reconciliação, junto com dois de seus velhos amigos, Desmond Tutu e Václav Havel, além da mais recente ganhadora do prêmio Nobel, Shirin Ebadi, a destemida juíza que enfrentara o regime teocrático do Irã.

A caminho do evento, eu via por toda parte os debates televisionados entre George Bush e John Kerry, na expectativa da eleição presidencial que ocorreria dali a seis meses. Logo que os dois homens vestidos de terno paravam de falar em guerras, outros homens de terno — meus colegas da imprensa — apareciam na tela para comentar o que os primeiros homens de terno tinham dito sobre a guerra — no jornalismo televisivo atual, nenhum assunto é tão temido quanto o silêncio — e não a oratória bombástica, nem a repetição e a amargura. Em apenas uma geração — na verdade, desde minha primeira ida ao Tibete — o mundo parecia haver passado de pouca a demasiada informação sobre si mesmo, e ouvindo aqueles homens tagarelando sem cessar eu comecei a pensar que era mesmo necessário alguém que pusesse toda aquela falação em uma perspectiva mais ampla. Antes, a informação parecia ser o primeiro passo para o conhecimento, mas agora às vezes parecia ser seu maior inimigo.

Às sete horas da manhã seguinte eu já estava no Centro Chan para as Artes na Universidade da Colúmbia Britânica (a cidade se transformara em um posto avançado da China, e aquele Chan nada tinha a ver com Victor); estava chovendo e havia longas filas de pessoas, a maioria em silêncio, em volta do edifício e por todo o campus. Era na verdade, como acontece em toda parte nas conferências do dalai-lama, um evento global: mulheres com roupas tibetanas cerimoniais, autoridades da comunidade local, jornalistas que pareciam vir do Japão, de Taiwan e talvez da China continental, gente do mundo todo. Os jornalistas eram tão numerosos que foram alojados em outro auditório, onde acompanhavam a palestra num telão. Foi-nos solicitado que chegássemos duas horas antes, por motivo de segurança, e nos indicaram uma grande sala onde os ganhadores do prêmio Nobel seriam transformados em imagens, ícones amplificados em um mundo virtual.

Nesse contexto, soavam um pouco estranhas as palavras que tínhamos lido entre as muitas instruções enviadas previamente, que "para efeito deste evento, o Pacific Coliseum é considerado uma igreja" — mas de certa forma parecia bem adequado tendo em vista o que aqueles visitantes pretendiam: transformar um centro de entretenimento em local para entreter (com o devido humor e a devida humildade) um senso de consciência e de percepção, algo mais do que apenas o eu. Conforme notou o grande estudioso de religião comparada Huston Smith, nossa era é a primeira cujo centro, segundo os arqueólogos, não é um templo (e sim, na verdade, um estádio ou um shopping center). Outra instrução, no entanto, lembrava que nem mesmo os templos são santuários alheios ao mundo real e seus conflitos: "Solicita-se aos adeptos do *Dolgyal* e seus proponentes que não assistam aos ensinamentos".

Esse pedido, redigido em termos precisos, era uma amostra de que toda abertura gera complicações, e que o dalai-lama ainda estava tão envolvido em disputas políticas locais quanto qualquer outro líder político ou espiritual. Para todos os tibetanos e budistas do rito tibetano (por exemplo os da Mongólia, e agora os da Coreia, Taiwan e outros lugares), o dalai-lama é considerado a encarnação visível de sua crença, um perfeito deus — uma encarnação de Chenrezig, divindade da compaixão — tão além da esfera comum que os tibetanos não ousam dirigir-se diretamente a ele; mas em anos recentes os adoradores de uma divindade chamada Dorje Shugden, às vezes conhecida como Dolgyal, começaram a fazer manifestações nos eventos em que figura o dalai-lama porque acreditam que ele discrimina aquele aspecto particular do budismo tibetano. Como acontece com muitos debates no interior do mundo tibetano, também este tem antecedentes que remontam a muitos séculos, e ao mesmo tempo, também como em muitos debates, a questão está longe de ser abstrata ou remota: sete anos antes do evento em Vancouver, três monges do mosteiro particular do dalai-lama, inclusive o diretor de seu Instituto de Dialética Budista, foram encontrados assassinados em suas camas, a poucas centenas de metros da casa dele. A suspeita geral foi de que os assassinatos estavam de certa forma ligados a uma série de ameaças sangrentas feitas pelos seguidores de Shugden.

Assim, ao me instalar no auditório reservado à mídia, me senti como se estivesse realmente observando de que forma aqueles indivíduos, de condições tão diferentes, tratariam os desafios da publicidade, da celebridade e também até mesmo da inimizade. Teoricamente, todos estavam ali para receber um diploma honorário da universidade antes de iniciar suas discussões sobre temas mais sérios, e também para inaugurar um programa de Estudos Tibetanos Contemporâneos naquela instituição de ensino superior. No entanto, eu achava que tinham vindo para propor, em tempo limitado, uma nova perspectiva, a que diz que as revoluções começam em casa. O dalai-lama gostava de falar em "seres humanos", expressão em geral precedida pelo pronome "nós", mas falava mesmo era de "homens em transformação" e das maneiras pelas quais cada um de nós poderia percorrer o caminho aberto a fim de nos tornarmos mais compassivos e responsáveis. Uma paz mundial alcançada por homens que sejam eles próprios inquietos, temerosos ou invejosos não poderá ser considerada adequada.

A única paz verdadeira só poderia surgir da pacificação de alguma coisa dentro de nós, do retorno a algo que está por trás do eu, a um domínio em que não tenhamos a noção de "nós" e "eles" e sim a percepção de todas as coisas interligadas numa rede em pulsação, capaz de nos lembrar que nosso chefe hoje, a quem não toleramos, na verdade pode ter sido nossa própria mãe em uma vida anterior, ou poderá vir a ser nossa mãe em uma vida futura. A única revolução, nesse sentido, vem da reavaliação: para mudar uma sociedade ou sistema, é preciso voltar mentalmente a suas causas primordiais. "O ódio", como disse de modo memorável Graham Greene em *O poder e a glória*, "é pura falta de imaginação."

Nessa ordem de ideias, eu sabia de antemão — como quase todos os presentes — o que os visitantes iriam dizer, e todos sabíamos que nada daquilo seria excepcional, nem seria novidade: "Que esperança podemos ter de encontrar tranquilidade fora de nós mesmos, se não estivermos tranquilos em nosso interior?", perguntava santa Teresa de Ávila a si mesma e ao mundo há quatro séculos. Mas o que havia de instigante em sua presença era o fato de todos fazerem experiências com formas extremamente práticas dessas ideias elevadas: Ebadi, ao zelar pelas leis de seu país e interpretá-las diante de um governo que pretendia modificá-las ou desprezá-las; Tutu, ao instituir uma Comissão de Verdade e Reconciliação em sua África do Sul natal após o fim do apartheid, para que os antigos crimes não fossem esquecidos nem apenas vingados; e o dalai-lama, ao esquecer até certo ponto o budismo em tais ocasiões a fim de propor seu tema favorito de "ética global". Havel (que teve de cancelar a viagem no último minuto por motivos de saúde) tinha até mesmo nomeado um estudioso de Woody Allen para ser embaixador em Washington quando chegou ao poder, talvez como forma de levar adiante uma política que não ficasse nas mãos dos políticos.

Era como se o que eles estavam trazendo na verdade para a plateia, mesmo naquele exercício ritual, fosse uma moldura para os acontecimentos do momento, a fim de que pudéssemos vê-los no contexto de algo mais duradouro e expansivo (Desmond Tutu talvez chamasse a isso "Criação"; para Shirin Ebadi poderia ser a "justiça", ou ainda "realidade suprema" nos termos do dalai-

-lama). Idealmente, por sua natureza, um arcebispo, um monge e uma juíza nos pediam que considerássemos as notícias do momento à luz de princípios que duram muito mais do que simples momentos.

Em suas afirmações, Ebadi na verdade propunha considerar o envolvimento dos Estados Unidos no Iraque não apenas em termos das relações de Washington com o Oriente Médio, do homicida Saddam Hussein e da cruzada de George W. Bush, e sim em termos de algum princípio de soberania dos Estados e das preocupações de todas as nações caso esses princípios fossem violados. Tutu dizia em sua palestra que observássemos nossa própria vida e tudo o que tínhamos sofrido, não como algo tão enorme que fosse capaz de ofuscar tudo o mais, e sim de uma perspectiva celeste, na qual tudo aquilo é um simples ponto numa tela que se estende ao longo dos séculos e dos continentes. O dalai-lama sempre afirmou que o diálogo do Tibete com a China deve ser considerado não apenas em função de determinado líder ou de uma perda específica, e sim, ao contrário, no contexto de uma série quase infinita de causas e efeitos que se estende a perder de vista no futuro. A China e o Tibete sempre seriam vizinhos e seus destinos sempre estariam entrelaçados; portanto, ao cuidar das necessidades dos tibetanos, não se pode deixar de levar em conta as prioridades e necessidades dos chineses.

Quando Tutu foi chamado à frente do palco para receber seu diploma, usando um capelo negro com borla, recordou que havia recebido um capelo semelhante em West Point, que era muito maior do que sua cabeça. Ele comentou: "Ora, qualquer esposa normal poderia ter observado: 'Acho que precisamos de um capelo menor'. Mas naturalmente minha querida mulher, Leah, que me conhece há muito tempo, disse: 'Isso mostra que meu marido tem uma grande cabeça!'".

A plateia riu, deliciada; essa humildade é justamente o que

se espera de um religioso, e Tutu sabia como falar ao público usando a voz em tons graves e agudos, melodiosamente. Eu, no entanto, pensei — porque os religiosos, assim como monges budistas e advogados, costumam ser cuidadosos com as palavras — que a anedota continha um ensinamento bastante válido: não espere que o mundo adapte suas realidades para agradar a você, e sim adapte suas necessidades às circunstâncias do mundo.

Eu era capaz de imaginar o que alguns colegas diriam em reação a tudo aquilo — e a função dos jornalistas é dizer essas coisas (o dalai-lama diria que também é a função dos budistas). Os três laureados com o prêmio Nobel da Paz eram idealistas, na favorável posição de apresentar princípios morais em vez de tratar de um mundo real no qual é mais comum nos vermos obrigados a escolher entre dois erros do que entre o certo e o errado. Era evidente que todos eles tinham sofrido e enfrentado seu sofrimento com dignidade, mas o simples sofrimento não era garantia de sabedoria e muito menos de autoridade política. Havia um motivo para que a Igreja e o Estado fossem em geral separados, e esse motivo era que a Igreja atua no mundo eterno da justiça e a política age no mundo dos homens, muito mais limitado e contemporizador.

Em seguida, porém, recordei as palavras que tinha lido nas primeiras páginas do livro mais recente de Tutu, e que de início me haviam surpreendido. "Não sou otimista", escrevera ele. "O otimismo se baseia em aparências, e rapidamente se transforma em pessimismo quando as aparências mudam. Considero-me um realista." Em vez de simplesmente colocar um band-aid em uma sociedade machucada, ele procurava (e seu amigo tibetano concordaria com isso) realizar uma cirurgia radical no coração. O fato de ter vivido 62 anos em seu próprio país sem o direito de votar o ensinara que é inútil simplesmente desejar que as coisas sejam diferentes, e ao insistir que o mundo boicotasse seu país, o que dizia, em essência, era que sua congregação estava disposta a privar-se de tudo se isso pudesse finalmente operar uma mudança no governo capaz de transformar o cerne de suas vidas.

Olhei para Ebadi, resoluta em sua cadeira, e recordei como algumas vezes, ao proteger dissidentes, ela revelara listas de agitadores que seriam assassinados nas quais seu próprio nome figurava preferencialmente; as ameaças de morte eram seu pão de cada dia. Vi o dalai-lama curvar-se para a frente em seu lugar e perscrutar os rostos na plateia, e lembrei que após quase cinquenta anos ele ainda viajava com o documento amarelo de identidade que o qualificava como refugiado. Lembrei-me de que lera em Emerson que a oração — e talvez seja a melhor definição que conheço — "é a contemplação dos fatos da vida a partir do ponto de observação mais elevado".

Sem dúvida a própria noção de "celebridade espiritual" é estranha, mas num mundo em que a celebridade é cada vez mais uma moeda global, a celebridade espiritual é a única capaz de transformar a moeda de cada reino em algo mais precioso ou substantivo. Aqueles três visitantes ali estavam porque haviam se recusado a afastar-se do ruído e da confusão do mundo real e cotidiano; e também porque tinham resolvido encontrar nessa confusão os contornos de algo mais valioso. A função deles naquelas circunstâncias era dar àquele auditório uma sensação de contato vivo e humano que nenhuma plateia poderia obter a partir de uma tela (afinal, aquela multidão havia esperado a ocasião durante meses), mas tinham de deixar atrás de si algo mais duradouro, para que aquelas pessoas voltassem ao ruído e à confusão de um jeito um pouco diferente, em parte por compreender que eram capazes de mudar o mundo mudando a maneira de ver o mundo.

Depois que Tutu volta a seu lugar, a reitora da universidade sobe à tribuna para ler um discurso já preparado. "Ninguém hoje representa melhor o amor, a compaixão e o altruísmo em nossa sociedade do que o décimo quarto dalai-lama." Em seguida, convida-o a se aproximar. As palavras eram bastante rotineiras, pensei, mas o que me tocou foi o "nossa"; se o dalai-lama tem alguma relevância para os habitantes de Vancouver, é só porque o consideram parte de seu mundo e ele os considera parte do seu. De fato, justamente o tipo de ligação impossível quando o Tibete estava instalado além das mais altas montanhas da terra, um lugar de fantasia para a maioria de nós e habitado por gente que talvez também nos visse como não totalmente reais.

O tibetano avança para a frente do palco e pronuncia algumas palavras em inglês, sempre uma forma útil de, ao mesmo tempo, pôr seus ouvintes à vontade e lembrar a eles, com gramática hesitante, que ele é apenas um de nós, e não uma pessoa diferente. Em seguida, diz: "Preciso de uma bengala para meu inglês claudicante", chamando o tradutor convidado para aquela palestra, um estudioso tibetano de conhecida erudição, com doutorados em instituições tibetanas e em Cambridge e que agora mora no Canadá e procura trazer o Tibete para o mundo e vice-versa. "Enquanto houver espaço, haverá o ser que sente", diz o dalai-lama em inglês, invocando sua prece favorita, do filósofo indiano do século VIII Shantideva: "Hei de permanecer, para servir".

"Acredito nisso", prossegue ele. "Essa é minha opinião fundamental. Não é uma visão holística, e sim uma visão egoísta, porque, ao pensar nos outros, sinto imensa satisfação. Servir a outros é a melhor maneira de encontrar a própria e profunda satisfação. De maneira realista, procuro promover os valores humanos.

Novamente o realismo, penso eu, e ideias complexas decompostas em peças simples como num brinquedo infantil de construção (o dalai-lama gostava de brincar com o Meccano quando criança, no Potala). Nos cinco minutos de que dispõe, ele precisa tentar deixar com a plateia algo prático e claro o bastante para que as pessoas possam recordar e levar consigo.

Depois fala, como sempre, de seu novo tema favorito: de que forma o budismo pode oferecer alguma coisa "à ciência cognitiva e ao estudo da percepção", e do fato de que certas propriedades da mente e das emoções não pertencem a sua tradição mas sim, segundo mostram as experiências, a toda a humanidade. Quando vemos uma corda em nosso quarto e a tomamos por uma cobra, dizem os tibetanos, ficamos aterrorizados; mas quando olhamos mais detidamente e vemos que se trata mesmo de uma corda, nos tranquilizamos. Nossos terrores são criados por nós mesmos. O mundo em si mesmo não é tão aterrador, caso possamos vê-lo da maneira correta. Em seguida fala de seu amigo Tutu. "Só temos uma divergência", diz, voltando-se para sorrir ao arcebispo também sorridente. "O Criador! Mas o objetivo é o mesmo." A plateia fica visivelmente cativada por sua sinceridade transparente e ausência de fingimento; apenas um homem que sem dúvida fala com o coração, sem desejo aparente de promover uma posição ou filosofia, e muito menos a si mesmo.

Mas o que me surpreende tanto quanto a substância da fala é a sua forma. O dalai-lama costuma iniciar suas frases em inglês com as palavras "Assim, portanto", como para amarrar suas propostas em uma rígida sequência de causa e efeito. Da mesma forma, muitas vezes termina as frases com "Essa é minha opinião", ou "É nisso que acredito", como se reconhecesse que se trata apenas de suas ideias, e não de verdades absolutas. As frases estão cheias de cuidadosas qualificações: "geralmente", "talvez", "eu acho", assim como, na conversa normal, ele muitas vezes cita datas, e em certa ocasião, ao fazer uma pequena defesa do budismo para mim, escrupulosamente pronunciou sete vezes a palavra "talvez" em uma única resposta. Noto mais uma vez que as expressões que usa com mais frequência são "calmo", "sincero" e "autêntico", e também outras como "de coração"e "com isenção", como se acentuasse a busca de objetividade científica mas não à custa do coração humano.

Também parece retornar frequentemente, nesse dia específico, à palavra "holístico", usada na Nova Era, que alguém deve ter lhe dito ser a melhor maneira de captar a ideia central do budismo de que tudo é interligado e nada tem existência independente. Talvez seja a palavra adequada para essa ideia, mas ainda parece estranha dita por um homem que costuma criticar a falta de rigor na Nova Era. Está na verdade falando em "inclusão".

Após vinte anos de colaboração, seu tradutor passa para o inglês as palavras em tibetano de maneira muito fluente. É um homem franzino, de cabelos cortados rente, em contraste com o corpulento chefe. Como ex-monge e filósofo profissional, sabe como se manter atualizado com as ideias às vezes intrincadas e rarefeitas por trás das palavras simples. Enquanto ele traduz, o dalai-lama, como fazia em Nara, olha em volta do salão, quase visivelmente tomando notas, e depois volta os olhos para cima, com evidente energia, como se fosse de fato um menino que de repente se visse em um museu de história natural. Em certo ponto, no entanto, quando o tradutor fala de "conversas com cientistas", o dalai-lama interrompe rapidamente e mostra que esteve prestando atenção durante todo o tempo. "Não!", diz ele, com vigor. "Diálogos!" Percebo que para ele se trata de um termo importante.

No Tibete e entre tibetanos em todo o mundo, e não menos em sua casa no exílio em Dharamsala, o dalai-lama é adorado literalmente como um deus; todas as lojas em Dharamsala têm no centro uma foto sua emoldurada, e até mesmo o mais rebelde dos tibetanos, murmurando para jovens ocidentais a última canção dos Red Hot Chili Peppers, fica em silêncio e quase em lágrimas quando alguém pergunta pelo dalai-lama (que de certa forma representa sua pátria e seu senso de identidade). Na comunidade tibetana o dalai-lama ainda resolve oficialmente todas as divergências institucionais, já ordenou toda uma geração de monges e possui tal autoridade ritual que até mesmo os rapazes tibetanos mais ousados que frequentaram a Universidade de Colúmbia (eu já vi) se sentem nervosos quando têm de servir de tradutores para ele e automaticamente fazem reverência diante dele, como faziam os súditos diante de seu rei. No exílio, mais do que nunca, ele é o principal recurso externo com que contam os tibetanos.

No mundo mais amplo, porém, o dalai-lama é apenas um ícone, uma espécie de divindade secular, e para isso há menos precedentes. O dalai-lama continua a ser intensamente pragmático em relação ao uso que dele faz o mundo — se as pessoas usam seu rosto sorridente como proteção de tela no computador, ou se existe um benefício substancial em transmitir seus discursos nas pistas de dança das discotecas de Londres, que o façam e usem a ele ou qualquer outra coisa que seja "benéfica"; além de certo ponto ele não pode controlar a ideia que as pessoas fazem dele e as esperanças que lhe trazem; o papel do médico é procurar oferecer auxílio onde for necessário. Mesmo assim, um dos efeitos disso é que ele prefacia livros até mesmo para os que tratam da impaciência dos tibetanos com suas políticas, e como afirma um amigo íntimo, "responde a perguntas que não deveria responder".

Às vezes penso que talvez seja uma espécie de enigma que as pessoas desse tipo nos propõem: até que ponto reagiremos a sua essência, ao cerne imutável daquilo que afirmam, e até que ponto simplesmente os interpretamos a partir de nossas próprias prioridades? Lembro-me, em meu próprio caso, de me sentir emocionado e humilde ao encontrá-lo no dia seguinte ao anúncio da concessão do prêmio Nobel, quando o dalai-lama me falou aberta e diretamente como se fôssemos iguais, sem se preocupar em remover qualquer barreira entre nós, como se não visse nenhuma. Mas o episódio sobre o qual eu talvez mais tenha falado nesse ano foi o aniversário de seus 54 anos, nas colinas de Malibu, poucos meses antes, quando simples mortais como eu permaneceram durante horas em companhia de celebridades como Cindy Crawford e Tina Chow. Costumamos ver todos aqueles que encontramos à luz de nossas próprias pequenas preocupações.

Vejo o dalai-lama e Tutu saindo do grande auditório e sigo-os até uma pequena sala ali perto, onde ambos darão duas entrevistas para a televisão (também com Ebadi) para transmissão no Canadá. Não posso deixar de notar que os dois falam do "mesmo objetivo", porém com vozes radicalmente diferentes. Tutu utiliza toda a escala de sua voz ondulante e musical em inglês, apelando para recursos ocultos na linguagem que fazem a reunião de Shakespeare com a versão da Bíblia do rei James; chama a plateia para junto de si com voz muito suave e em seguida eleva o volume e nos faz ir subindo com ele. O dalai-lama fala de maneira muito mais lenta e cuidadosa, sobretudo quando usa o inglês, com frases redondas e precisas, como se fosse apresentando os tijolos com os quais constrói seu pensamento. Tutu é um personagem de anedotas e voos, de expansividade e brilho argênteos, e o efeito de escutá-lo quando ele repete várias vezes as frases é o mesmo produzido pela luz ao atravessar um vitral; o dalai-lama fala mais como um mestre em lógica do que como poeta, e apresenta (fiel a seus princípios budistas) afirmações que parecem quase simplistas até que escavemos sob cada palavra a fim de entender o raciocínio em que se apoia.

No entanto a maior diferença entre os dois visitantes, nesse momento da história, é que ambos se colocam em campos opostos nas lutas que representam. A tarefa do arcebispo Tutu de certa forma foi concluída: ele já venceu sua batalha. Graças a seus esforços e aos de Nelson Mandela e muitos outros na África do Sul e fora dela, o apartheid foi abolido, e embora a violência, perigos e confusão no país às vezes possam ser piores do que antes, o mundo exterior já fez sua parte para devolver o poder às mãos da maioria. Assim, quando sobe à tribuna, o que diz é "Muito obrigado. Obrigado, obrigado, obrigado". Graças ao povo do Canadá e de outros lugares do mundo, diz ele, a África do Sul estará comemorando o décimo aniversário de liberdade daqui a uma semana. É difícil não se sentir contente quando um homem tão digno agradece.

Em contraste, o dalai-lama diz: "Por favor". Por favor, ajudem meu povo no Tibete mesmo quando parece que no curto prazo estamos perdendo o apoio do país mais populoso do mundo. Por favor, elevem-se a seu nível mais alto para ver que a responsabilidade é a afirmação de um esclarecido autointeresse. Por favor, procurem compreender que, se acharem que realmente habitamos um universo global, nesse caso seu bem-estar depende do bem-estar do Tibete, tanto quanto o bem-estar do Tibete depende do de vocês.

Ninguém gosta de ouvir um apelo, sobretudo vindo de um hóspede, e muito menos de um homem apreciado e respeitado; o impulso natural é olhar para além do apelo e focalizar o apreço e o respeito (especialmente se esse homem parece de tal forma senhor de si mesmo e de sua filosofia que é mais fácil imaginá-lo ajudando você do que o contrário). O próprio fato de o dalai-lama dizer ao mundo que necessita dele leva muita gente a presumir que na verdade ele está acima do mundo.

Mesmo assim, apesar de todas essas tensões subjacentes, é emocionante ver o dalai-lama em companhia de seu velho amigo e colega, talvez descontraído e brincalhão, como só podemos estar quando em companhia de alguém que sabe o que enfrentamos e compartilha nossos objetivos. À medida que as entrevistas para a televisão prosseguem, noto que o tibetano escolhe exemplos tão inesperados quanto exatos: ao argumentar que a força pode às vezes ser usada para o bem, ele cita a Guerra da Coreia, que acompanhou quando adolescente, subitamente lançado a uma luta constante com a China; e ao mencionar que existem maneiras práticas de melhorar o mundo, fala dos rios de Estocolmo, onde a vida marinha havia desaparecido e hoje há peixes por toda parte. Percebo que ele aprimora e atualiza sua observação do mundo quando viaja a lugares como Vancouver.

Tampouco essas coisas são novidade, e às vezes isso parece ser de fato o argumento principal: Buda, afinal, não veio proclamar uma nova doutrina ou anunciar uma revelação, mas antes descobrir, e depois nos lembrar, algo que já sabíamos e que guardávamos dentro de nós mesmos. Nessa altura o dalai-lama sabe dizer às câmeras de TV o que devem focalizar, e aprendeu que o que querem dele são ondas sonoras e não dissertações filosóficas; mas o que também me impressiona, lembrando o relato do primeiro encontro de meu pai com ele, há mais de quarenta anos, é o quanto aquele monge de 24 anos de idade de cabelos cortados à escovinha que acabava de chegar à Índia se parece, em todas as características e gestos, com o homem idoso que agora observo.

"Ele não afirmava ser perfeito ou infalível, e ninguém pensava que fosse", escreveu meu pai na época, "mas em sua companhia eu sentia o frescor de uma imensa pureza pessoal." O dalai-lama tinha feito a meu pai perguntas minuciosas sobre como ele via o mundo mais amplo, e acentuava a importância de manter o diálogo, mesmo com aqueles que consideramos inimigos, porque algum dia eles despertariam. Meu pai o via como "eterno", permanente e "capaz de assumir diversas posturas diferentes, sem qualquer afetação", conservando "a atenção no que era essencial".

Quando termina a entrevista, o único outro jornalista presente, pessoa agradável e sincera que cobre assuntos religiosos, me oferece uma carona até a cidade. "Não sei exatamente como expressar", diz enquanto atravessa o tráfego, em meio a cartazes que exibem o rosto do dalai-lama, "porque não tenho certeza, mas você não teve a impressão de que o dalai-lama não era exatamente o que mais brilhava naquele salão?"

Fico pensando que o tibetano é doutor em metafísica, além de um filósofo talentoso e famoso falando em uma língua estrangeira; o que vimos em sua palestra foi o equivalente a um campeão de tênis como Jimmy Connors jogando com um menino em um torneio de tênis para celebridades. Pode-se dizer que o dalai-lama tende a falar em nível demasiado elevado e técnico quando não toma o cuidado — como naquela manhã — de manter-se consciente de sua plateia e encontrar as palavras que farão mais sentido para ela.

"Engraçado", continua o jornalista (e começo a entender sua verdadeira preocupação: derramar uma torrente de palavras sobre o dalai-lama é coisa cansativa para todos), "há muita gente que não acredita em nada, mas daria tudo só para ver o dalai-lama. É como se achassem que, se ele os tocar, se os abençoar, estarão protegidos pelo resto da vida."

"É exatamente o que ele diz que não devem pensar." Um verdadeiro budista, ele sempre afirma, não acredita na devoção cega nem na personalidade. A confiança e o respeito quase poderiam ser considerados o oposto da fé sem discernimento. No entanto, entendo perfeitamente o que diz meu novo amigo. Naquela escala — em todas as escalas — das viagens do dalai-lama pelo mundo, as pessoas afirmam emocionadas que estavam "destinadas" a encontrá-lo, que o olharam nos olhos e sentiram que ele falava exclusivamente para elas, que ele revelara o sentido do universo ou compreendia suas almas apenas com o olhar, como se não tivesse na mente outros pensamentos, muito mais urgentes. Ao ouvi-lo falar em projeção e ilusão, a maior parte de nós não precisa ir muito longe para encontrar exemplos.

No início de seu exílio, era inevitável que o dalai-lama desconhecesse as maneiras de agir do mundo moderno e suas mais recentes tecnologias; mas ao vê-lo cumprir seu programa em Vancouver, noto o quanto aprendeu a ajustar-se aos tempos. Na primeira vez em que o vi no Novo Mundo, em Harvard, em 1979, na primeira viagem aos Estados Unidos, ele ainda parecia uma figura de outro planeta, desenvolvendo dissertações filosóficas que praticamente nenhum de nós conseguia acompanhar. Em entrevistas coletivas a que compareci em Nova York com a presença dele, na década de 1980, só aparecia meia dúzia de jornalistas, quase todos tibetanos.

Penso no que ele disse a meu pai, há mais de quarenta anos: num momento em que o aspecto espiritual do Tibete se via pressionado, era preciso falar nos temas políticos — e vice-versa — e que "precisamos traduzir a verdade espiritual e religiosa em um foro político e social". Comecei então a ver com que cuidado, com seu habitual empirismo, ele havia se instruído na linguagem do mundo, sem modificar suas posições fundamentais mas constantemente encontrando novas formas de torná-las abordáveis. Após a chegada à Índia, sua prioridade foi organizar toda a multidão de tibetanos que havia escapado com ele e formar um Tibete fora do Tibete. Em seguida, porém, dizem velhos amigos, ele se dedicou a seus estudos e partiu para longos retiros que não poderia ter feito no velho Tibete, transformando em vantagem a negligência do mundo. Rapidamente, o estudioso de rosto jovem dos vinte e poucos anos se tornou uma figura muito mais composta e vibrante.

Foi como se ele tivesse aprendido a falar ao mundo por meio do afastamento, para depois, com novo ímpeto, voltar a engajar-se nele. Em 1967 fez a primeira viagem fora da Índia, China e Tibete, para países budistas como o Japão e a Tailândia, e seis anos mais tarde empreendeu a primeira excursão à Europa. Depois de receber permissão para visitar os Estados Unidos, outros seis anos depois, inicialmente entrou em contato com tibetanos mas aos poucos ampliou a peregrinação, incluindo jornalistas, políticos, as câmaras do Congresso e finalmente a Casa Branca.

Quando percebeu que seus ouvintes tinham menos inclinação a agir em consequência de suas observações sobre a situação no Tibete do que a seguir suas prescrições morais mais genéricas, começou a dar mais ênfase à ética (procurando sempre se reunir em particular com governantes em todos os países, para falar do Tibete). Mais recentemente, ao descobrir que o charme pessoal abre portas mas nem sempre consegue obter ajuda no mundo real, parece cada vez mais falar com o aspecto mais enérgico, e até mesmo irado, de sua personalidade, como se quisesse limpar a casa antes de sair dela, substituindo a imagem do viajante alegre e sorridente por algo muito mais focado e severo.

Quando foi almoçar no *New York Times*, ele surpreendeu (e talvez tenha desarmado) seus anfitriões ao iniciar uma conversa com um dos garçons; numa ocasião de grande cerimônia com François Mitterrand, começou a falar com alguns guarda-costas que havia conhecido muitos anos antes. E mesmo em Dharamsala, sempre que eu ia visitá-lo, notava que entre as figuras que faziam fila na minha frente havia um ou outro assustado estudante taiwanês (porque o dalai-lama faz questão de manter suas portas abertas às pessoas de origem chinesa) ou um par de mochileiros maltrapilhos (que poderiam lhe dar informações sobre o Tibete).

Apesar de tudo isso, é impossível, como nos ensinaria o budismo, controlar as percepções de outras pessoas em relação a nós, e é muito difícil, como sabemos pela experiência, levar a melhor sobre a mídia.

Lembro-me de um livro com que topei certa vez, no qual o principal executivo de uma grande empresa, evidentemente homem empenhado com sinceridade em realizar algo útil com o poder de que dispunha, inicia uma série de debates com o dalai-lama. Na primeira parte do livro, pergunta ao monge tibetano se ele se sente mais próximo de John Lennon, o sonhador, que de Gandhi, o político (a resposta do dalai-lama, na tradução que li, aparecia como um ponto de interrogação). O homem insiste, e faz que ele leia a letra da emblemática canção "Imagine", de John Lennon. O dalai-lama, diante da repetição da pergunta sobre que papel escolheria para si próprio, se limita a dizer: "Não sei".

Em seguida, de repente, começa a falar do trabalho que realiza com seu povo e observa: "Isso me entristece muito. Não tenho poder nem tenho um país", diz ele, "mas não posso deixar de me sentir responsável por todos esses refugiados tibetanos tão estreitamente ligados a sua pátria".

Parece estar dizendo que não pode ser o que seu entrevistador gostaria, e nem sempre consegue ser o que seu povo lhe pede que seja. É apenas humano.

Perto do final de sua estada em Vancouver, tornam-se mais visíveis os aspectos curiosos de quase todas as suas viagens ao exterior, que espantam alguns observadores. Mulheres elegantes com vestidos decotados e homens de trajes indianos bem engomados se juntam em um teatro do centro da cidade para um Concerto pela Paz, atravessando grupos de sem-teto aglomerados na calçada debaixo de chuva, a poucas quadras da região em que viciados em drogas se vendem por alguns trocados. Um coro multicultural de jovens com camisas de arco-íris inicia um cântico composto especialmente para a ocasião — "*Om Mani Padme Hum, Dalai Lama Hum*" — e depois começa a entoar "Preces ondeiam à brisa/ Risos flutuam..." enquanto são projetadas imagens em gigantescas telas de ambos os lados do palco onde ele surge com outros monges (embora risos flutuantes não tenham sido a característica do Tibete nos últimos cinquenta anos). Não muitas horas depois, os três ganhadores do prêmio Nobel voltam a aparecer, pouco antes da alvorada, desta vez na catedral da Igreja de Cristo, no centro da cidade, para receber um diploma honorífico da outra grande universidade local, a Simon Fraser; aquela catedral do século XIX, que estava fechada para restauração, é aberta especialmente para a ocasião.

Um grande cortejo de marxistas barbudos, bengalenses sorridentes, líderes nativos com os cabelos trançados, reitores, pastores protestantes e vereadores avança pela nave, e no meio do desfile global vem o trio de visitantes, com o dalai-lama vestindo longo manto vermelho e um estranho boné azul do qual pendem borlas douradas, parecendo infelizmente um jogral de alguma comédia de Shakespeare. (Mais uma vez os fotógrafos não terão problemas para encher as primeiras páginas.) De uma galeria superior vem o som de um "Kyrie eleison" e à medida que os dignitários se adiantam, em passos lentos, um iraniano a meu lado, bem-vestido, de terno e gravata, estende as mãos com as palmas para cima, no gesto islâmico clássico de súplica e culto. "Minhas portas estão abertas para ti" é o lema da catedral, perfeitamente adequado.

De novo, como na véspera, cada um dos três tem cinco minutos para falar, e o dalai-lama, consciente de que se encontra agora em um recinto religioso e não em uma universidade, diz, de forma bastante convencional: "Naturalmente, para mim o budismo é o melhor. Mas isso não quer dizer que seja o melhor para o mundo. Não! Cada pessoa, cada indivíduo, pode encontrar o melhor. É como um remédio. Não se pode dizer: 'Este remédio é o melhor, porque é o que eu tomo'. Para alguns, o cristianismo é melhor, porque é mais eficaz". Quando certa vez lhe perguntei qual tinha sido a maior surpresa de sua vida, ele disse, com admiração, que fora a afirmação do novo papa, Bento XVI, de que na tradição cristã "a fé e a razão têm de caminhar juntas".

Penso que, quando ele diz que "conhecer pessoas de outras tradições aprofundou minha própria prática", essa última palavra, muito usada pelos budistas, sugere a noção de trabalho árduo e disciplina (a prática conduz a menos imperfeição) e de preparação para um exame final (nesse caso, talvez, a morte). E o uso da palavra "caminho", como o de "transportar", que ele gosta de pronunciar, oferece uma noção de caminhos diferentes, todos conduzindo, talvez por meio de trilhas muito diversas, a um destino bastante semelhante.

Assim como fez Tutu na véspera, ele termina dizendo: "Não creio que as pessoas que possuem diplomas honoríficos tenham nada de especial. Eu nada sou; mas minhas atividades talvez tenham prestado um pequeno serviço".

Em seguida o próprio Tutu vem ao microfone e faz o discurso mais emocionante e sensacional que já ouvi. Começa novamente agradecendo, com voz cada vez mais suave, para que a plateia se curve para a frente, aproxime-se dele enquanto ele diz: "Obrigado, obrigado. Obrigado. Obrigado". Brinca com o auditório por ser tranquilo e simpático — canadense — e faz um gesto largo para transformar todos os presentes, segundo diz, em africanos, que gostam de cantar e dançar. Zomba de si mesmo e diz, com um brilho travesso nos olhos, que convidá-lo a subir em um púlpito numa bela igreja é uma grande tentação para um homem que adora fazer sermões.

E então, justamente quando eu fico imaginando que ele enfeitiçou a todos e que estou ouvindo uma espécie de equivalente moderno de Martin Luther King, ele diz: "Martin Luther King nos disse: 'Eu tenho um sonho'. Mas Deus tem um sonho para todos nós", e amplia a mensagem e a voz para alcançar a todos — hétero e homossexuais, aleijados, enfermos (palmas fortes vêm dos teóricos da homossexualidade que estão no palco) —, até que no final parece ter transportado todos para o céu, e por um breve instante não estamos no chão olhando para o alto, e sim em um lugar elevado olhando para baixo, como olharia um Deus misericordioso que habitasse a eternidade. Por um momento, ele nos transportou a uma visão de perfeição.

Em seguida a voz volta a baixar e nos leva de volta à terra, pondo-nos suavemente em nossos assentos em meio ao silêncio que domina todo o espaço iluminado. Volto-me para o amigo sentado a meu lado, balançando em silêncio a cabeça, e trato de olhar para baixo para que ele não veja minhas lágrimas de exaltação.

Ao sair ao ar livre na chuva, torcedores ardentes dos Canucks vestidos com as cores da equipe se misturam aos tibetanos e tibetófilos, muitos dos quais (eu soube pelos jornais) viajaram de carro mais de 2 mil quilômetros pala ouvir o dalai-lama. Tento dominar-me e ver as coisas em perspectiva. Afinal, aqueles homens são profissionais da arte de inspirar e, como todos os profissionais, sabem exercer bem seu papel. Conforme Tutu dera a entender gracejando, uma tribuna, uma igreja e um microfone são para ele como um bastão de hóquei, uma rede e uma pista de gelo para um jogador dos Canucks. Outra vez, o principal ponto de interesse do evento é de certa forma o contraste entre as vozes dos dois: o dalai-lama nos leva para dentro de nós mesmos, onde residem todo o poder e responsabilidade (para um budista), pronunciando suas palavras com tranquila gravidade. Tutu, em comparação, nos transporta para o alto e para além de nós mesmos, para um lugar que poderia ser nosso próprio lar e onde parece juntar-se a nós um coro celestial.

Uma semana depois, numa pequena cidade a duas horas de Seattle, encontro por acaso um jovem professor que eu conhecera no porão da catedral da Igreja de Cristo antes da cerimônia dos diplomas honoríficos. Christian, meu novo amigo, me entrega uma cópia de um artigo seu a respeito do evento e diz: "Sabe, aquilo realmente fez diferença. Logo que cheguei a minha casa, caminhei pelo bairro e me apresentei a todos os meus vizinhos. Não é o mesmo que mudar o mundo, mas é um primeiro passo. Nunca tinha feito isso antes".

Ouvindo-o falar, percebo que minhas ideias sobre a celebridade e a mídia têm muito pouco a ver com os dias anteriores. De fato, o que me importava mais era o meu mundo, e não tanto o do dalai-lama. Os tibetanos dizem que quando um batedor de carteiras encontra um santo, só consegue ver seus bolsos.

EM PARTICULAR

É um tanto constrangedor passar a vida inteira preocupado com o problema humano e por fim verificar que não somos capazes de oferecer conselho melhor do que "Procure ser um pouco mais bondoso".

Aldous Huxley

O filósofo

Imagine por um instante que você é um corpo (não é difícil, porque em parte isso é o que você já é). Você tem olhos, ouvidos, pernas, mãos, e se tiver sorte tudo isso está funcionando bem. Se for uma pessoa sensata, você jamais pensou em seu dedo como entidade independente (embora às vezes possa dizer: "O dedão do meu pé parece ter vontade própria"). Em pleno gozo de suas faculdades mentais, você jamais agredirá seu próprio pé, e muito menos pensará em decepá-lo; você seria o único prejudicado.

Ao contrário, você toma medidas para assegurar a boa saúde de todas as partes de seu corpo. Cuida regularmente dos dentes (o dalai-lama costuma tirar do bolso uma escova de dentes até mesmo em ocasiões protocolares, e escová-los como se estivesse em sua casa). Você faz exercícios, trata de dormir o suficiente e controla tudo o que ingere. Em algum nível de consciência, assegura que o pé direito saiba o que o esquerdo está fazendo: se eles se moverem em direções diferentes, você poderá dar com a cara no chão.

Tudo isso é muito simples, e é evidente por si mesmo. Mas

quando os budistas falam em "interdependência" (o conceito central budista de *shunyata*, muitas vezes traduzido como "vazio" — o dalai-lama traduziu como "desprovido de entidade independente"), o que querem dizer é que todos somos parte de um único corpo, e que não faz sentido pensar em "eu" ou "você", ou em que os interesses da mão direita sejam diferentes dos da mão esquerda. Não é sensato cercear o vizinho, porque ele é tão inerente a seu bem-estar quanto seu polegar. É quase absurdo dizer que você deseja passar à frente de seu colega — é como se seu dedão do pé direito ambicionasse passar à frente do esquerdo. Você não pode dizer que deseja destruir a China, porque a China é seu olho direito (e o Tibete é o esquerdo); são diferentes, e sem dúvida desiguais — um olho pode ter acuidade visual 20/40, e o outro, 20/20, mas são parte do mesmo mecanismo, fundamentalmente trabalhando para atingir o mesmo objetivo. Muitos budistas têm tomado o ciberespaço, o ecossistema e o próprio globalismo como perfeito equivalente e metáfora para sua visão do mundo: uma rede mundial complexa e interligada que na filosofia budista clássica é às vezes mencionada como "rede de Indra".

Talvez não surpreenda, portanto, que o décimo quarto dalai-lama seja famoso por seu riso, a súbita explosão de risadas quase inevitáveis sacudindo ruidosamente todo o seu corpo. Considerado do ponto de vista de alguém que medita várias horas por dia e atinge o lugar em que tudo está interligado, nosso fascínio com a superficialidade e com a divisão parece verdadeiramente ridículo. Discutir por causa de dinheiro é um pouco como "tirar de Pedro para dar a Paulo", metáfora cristã; é como tirar do bolso direito uma nota de dez dólares e depois de muita fanfarronice e tergiversação colocá-la no bolso esquerdo. Falar em amigos e inimigos é um pouco como conservar um dos pelos do braço e considerá-lo amigo e dizer que o pelo das costas é inimigo porque você nunca o vê. Dizer que você é budista e como tal se opõe aos ensinamentos judaico-cristãos é como afirmar solenemente que sua narina direita é a fonte de tudo o que é bom e a esquerda é o abrigo do mal. A doutrina de "responsabilidade universal" não é apenas universal, mas também óbvia: é o mesmo que dizer que cada parte de nós se preocupa com nossas pernas, nossos olhos, nossos pulmões. Se uma parte sofre, todos nós sofremos.

Pode-se argumentar que isso é simples, porém "ser perfeitamente simples para com os demais", conforme escreveu Thomas Merton, "exige mais coragem do que imaginamos". Dessa proposição básica derivam muitas outras verdades, assim como o fato de que 2 + 2 = 4 nos diz que 2 + 2 + 2 + 2 = 8. É certo que sempre vamos querer perdoar o próximo, da mesma forma como vamos querer parar de favorecer o nosso próprio lado. Claro que veremos as coisas em termos do bem mais geral, da perspectiva mais ampla ("amplo" é uma das palavras favoritas do dalai-lama), porque é possível cortar um pelo, mas o corpo como um todo poderá continuar a funcionar sem prejuízo. Não há muita necessidade de lamentar a perda de uma unha do pé, porque este continua a se mover e de qualquer forma em algum momento todas as partes do corpo envelhecerão e morrerão.

Essa menção a um sentimento amplo de parentesco, até mesmo de identidade, é tão global, tão ecumênica, quanto a ideia de amar o próximo como a si mesmo. Mas a diferença entre o budismo e outras filosofias está na afirmação de que o arquiteto, o administrador, o guardião desse corpo integral não é Alá, nem Deus, nem o enxame de deidades do panteão hindu; é uma rede da qual fazemos parte (e que é parte de nós). Por isso Buda não falava em "orar incessantemente", como fazia são Paulo, e sim em "esforçar-se incessantemente". Os budistas não procuram (ou não precisam procurar) soluções fora de si mesmos, mas apenas um despertar interior; no momento em que compreendemos que nossos destinos, ou bem-estar, são mutuamente dependentes, dizem eles, o restante se dá com naturalidade (a meditação às vezes parece ser a maneira de chegar a essa percepção, e o raciocínio, a forma de consolidá-la).

Se você acreditar nisso, a vida humana lhe oferecerá muito mais gargalhadas por dia, como o dalai-lama demonstra. Por que correr mundo, ir a Londres, à Toscana ou ao Tibete, quando na verdade a fonte de todo o seu poder, suas respostas, tudo está aqui mesmo, dentro de você? Por que diminuir-se e proclamar a própria insignificância quando de fato a chave da transformação está em seu íntimo? Não há motivo para desesperar-se, pois você é capaz de mudar o mundo a qualquer momento quando reconhece que a pessoa que fez uma crítica negativa a seu último livro é tão essencial a seu bem-estar quanto seu polegar esquerdo.

A fim de entender o dalai-lama, ou qualquer seguidor sério e dedicado de Buda, sobretudo para quem (como é o meu caso) vem de outra tradição, talvez seja mais útil considerá-lo um médico da alma. Buda sempre fez questão de dizer que era mais um médico que um metafísico; um de seus ditos famosos é que quando temos uma flecha cravada no corpo, não queremos discutir sua proveniência ou saber quem a fabricou — simplesmente a retiramos.

Uma cura prática e imediata para o sofrimento e a ignorância é a que ele ofereceu: quando lhe perguntavam sobre a existência da alma ou outra questão filosófica elevada, Buda em geral nada dizia, como se indicasse que tais preocupações não eram relevantes quando o paciente jazia em seu leito de morte e tínhamos oportunidade de fazer algo por ele. Como disse Somerset Maugham, ex-estudante de medicina que viajou durante toda a vida e tinha o raro dom de entreter outras pessoas, Buda "só pede que o tratemos como um médico a quem damos a oportunidade de ser julgado pelos resultados".

O dalai-lama, sempre fiel a suas fontes, usa muitas vezes a imagem da medicina, como fez ao receber o título de doutor *honoris causa* na catedral da Igreja de Cristo em Vancouver, e diz que não existe uma religião "certa" para ninguém, embora alguns achem o budismo útil, outros o cristianismo, da mesma forma que alguns pacientes preferem terapia de radiação, outros a quimioterapia, e outros, talvez, a medicina chinesa. Além disso, como ele disse a um entrevistador em 1989, "já temos religiões suficientes. Religiões suficientes, mas não verdadeiros seres humanos suficientes... não vamos falar demais sobre religião. Vamos falar daquilo que é humano".

Como qualquer médico, ele não se preocupa em convencer outras pessoas de sua visão do universo. O importante é diagnosticar o problema e sugerir uma cura possível. Se não houver problema, nesse caso, como costuma dizer, ele pode voltar para casa; não é preciso ir visitar o paciente fora do consultório. Idealmente, prescreve o tipo de medicamento preventivo, que pode ser chamado meditação ou treinamento filosófico. Porém, por mais que seja uma pessoa agradável, simpática ou inteligente, a presença do médico só é benéfica quando ele é capaz de curar nosso mal.

Se alguém pede ao dalai-lama um conselho sobre um problema de sua vida sexual, ele provavelmente responderá, como muitos médicos fariam: "Isso está fora da minha alçada. Consulte um especialista". Se estiver a caminho de uma reunião com o abade em Nara e vir uma menina em uma cadeira de rodas, ele logo interromperá o que está fazendo, como um médico deixaria a mesa de jantar com amigos caso ouvisse o som de um acidente de carro na rua, a fim de oferecer ajuda. Embora conhecedor da técnica e da complexa história e complicações das doenças, sua função é traduzir essa sabedoria recôndita em instruções simples e concretas para seus pacientes. A coisa mais importante que pedimos a um médico é que ele não nos esconda a verdade por bondade ou compaixão; que não a enfeite com eufemismos ou paráfrases, mas que nos fale com sinceridade, para sabermos qual a nossa situação.

Não se espera que um médico seja todo-poderoso. Sabemos que ele tem uma vida particular, e embora sua participação em nossa vida seja trazer os frutos de seu aprendizado especializado, não esperamos que seja perito em esportes, ou em fotografia, ou em como ser um bom pai. "Se vieram aqui esperando grandes coisas do dalai-lama", eu o ouvi dizer a uma grande plateia na Suíça, "provavelmente ficarão decepcionados. Se acham que o dalai-lama possui poderes especiais, sinto muito, mas estão enganados. Se eu tivesse poderes curativos", e nesse ponto começou a tossir, "não estaria agora com dor de garganta." Alguns aspectos da vida dos médicos não são cobertos por seu aprendizado, mas de certa forma todos os médicos estão de plantão 24 horas por dia em favor da vida.

Como qualquer médico, o dalai-lama procura manter-se a par de todas as recentes descobertas e progressos nesse campo, e costuma frequentar reuniões entre grupos de várias religiões e laboratórios em todo o mundo. Muitas vezes, inclusive em ocasiões sociais, alguém lhe pede uma opinião — tal como nós, ao conhecer um médico, dizemos: "Desculpe incomodá-lo, mas tenho sentido uma dor aqui do lado..." — e nosso interlocutor tem de ser cauteloso com seus conselhos, sobretudo se não for um especialista. Para um profissional que leve a sério o juramento de Hipócrates, a ideia de ser médico e celebridade é um tanto cômica. Pode ser um médico simpático aos doentes, pode ser convidado para participar de programas de TV como uma sumidade, pode ter publicado muitos livros, mas na verdade o que faz é aplicar um conhecimento que é universal, externo a ele, e disponível a qualquer outro que trabalhe no mesmo campo. Ao aposentar-se, vem outro médico e em geral oferece os mesmos diagnósticos e receitas (sobretudo porque a medicina é uma ciência objetiva, que chega ao diagnóstico por meio de testes empíricos, registros de casos conhecidos e probabilidade estatística).

Acima de tudo, o médico tem de ter bom discernimento; não lhe será possível evitar a morte para sempre — cedo ou tarde perderá muitos de seus pacientes —, e o máximo que pode fazer é procurar assegurar que cada dia seja utilizado da maneira mais proveitosa e agradável possível. Teoricamente, não importa que seu paciente seja um mochileiro ou um chefe de Estado (o diagnóstico é o mesmo); tampouco o preocupam as questões superficiais (quando lhe perguntam o que acha da existência de discotecas próximas ao Palácio Potala, o dalai-lama sempre responde no ato: "Não há problema"). As palavras que costuma usar — e isso também parece já conhecido — são "benéfico", "útil" e "efeito positivo", quase sempre com a ressalva do advérbio "geralmente".

Certo dia eu conversava com o dalai-lama sobre suas constantes viagens pelo mundo em reuniões com políticos (a parte mais frustrante de seu trabalho, disse ele, porque "o problema é tão grande que mesmo que esses líderes desejem sinceramente ajudar, não há nada que possam fazer", mas deixar de encontrá-los tampouco produziria resultados). "Acho que trato todos os seres humanos, sejam dignitários ou mendigos, sem diferenças, sem distinções.

"Mas os jornalistas, os repórteres", prosseguiu, talvez por estar conversando com um deles, "sempre perguntam. Acham que o mais importante é que eu visite ou não o primeiro-ministro! Às vezes fico irritado. Sou monge budista, sou seguidor de Buda. Desse ponto de vista, isso nada tem de especial. É muito mais importante alguém simples, inexperiente, sincero, que procure orientação espiritual — muito mais do que um político ou primeiro-ministro.

"Por isso", disse ele, ainda falando a respeito dos jornalistas, "creio que é um reflexo da atitude mental deles. Esses repórteres em geral consideram os políticos a coisa mais importante. Encontrar-se com um político se torna algo muito substancial." Em sua opinião, "encontrar-se com o público, com pessoas comuns, pelo menos significa alguma contribuição para a paz de espírito, para uma compreensão mais profunda do valor da vida humana. Quando vejo algum resultado, de fato sinto que hoje dei uma pequena contribuição".

Numa viagem recente à África, disse, esteve com Nelson Mandela e um homem considerado mentor de Mandela, em Soweto. Queria visitar uma casa típica de Soweto, mas achava que não seria fácil, por isso esperou no carro enquanto um funcionário procurava uma família interessada em receber um visitante tibetano.

Encontraram uma casa. "Era realmente uma família humana, um lar humano; muito amistoso, muito claro. Muito ingênuo. Perguntei como ganhavam a vida, suas dificuldades, sua formação — tudo. Também falei de assassinatos, de criminalidade. Mais tarde outra pessoa se juntou ao grupo, alguém mais instruído, e me disse com tristeza que eles — os negros sul-africanos — acham que o potencial de sua inteligência é inferior ao dos brancos. Então eu me senti realmente triste.

"Argumentei, ou expliquei, na ocasião: esse conceito é errôneo. Vocês não deviam achar isso. Todos os seres humanos têm o mesmo potencial, o mesmo potencial de inteligência. É preciso ter confiança em si mesmo. Vejam, o principal em minha própria situação é a atitude dos chineses em relação ao Tibete — eles sempre desprezam o Tibete, consideram-no inferior, atrasado. Mas quando nós, tibetanos, temos oportunidade, fazemos melhor do que os chineses. Por isso não há base para sentir-se inferior.

"Depois de uma longa explicação, a expressão do rosto dele mudou. Com lágrimas nos olhos ele afirmou que concordava com o que eu dizia. 'Agora minha atitude mudou.' Sentia-se mais confiante, disse-me. E eu tive mesmo uma forte sensação de realização: uma pessoa, uma pessoa simples, de pouco menos de quarenta anos, acho. Até aquela data, dentro dele mesmo, ele sentia: 'Somos pobres; somos inferiores; temos menos potencial'. Com esse tipo de atitude mental, não há possibilidade de competir. E sem competição não se pode progredir. Acho que a confiança mútua genuína deve ser construída com base na autoconfiança de ambos os lados. Sem isso, a pessoa se sente inferior, e como é possível desenvolver confiança mútua? É muito difícil.

"Por isso, depois de mudar a atitude dele eu realmente pensei: 'agora dei uma contribuição'."

Recordar que o dalai-lama é, entre outras coisas, uma pessoa treinada para curar enfermidades específicas (as da ignorância e do sofrimento dela decorrente) é recordar que ele mesmo não é o mais importante: ele representa um conjunto de ensinamentos que pode progredir e ser aplicado por muitos outros agentes; representa, mais que tudo, a compreensão de que cada um de nós pode desempenhar um papel significativo em nossa própria cura. A sabedoria paradoxal de um médico, muitas vezes, é se tornar redundante: caminhe trinta minutos numa esteira, diz ele, coma salmão e evite alimentos gordurosos, coma uma maçã diariamente e se tudo correr bem você não vai precisar de outra consulta. De fato, no conceito budista, um médico (ou uma filosofia, por exemplo) não serve simplesmente para dizer às pessoas que elas podem curar a si mesmas, mas também para recordar-

-lhes que, se quiserem, podem ler os livros de medicina e ir em busca da fonte de conhecimento sobre suas identidades. A sabedoria que está sendo comunicada pouco tem a ver com o ser mortal e falível que a comunica, e, na verdade, quanto mais tiver a ver com ele, menos confiável será.

Muitos dos grandes médicos da história se distinguiram e chegaram a diagnósticos inspirados em parte por perceber a interligação das coisas, a maneira como um problema na mente pode afetar o funcionamento do corpo, como nossos hábitos alimentares alteram a acidez do estômago. O corpo é um organismo único, no qual um impulso aqui pode ter um efeito considerável ali. Assim é também, diz o dalai-lama, em relação ao mundo — nossas próprias preocupações a respeito dele são interligadas, impossíveis de ser resolvidas separadamente. Não adianta oferecer paz, sugere ele, se as pessoas não tiverem alimento e água; e não adianta oferecer-lhes alimento e água se as florestas e rios estiverem poluídos. Não adianta limpar o meio ambiente se ainda estivermos interiormente poluídos. Em suma, a solução para todos os nossos problemas, econômicos, ambientais, políticos e espirituais, só pode se realizar com um retorno ao que é fundamental, a mudança de atitude capaz de criar transformação em tudo o que essa atitude revê. Reformas superficiais não fazem absolutamente nenhuma diferença.

A pressão exercida sobre nossas forças interiores é parte do que torna o budismo tão promissor, ainda que alguns observadores, notando a ausência de Deus de sua visão de mundo e a menção ao sofrimento (ou, como já foi traduzido, "insatisfação"), o considerem "fatalista" ou pessimista. Afinal, é difícil mudar outras pessoas, mas é quase sempre possível mudar a nós mesmos. Tudo está em nossa cabeça, como diria um médico, embora nesse caso "tudo" não se refira apenas a um problema, uma ilusão, mas também, como resultado, a uma possibilidade, uma capacidade de superar as ilusões. "Em certo sentido, um religioso praticante é na verdade um soldado engajado num combate", disse o dalai-lama em um mosteiro em Nova Jersey em uma de suas primeiras viagens aos Estados Unidos. Mas os inimigos do praticante são "internos. Ignorância, ira, apego, orgulho". O demônio, como muitos cristãos assinalam, não está fora de nós.

Na verdade, a beleza do budismo, como o dalai-lama poderia entendê-la, é precisamente não ser exclusivo ou rarefeito; muito do que ele nos revela é exatamente o que as pessoas têm dito ao longo dos séculos, quer sejam vedantas ou muçulmanos, ou não tenham denominação. "Os sãos não necessitam de médico", é a famosa frase de Jesus em Mateus 9:12. Epicteto disse, séculos atrás, que o que nos derrota não é a dor e sim nossa reação a ela, a maneira como a conservamos presente na mente. Confúcio, contemporâneo de Buda, falou em termos semelhantes sobre a virtude da moderação, a necessidade de desapego em um mundo em constante mudança, a verdade da interdependência e como devemos nos preocupar com o todo. O próprio Gandhi, hinduísta às vezes considerado "cristão maometano", disse que sua missão não era "livrar as pessoas de situações difíceis" e sim mostrar que "todo homem ou mulher, por mais débil fisicamente, é o guardião ou guardiã de seu autorrespeito e liberdade". Dizer que essas verdades são budistas, como o dalai-lama logo observa, é tão estranho quanto afirmar que a lei da gravidade é cristã simplesmente por ter sido formulada por um cristão chamado Isaac Newton.

Tentei resolver esse desafio, como antes poderia ter tentado resolver uma complicada equação matemática, e percebi que havia chegado a uma visão de principiante (e de observador) sobre como o budismo fazia sentido. Em seguida — fatalmente — fui outra vez visitar Ngari Rinpoche, irmão mais moço do dalai-lama, e todos os entendimentos a que havia chegado eram apenas fonte de divertimento para ele.

"De fato não passamos de pequenos pontos no universo", afirmei quando nos sentamos em seu terraço ao sol brilhante da primavera, olhando para a grande extensão do vale Kangra que se abria abaixo de nós. "Pouco mais do que um fio de fumaça." No íntimo eu me sentia orgulhoso de mim mesmo; tinha começado a entender algo da distinção budista entre a falsa personalidade, que nós construímos, e a verdadeira, que é apenas uma corrente de energia em uma rede dessas correntes. Pus na mesa o livro sobre personalidade, realidade e razão no budismo tibetano que ele me emprestara na semana anterior, para mostrar que o tinha lido.

"Por quê?", perguntou ele, quase saltando da cadeira. "Você está dizendo que eu deveria ser uma planta, como os monges zen do Japão? Precisamos de um pensamento conceitual, pelo menos como guia para nos mantermos honestos."

"Outra pessoa, é isso o que quer dizer?"

"Supervisão." Ele se calou por um momento. "Alguma coisa para vigiar a mente que está investigando a si mesma."

Não respondi; ele me apanhara desprevenido, justamente quando eu achava que tinha entendido uma verdade fugidia.

"Veja isso de outra maneira", disse ele com calma, como se estabelecesse uma lei. "O problema de se ver como um simples ponto é que você perde toda a autoestima."

Pensei na história pungente do dalai-lama sobre o homem de Soweto e pensei também em todos os tibetanos a meu redor que sempre diziam não serem nada e que deviam deixar todo o poder nas mãos do dalai-lama.

"Se você for orgulhoso e propenso a discutir", disse ele, "precisa compreender que a personalidade não vale nada. Se não tiver autoestima, terá de pensar em seu potencial, no poder que tem dentro de si."

A expressão que sempre se ouvia em Dharamsala era "O caminho do meio", em respeito ao princípio norteador de Buda, de caminhar pela trilha do centro, sem se desviar para os extremos. Como diz o Sutra do Diamante, no que parece uma afirmação de perpétua mobilidade, "o *bodhisattva* desenvolve uma mente que não se apega a nada".

"Alguém tem de alertar", continuou ele, olhando para o vale. "Muitos não gostam de mim porque eu sempre agito as coisas. Sou argumentador. Mas nosso povo precisa ser desafiado, para pensar com mais empenho."

"Não apenas seu povo." Ele estava fazendo o mesmo comigo, pensei, recordando-me as armadilhas e convicções em que eu me deixava cair, e em seguida procurando me despertar enquanto eu adentrava sua filosofia.

"Não existe nada mais forte no mundo", prosseguiu ele.

"E o carma? Não é verdade que é um processo maior do que nós e que age através de nós?"

Ngari Rinpoche ficou em silêncio durante um bom tempo; como todos os que gostam de um bom debate ou disputa, ele reconhecia com prazer os golpes bem dados. E quando alguém ia até ele com um problema — lembrei a atenção com que ouvira, enlevado, as palavras de Hiroko, na noite da tempestade — ele novamente se transformava em médico, curvando-se para a frente com evidente boa vontade.

Na maior parte do tempo em Dharamsala, quando eu caminhava pelo movimentado cruzamento da ladeira onde ficava minha hospedaria e entrava no templo central, dava com uma cena do Tibete clássico. De todos os lados, no pátio sombreado entre o templo e a casa do dalai-lama, na alameda principal, nas balaustradas que dominavam o vale, nos degraus de pedra que levavam ao templo, havia uma infinidade de monges, com os mantos vermelhos transformando o cenário em um jardim de discussões. Ficavam em grupos de três ou quatro, às vezes em pares, sob uma árvore, encostados ao muro e na parte do templo onde há um quadro do Palácio Potala pendurado na parede. E por toda parte parecia estar em curso um debate apaixonado.

Um monge pode estar de pé próximo a outro sentado no chão, e a cada momento o primeiro se curva com energia, batendo com a palma da mão esquerda na direita como um trovão, enquanto metralha frases para o outro. O que está no chão parece completamente indiferente e responde com tranquilidade, como se não se deixasse impressionar com o desafio. O monge de pé lança sem parar uma pergunta ou afirmação atrás da outra: "Se a matéria é imaterial, como é que as coisas morrem?"; "Se você diz não confiar na mente, o que é esse 'eu' separado da mente?"; e o outro continua sentado, dizendo algumas palavras em resposta. Em seguida acaba se erguendo e ambos trocam de lugar.

Fiquei sabendo que aquelas sessões diárias eram o equivalente ao dever de casa para os monges que recebiam formação no mosteiro ou no Instituto de Dialética Budista, como forma de treiná-los ao mesmo tempo na arte tibetana essencial do debate e na de aprimorar, aprofundar e testar seu entendimento das questões filosóficas básicas. Era uma forma pacífica de confronto — pode-se dizer um combate de mentes — e correspondia de certa forma aos floreios descarados e provocações das partidas de basquete que os monges de vez em quando disputavam do outro lado do vale, driblando os adversários por trás e desafiando-os, ou jogando agressivamente na defesa. Notei também que transformava cada noviço em um mestre em imobilidade e movimento.

Conforme explicava o livro que Ngari Rinpoche me emprestara, no século VIII o budismo tibetano se viu em uma encruzilhada que de certa forma refletia sua difícil posição geográfica: deveria acompanhar a China (a tradição *chan* do budismo, que mais tarde se transferiria para o Japão e se transformaria em zen, com ênfase na meditação e em uma espécie de mundanismo sem exageros) ou deveria seguir o gigante do outro lado de seu território, a Índia (uma abordagem mais filosófica e metafísica)? Houve um grande debate público no primeito mosteiro budista do Tibete, em Samye, entre os anos de 792 e 794, e depois da vitória da tradição indiana no debate, o budismo tibetano adotou como mestres os principais filósofos da Universidade Nalanda, da Índia, muitos dos quais se dedicaram em tempo integral à lógica e ao raciocínio, talvez um pouco como fazem os jesuítas no Ocidente. No budismo tibetano, as escolas Nyingma e Kagyu se inclinam para a meditação e o misticismo, mas a escola Gelug, à qual pertence o dalai-lama, está firmemente ancorada no debate e na erudição. Lembrei-me de que a única correção feita pelo dalai-lama ao tradutor em Vancouver ocorrera quando o jovem e eloquente filósofo usara a palavra "conversas" e o dalai-lama corrigira para "diálogos!".

Essa tradição de diálogo sempre me pareceu ser a forma utilizada pelo budismo tibetano para conservar-se honesto e alerta, preparado para qualquer desafio e não enrijecido em dogmas ou num sentimento de certeza. Uma das forças do catolicismo, para um leigo como eu, era a maneira destemida como seus praticantes mais ponderados dão vida e conteúdo a tudo o que nos inquieta: Graham Greene preferiu tecer seus contos em torno de homens solitários e temerosos de quem repentinamente se exige que tenham atitudes melhores do que eles realmente são; a banda de rock U2 dá um tom teatral a seu interesse por uma vida consciente através da apresentação no palco de um demônio e de tudo o que nos atrai para o glamour, riqueza ou orgulho. Flannery

O'Connor imaginou um personagem que mostra seu interesse por Jesus negando sua existência, e Martin Scorsese nos traz filmes que examinam uma vida de clareza e orientação por meio de sua ausência, mergulhando-nos num mundo às avessas dominado pelo Satã de Milton, para dar conteúdo a sua crença, no dizer de um personagem, de que "o perdão dos pecados não se encontra na igreja, e sim nas ruas".

O equivalente a tudo isso no budismo tibetano é o ritual do debate, que de tal forma se tornou uma segunda natureza para seus praticantes que, sempre que me dirigi ao dalai-lama ou a Ngari Rinpoche, eu os ouvi responder: "Veja isso pelo ângulo oposto", ou "Se você acredita nisso, que acha disto outro?" (o contrário de uma profunda verdade, como disse certa vez Niels Bohr, é outra profunda verdade). Com efeito, diz-se que o dalai-lama aprecia mais essas ocasiões quando está em companhia de monges mais desenvolvidos e os exercita em uma dialética profunda. Apresenta uma leitura de um texto clássico e em seguida convida os demais a comentá-lo, ou pede a um deles que faça uma interpretação e em seguida distribui críticas a partir de seu próprio ponto de vista. Mais do que uma forma de aguçar o instrumento que é a mente, e de aprender a defender as próprias posições, é uma maneira de mover-se no mundo com flexibilidade sem preconceitos.

O dissidente mais apaixonado e articulado em Dharamsala certa vez me disse, quando tomávamos chá num jardim ensolarado na primavera, que recebera a oferta de uma bolsa para estudar (imaginem!) medicina nos Estados Unidos. Jovem de princípios e de tendências rebeldes, no entanto, ele desejava fazer parte das guerrilhas treinadas pela CIA para lutar no Tibete.

Foi visitar o dalai-lama para informá-lo de sua decisão, e pelo que me contou o líder ficou furioso ao ver que ele pretendia abrir mão da oportunidade de adquirir conhecimentos úteis (e dificultar a tibetanos no futuro a obtenção de bolsas de estudo no exterior). "Acho que consigo ajudar mais o Tibete junto ao povo e à cultura pelos quais estou lutando", disse o obstinado rebelde. No mesmo instante, contou-me ele, o dalai-lama recuou; ao ver que a decisão se baseava em uma posição amadurecida, ele a respeitaria.

Esse treinamento do raciocínio (que na verdade é um aprendizado que permite deixar de lado os fatores externos e ir direto a uma causa primeira, o princípio fundamental do qual tudo o mais deriva) talvez explique a rapidez com que certos budistas descartam praticamente tudo em busca do que lhes parece ser o essencial. Todo o dinheiro do mundo não é capaz de resolver distúrbios mentais, disse o dalai-lama ao sugerir que vale a pena explorar nossos recursos interiores. Olhar a superfície só nos afastará da cura, quando o problema é interno.

Somente um tolo, diria um budista, se enraiveceria com o fato de que 2 + 2 = 4; esse é um princípio da vida que é preciso aceitar a fim de poder utilizá-lo. Para os racionalistas como os budistas tibetanos da escola Gelug, a principal lei de causa e efeito, que passa por todo o universo, como uma roda, é a que eu mencionei a Ngari Rinpoche: o carma, essa forma complexa e intrincada de conexão tão poderosa quanto as leis de Newton, que recua por muitas vidas passadas e sugere não apenas que tudo está interligado mas também que, de forma complexa demais para que possamos compreender inteiramente, colheremos aquilo que tivermos semeado. Por esse motivo, acreditam os tibetanos, algumas crianças nascem infectadas com Aids, embora evidentemente não tenham praticado o mal em suas vidas — é consequência de alguma coisa em uma vida anterior. Por isso é que uma freira que dedicou a vida a tratar de crianças de repente — e sem nenhum sentido visível — contrai câncer. Esse é o motivo pelo qual, segundo pensam alguns, o Tibete foi invadido pela China; decorre de erros práticos (a recusa a entrar para a Liga das Nações ao receber um convite na década de 1920; o fato de não se modernizar e aparelhar um exército, como sugerira o décimo terceiro dalai-lama; e permanecer isolado demais), mas pode ter derivado de causas e condições muito complexas para que a maioria de nós possa compreender. Nas palavras de William James, somos como cães que ladram contra a injustiça do universo enquanto nosso dono sai para nos comprar mais comida.

De maneira reveladora, os Evangelhos pouco nos falam da formação espiritual de Jesus e se concentram em suas palavras e atos. A história de Buda, em comparação, dá maior ênfase ao modo como Siddhartha atingiu a iluminação — ao processo, que hoje em dia qualquer um pode seguir, em princípio —, enquanto os detalhes específicos de seus ensinamentos e peregrinações subsequentes muitas vezes mal são mencionados. Até mesmo os não cristãos podem ter conhecimento das palavras de Jesus, mas é possível que budistas típicos quase não conheçam os sermões de Buda. Buda é um exemplo, mais que um profeta; enquanto Jesus veio à terra como o caminho, a verdade e a vida, Buda veio para sugerir que o caminho é uma decisão nossa, que a "verdade" muitas vezes é impermanente e que a luz vem e vai, vem e vai, até que tenhamos encontrado algo imutável dentro de nós.

Enquanto isso, em torno do templo e da casa do dalai-lama, havia sempre grupos de leprosos e um cego gemendo, com um menino ao lado, como para protegê-lo. Tão logo entrei no pátio onde ocorriam os debates, homens aleijados e sem braços vieram correndo em minha direção, além de outros que não haviam crescido, enquanto mulheres ocultas sob seus sáris exclamavam: "Namastê! Senhor! Senhor!". Por toda a Índia — embora aqui houvesse maior número de pedintes, devido à grande proporção de turistas estrangeiros e de tibetanos que acreditam acumular mérito mediante doações — juntam-se mulheres e seus bebês e homens andrajosos, em farrapos maltrapilhos nas sarjetas, alimentando pequenas fogueiras depois do crepúsculo e procurando manter-se secos quando a chuva cai, abrigados sob toldos de cabanas precárias. Em lugares como Dharamsala, o tema da cura e do sofrimento, as perguntas sobre justiça e o motivo pelo qual as pessoas têm de suportar tantas penas jamais eram assuntos 100% acadêmicos.

O dalai-lama, portanto, segue os ensinamentos de Buda de modo tão fiel e cuidadoso quanto um médico segue o tratado de anatomia de Gray. Quando sua irmã mais jovem perdeu o marido em um acidente de automóvel, ele lhe ofereceu constante apoio e conforto, conforme ela registrou em suas memórias, mas também a exortou, como fariam outros monges budistas, a recordar-se de que não estava sozinha no mundo, sendo a morte talvez o acontecimento que mais nos aproxima dos demais, tanto quanto nos separa. Quanto à perda de sua pátria, ele diz, conforme foi mencionado: "Não é o momento de fingir que as coisas são maravilhosas! Isso é significativo. Sentimo-nos envolvidos com a realidade", como um médico que se recusa a enfeitar um diagnóstico (nossas próprias vidas, dizem alguns budistas, se assemelham a uma casa em chamas). E mesmo quando o dalai-lama fala com certa tristeza sobre todas as expectativas que lhe são trazidas por seu povo, às vezes, como seu ancestral, ele é talvez como um médico em uma zona de guerra que fica imaginando de que forma as expectativas podem lidar com problemas que só podem ser resolvidos a partir do interior.

E isso, no entanto, é apenas o que a função exige: todos os sacerdotes budistas, e sem dúvida os treze dalai-lamas anteriores ao atual, tiveram de tratar dessa maneira de seus rebanhos. O que torna única a presente encarnação — novamente, o que lhe confere um novo fascínio e um novo potencial em todo o mundo — é que, ao levar seus ensinamentos a culturas estrangeiras, o décimo quarto dalai-lama realiza a maior parte da instrução por meio de traduções, por assim dizer, dirigidas a pessoas que praticamente nada conhecem de sua tradição, e portanto se torna duplamente importante deixar para trás qualquer complexidade e tentar falar a partir de e para algum tipo de preocupação universal. Para manter a analogia, ele é um médico que fala a uma turma de alunos de colégio, numa língua que não é a sua, sobre temas que para ele são questões de vida ou morte. Não admira que grande parte do que as crianças ouvem (penso no jornalista de Vancouver e seu compreensível desapontamento) pareça pueril.

Pouco depois de iniciar suas viagens ao Ocidente, o dalai-lama notou, como enfatizado anteriormente, que nada conseguia realizar com as conferências ultratécnicas sobre epistemologia e metafísica que fazia em 1979. O próprio Buda foi elogiado por seus "meios hábeis" e especialmente por sua capacidade de falar aos que não conheciam seus ensinamentos ou até mesmo, talvez, desconfiassem deles (encontrar a forma adequada, por exemplo, de acalmar pais que achavam ter perdido os filhos que se tornavam seus discípulos). Assim, o décimo quarto dalai-lama gradualmente passou a fazer conferências sobre "valores humanos básicos", como diz, que pudessem ser úteis a qualquer de seus ouvintes, e que os munissem não de novas teorias, e sim de medidas práticas para o dia a dia. Esses princípios — que a ira é um tiro que sai pela culatra para aquele que a sente, que a bondade pelo menos nos faz sentir melhor, que ignorar a perspectiva alheia é criar problemas para si mesmo no longo prazo — são tão básicos para os budistas quanto o fato de que a Terra está a 150 milhões de quilômetros do Sol. Toda cultura tem seus próprios termos para as figuras e até mesmo seus próprios símbolos, mas a lei se aplica universalmente.

Mesmo agora, quando frequento suas aulas anuais em Dharamsala (ou em outros lugares do mundo), só consigo ouvir nos fones de ouvido a tradução de palestras sobre a possibilidade de inexistência do eu, ou talvez de sua *não*-inexistência, tão acessíveis para mim quanto poderiam ser as proposições com números de Wittgenstein. No entanto, quando o mesmo orador se dirige a uma plateia geral, poucas horas depois, ele se exprime com uma clareza natural cujos simples preceitos (universais, e agora formulados em inglês) adquirem peso e autoridade em parte pela atitude de quem os transmite. "Não há necessidade de templos", ele costuma dizer, "nenhuma necessidade de filosofia complexa. Nossa própria mente, nosso próprio coração, é o nosso templo."

Em seu romance tipicamente incendiário dos últimos tempos, *Sementes mágicas*, V. S. Naipaul faz seu confuso personagem mestiço, W. Somerset Chandran, filho errante de um pretenso sábio hinduísta, talvez um Maugham indiano, embrenhar-se na selva a fim de tornar-se revolucionário e depois o manda à prisão para seguir o destino dos revolucionários. No cárcere, Willie é recebido por uma tabuleta que diz ODEIA O PECADO E NÃO O PECADOR, a qual, sempre em sua confusão, ele não sabe se deve atribuir a Gandhi ou aos Evangelhos. Mais tarde encontra outros ditados nas paredes: "A verdade sempre triunfa" e "A ira é a maior inimiga do homem". Compreendemos que se trata de uma espécie de substituto não mais substancial do que os slogans revolucionários, que só são usados para fazer que os prisioneiros se sintam melhor. "Fazer o bem é a maior religião"; "A não-violência é a maior de todas as religiões".

Todas essas "devoções", como as denomina Naipaul, na verdade não diferem muito das afirmações do dalai-lama disseminadas por todo o mundo — podem parecer banalidades, que não dizem mais do que poderia ensinar a regra de ouro ou um manual para escoteiros. Naturalmente, o dalai-lama sabe que a vida é mais complexa do que tais frases, sabe (para voltar à imagem do corpo) que às vezes temos de confiar mais em uma extremidade do que em outra (como quando ficamos na ponta dos pés), sabe que às vezes há diferenças genuínas entre as partes (a mente deseja o forte tempero tailandês que o estômago teme). Os pequenos aforismos dele, que são reproduzidos em botões ou plásticos pregados em para-choques de automóveis, não fazem mais sentido do que um único fio retirado de um tapete persa, de uma rede intrincada, e que se afirma serem belos. Certa vez, quando mencionei um texto célebre do "Paradoxo da Idade" encontrado em cartazes e camisetas por toda parte (até mesmo em templos tibetanos), um dos mais assíduos tradutores do dalai-lama teve dificuldade de conter sua impaciência. "Isso é asneira!", ele berrou. "Todas essas coisas atribuídas a ele são inventadas por outros!"

Mas o dalai-lama, como qualquer pessoa que leve um presente para outra, sabe que só faz sentido presenteá-la com algo que lhe seja útil. A complexidade do budismo técnico de nada serve aos não budistas e principiantes típicos, e pode mesmo afastá-los da causa. A questão de saber se a mente existe pode absorvê-los a ponto de fazê-los esquecer o mendigo faminto que bate à porta pedindo um pouco de comida. Em minha terra natal, físicos laureados com o prêmio Nobel às vezes falam a estudantes do ensino fundamental, e nesses casos a medida de sua inteligência não é o brilho da palestra, e sim sua simplicidade.

De qualquer forma, o dalai-lama não diz: "Você só precisa de amor", e, se o fizesse, sua própria vida lhe recordaria que as boas intenções não são suficientes. Não por acaso os templos tibetanos estão cheios de divindades raivosas, e mesmo quando nos dizem que as danças triunfais de espíritos com rostos de caveiras retratadas nas telas que adornam as paredes representam apenas a vitória sobre a ignorância e o engano, não é fácil apagar a imagem de violência. Como disse Abraham Joshua Heschel, que explorou persistentemente os paradoxos da vida espiritual durante o século XX, a vida muitas vezes é uma guerra, "uma guerra que não pode ser vencida pela nobre magia de simplesmente recordar uma regra áurea". A razão, para Heschel, "é como um intruso solitário na alma, enquanto as forças irracionais se encontram à vontade e são sempre a maioria. Por que devemos suportar dificuldades em nome da virtude?".

Ao acompanhar o dalai-lama pelo mundo, notei que não era raro darem pouca importância ao que ele dizia pelo fato de ele fazer uso de um inglês abreviado e palavras simples, porque se esperava uma linguagem inflamada; no entanto, também não lhe davam atenção quando ele utilizava termos mais elevados em língua tibetana, com argumentação filosófica intrincada, digna de santo Tomás de Aquino, conforme me disse um professor cristão. Durante seis semanas de estada em Dharamsala em uma primavera de aulas diárias, só ouvi duas pessoas comentarem o que o dalai-lama dizia; as restantes falavam em termos mais gerais, como costumam fazer os tibetanos, de uma "presença", de "atmosfera cálida" e de "bondade". Muitas vezes o comentário mais comum era que ele falava por meio de sua pessoa e de suas ações, fazendo questão de que um espectador mais idoso encontrasse lugar para sentar-se no fundo da sala ou usando um boné de beisebol laranja de extremo mau gosto enquanto dissertava sobre as "Etapas do percurso", como se quisesse mostrar-se blasé e distante.

Quanto a mim, nascido no Ocidente e educado em algumas das mais importantes universidades do ceticismo, sempre me pareceu muito difícil acompanhar as complexidades filosóficas que para ele eram o pão de cada dia. Mas, ao olhar ao meu redor nas ruas de Dharamsala, ou em viagens ao Iêmen ou à Bolívia, comecei a perceber que a insatisfação era a única realidade que conhecíamos, e as possibilidades que pudéssemos encontrar teriam de originar-se dela. Sentado à minha escrivaninha, dia após dia, realmente percebi que tudo era produto de minha disposição interior, que a página que parecia tão brilhante ontem se mostrava opaca e insípida hoje. E, ao meditar sobre como poderia melhorar meu relacionamento com as pessoas que conhecia, com minhas particularidades, compreendi que tudo na verdade dependia da maneira como via as coisas: considerar alguém como amigo, olhar seu lado melhor em vez do pior, poderá resultar em alguma coisa útil.

Certo dia, um pouco como meu novo amigo Christian, notei que, em meio à longa dissertação sobre a história do Tibete, o líder espiritual e temporal dos tibetanos percebeu (antes de mim) que minha xícara de chá estava vazia. Lembrei que a pessoa que reclamara com mais veemência do preço cobrado pelas aulas do dalai-lama era de fato o próprio dalai-lama. E lembrei-me de que fora ele quem mencionara a ocasião em que endossou Shoko Asahara, líder religioso japonês que mais tarde passou a sofrer das faculdades mentais, dizendo: "Isso prova que não sou um 'Buda vivo'!". Algo mudava dentro de mim cada vez que deixava sua companhia, mesmo quando argumentava inflamadamente com meus amigos que os seres humanos nunca mudam.

Por baixo daquilo que somos
somos algo diferente,
somos praticamente qualquer coisa.

D. H. Lawrence

O mistério

Certo dia, em Dharamsala, acordei e saí de casa quando ainda estava escuro. Havia cães correndo pelas ravinas e ladeiras enlameadas da aldeia, e era possível ver grupos de vultos que se moviam com rapidez ao longo do estreito caminho pela montanha que desce sinuosa em direção ao vale — tibetanos, eu logo vi, envoltos em grandes xales brancos, e silhuetas de monges. Segui-os na escuridão até o conjunto irregular de prédios em grande parte arruinados, ocupados pelo governo no exílio e sua biblioteca — na tabuleta de uma porta estava escrito "Voz do Tibete" (A Voz dos que Não Têm Voz), e na de outra: "Programa Tibetano dos Sobreviventes da Tortura". Cheguei então a um pequeno templo, entre a biblioteca de paredes amarelas e o vale lá embaixo, onde uma longa fila de peregrinos, a maioria maltrapilhos, avançava pelos corredores externos.

A cena era tão implausível e primitiva que eu poderia estar novamente no Tibete: homens desdentados com chapéus de caubói usados nos planaltos elevados e mulheres cujos olhos pareciam desabituados ao ambiente urbano, sentindo-se pouco à vontade dentro de prédios, a não ser os daquele tipo. A longa e sinuosa fila de peticionários e nômades ia crescendo a cada instante, à medida que o céu azul-negro sobre o vale começava a clarear e os monges mais jovens do templo, meninos de sete ou oito anos, iniciavam suas tarefas diárias, carregando grandes baldes cinzentos e balançando chaleiras pelas alças, das quais tiravam canecas de chá tibetano e punhados de arroz.

Pouco depois, alguns minutos antes das sete da manhã, os grandes portões vermelhos com efeites dourados se abriram e os poucos estrangeiros presentes (e nenhum tibetano, por algum motivo) foram introduzidos em uma pequena capela que cheirava fortemente a manteiga derretida e aos costumeiros talos de incenso incandescente colocados em latas de Coca-Cola e garrafas de Fanta. No total, cerca de oitenta pessoas entraram naquele espaço confinado — o presidente de Kalmykia sentou-se na frente, de pernas cruzadas, com seus acompanhantes — e só um casal de tibetanos, de olhar espantado e duro como os demais, se juntou a nós. Em breve — não pude deixar de notar — a mulher começou a uivar, girando os olhos e deixando-se cair em convulsões, enquanto o marido, parecendo despreocupado, continuou sentado ao lado dela como se aquilo acontecesse todos os dias.

Às sete horas em ponto — em Dharamsala a pontualidade não era tanta — abriu-se uma porta lateral e apareceu um dos monges do templo, com vários outros como acompanhantes. Dava uma impressão de suavidade e doçura pouco comuns. Pôs-se de pé ao lado do trono elevado no centro da sala — todos estavam em silêncio —, e ao fazê-lo três assistentes começaram a vesti-lo com várias camadas de roupagens sobre seu corpo, cobertas por um rico brocado dourado de seda, colocando sobre seu tórax uma placa peitoral circular feita de espelho e rodeada de pedras de ametista e turquesa. Em seguida foram acrescentadas uma aljava de prata e uma espada com bainha de noventa centímetros de comprimento, também de prata; então uma espécie de talabarte, de trinta quilos (mais tarde fiquei sabendo), também foi colocado nele, e um grande enfeite de cabeça pesando mais catorze quilos. O personagem — que tinha grande dificuldade de movimento e parecia agora menos um homem do que um conjunto de adereços reais ambulante — foi colocado no trono e ali fixado com correias: dava a estranha impressão de um astronauta sendo preparado para uma longa e perigosa viagem, menos para o espaço do que para o inconsciente.

Depois disso, nada aconteceu. O monge de semblante tranquilo ficou sentado onde estava, absolutamente imóvel, com os olhos fechados, e durante dez minutos ou mais todos os presentes se mantiveram em silêncio; era quase possível vê-lo penetrar nas profundezas de si mesmo. Eu nunca havia presenciado nada parecido, como se o víssemos descer cada vez mais para os recônditos do poço de sua alma. Era como se ele se concentrasse, reunisse energias e desaparecesse diante de nossos olhos ao regressar à sua verdadeira personalidade sob a superfície.

Em seguida, sem aviso prévio, a estranha figura se inclinou de repente para trás. Começou a mover-se em espasmos, espontaneamente. Três monges se apressaram a agarrá-lo e aprumá-lo, e ele se pôs de pé e começou a balançar para a frente e para trás. A terrível e implausível impressão era de uma criança num acesso de raiva, com o rosto enrugado como um balão perfurado. Os lábios e os olhos estavam disformes, e ele parecia soluçar após lhe ser negado seu doce favorito. Em seguida começou a mexer-se em espasmos e jatos de água jorraram violentamente de sua boca, com os assistentes enxugando seu rosto até que o volumoso personagem se desvencilhou do controle deles.

A mulher tibetana que havia desabado no chão de pedra como se estivesse desacordada, sacudindo a cabeça com violência, atingia agora novos níveis de arrebatamento, passando a rolar a cabeça e soltar medonhos gritos, transformando-se audivelmente em outra pessoa, enquanto o oráculo oficial voltava a ser colocado em seu trono e os presentes começavam a organizar-se em fila para passar junto a ele e receber a bênção do personagem que não parava de tremer. A mulher histérica foi a primeira a chegar perto dele — estaria possuída? Seria uma espécie de transe? E em seguida toda a multidão se adiantou, cada um estendendo um xale branco em direção à figura sentada no trono e mantendo-o por um ou dois segundos junto a seu rosto crispado e intumescido, do qual ainda partiam jatos de saliva. Em seu estado de alheamento, ele conseguia abençoar reflexivamente cada xale que passava diante de si, entregando a cada mão estendida algumas sementes de cor marrom; em seguida se levantou abruptamente e caminhou com estrépito pela sala em direção ao terraço ensolarado, onde voltou a se sentar no trono que fora transportado para lá, agora diante de toda a assembleia de tibetanos, começando a murmurar palavras em meio à multidão que se acotovelava.

Os demais monges se postaram em volta do trono, dois deles chegando muito perto para repetir o que ele dizia enquanto um terceiro, de pé, tomava notas vigorosamente, enchendo páginas e mais páginas de um pequeno caderno. O ditado prosseguiu durante dez minutos ou mais, e então, de repente, o grupo voltou cambaleando para a capela e as grandes portas se fecharam atrás dele. Fosse qual fosse a mensagem que as divindades que cuidam do Tibete pretenderam trazer através daquele médium, ela havia sido comunicada.

O dalai-lama usa seus oráculos (dos quais o mais ilustre é Nechung, cujo transe tínhamos acabado de testemunhar) como se fossem sua mão esquerda, segundo ele diz, e usa seu gabinete como se fosse a direita, equilibrando mundos visíveis e invisíveis

— os reinos do consciente e do inconsciente —, assim como sugeriria o Caminho do Meio (embora ele também reconheça que considera o médium que fala em nome da divindade protetora do Tibete como sua "câmara alta" e os conselheiros políticos habituais como a "câmara baixa", talvez porque o oráculo fale em nome de uma sabedoria que está além do humano e além do alcance da interferência humana. Afinal, foi Nechung quem o aconselhou, quando o dalai-lama tinha apenas quinze anos, a assumir logo o poder, quando os chineses avançaram contra o Tibete; foi também Nechung quem lhe disse em 1959 que ele precisava escapar de Lhasa, revelando-lhe o caminho da fuga, naquela mesma noite). O dalai-lama assinala que o oráculo é realmente um protetor e tem poderes de cura, algo mais do que um espírito capaz de adivinhar o futuro, mas persiste o fato de que o espírito claramente habita um domínio muito diferente do da lógica professoral, lúcida e analítica que caracteriza as palestras públicas do dalai-lama em todo o mundo.

Como qualquer entidade, o budismo tibetano tem um aspecto diurno e um aspecto noturno, uma parte que pertence ao mundo público e visível e outra que pertence ao reino dos sonhos, das premonições e de tudo o mais que existe fora da mente consciente. A maioria de nós liga o dalai-lama ao dia — despertar antes do alvorecer e deitar-se pouco depois do pôr do sol; mas ele facilmente confessa que quando dorme ingressa em uma parte diferente de sua prática, que penetra até mesmo em seus sonhos. Enquanto o observava levar ao mundo o Tibete e sua forma de budismo, notei que ele sempre dava ênfase ao aspecto Novo Testamento da tradição, por assim dizer, mais do que ao Velho, descontando o valor das complexidades descritas por Heschel e sofridas por Jó, em favor de princípios mais elementares e práticos. Ele tendia a proteger o mundo mais amplo em relação ao lado esotérico do budismo tibetano, assim como quem guarda uma pistola carregada em um armário trancado, para que as crianças não brinquem com ela e para que a arma não caia em mãos indevidas. Mas isso não muda o fato de que esse lado mais misterioso, não racional — a parte que existia além do reino das fórmulas matemáticas —, permanecia sendo tão intrínseco à sua prática quanto a lógica e o debate. Basta olhar para qualquer parede ou *tangka* de um templo tibetano, cheia de seres com cabeças de caveira cavalgando monstros e deidades em posições de cópula (a figura feminina branca como leite e a masculina mais escura) ou observar as mandalas próximas, nas quais todos os mundos visíveis e invisíveis são condensados em um único diagrama místico, para compreender que o budismo tibetano adotou tanto o lado não analítico da tradição quanto o analítico, o que o levou a alguns de seus extremos mais ricos.

Um dos enigmas que vi o dalai-lama enfrentar em suas viagens pelo mundo foi o fato de que esse aspecto explosivo, esotérico e específico do budismo tibetano — cheio da "magia e mistério" sobre os quais exploradores como Alexandra David-Neel escreveram com entusiasmo — tem sido há muito a principal fonte de fascínio para os observadores; os que se afastam das tradições das aulas de catecismo em suas próprias religiões mas não querem abandoná-las apenas para receber lições de catecismo do Tibete (ou, na verdade, ouvir palestras sobre erudição analítica ou rigor e esforço científicos, como acentua o dalai-lama). Ele desenvolveu cuidadosamente em todo o mundo princípios relativos a altruísmo e compaixão, exemplos de responsabilidade extraídos da ideia budista de interconexão e ênfase na prática da humanidade, por assim dizer, sem ter de pensar constantemente em ritos religiosos ou livros sagrados. Mas o que queriam muitos estrangeiros entre seus ouvintes eram fogos de artifício (e talvez os vissem, quer ele os proporcionasse ou não).

Certa vez fui à biblioteca de minha universidade em busca

de textos sobre o budismo tibetano, e não me causou surpresa ver que as prateleiras estavam cheias de volumes com títulos como *Feiticeiros civilizados*, *Oráculos e deuses do Tibete* e *Viajantes do espaço*. Apresentavam repetidamente o que pode ser considerado o lado espiritual do Tibete de conto de fadas que há tanto tempo estamos orientalizando, e que pode ser visto como um monge distante, de costas voltadas para o mundo, desenvolvendo potencialidades interiores e mapeando um panorama interno — a geografia da mente — enquanto os exploradores da rainha Vitória procuravam as nascentes do Nilo e desenhavam plantas dos desfiladeiros do Afeganistão. E sem dúvida o Tibete, como qualquer pessoa que passa muito tempo a sós, parece haver investigado seus recursos internos e examinado sua mente e seus sonhos de forma tão intensa que o resultado foi algo que parece ao observador ser genialidade ou loucura, e mais provavelmente uma mistura confusa das duas coisas.

Mesmo há sete séculos, Marco Polo atraía a atenção de seus leitores em Veneza escrevendo sobre lamas tibetanos que lhe ofereciam bebida em taças dos cãs, e ainda no século passado David-Neel eletrizava as plateias com relatos sobre monges que se aqueciam no gélido planalto do Himalaia com a energia de sua meditação, ou que, em transe, conseguiam correr, numa única etapa, mais de trezentos quilômetros. A própria originalidade da escola de budismo que o Tibete levou a seu estágio mais elevado — Vajrayana, ou "Veículo Relâmpago" — está na extraordinária afirmação de que, se alguém for capaz de dominar certas técnicas extremamente avançadas e secretas, será possível efetivamente atingir a iluminação no decorrer de uma vida.

O dalai-lama sempre falou em prática cotidiana contínua ao longo de várias vidas; em não procurar luzes brilhantes nem poderes instantâneos que alguns principiantes ansiavam obter por meio de disciplinas exóticas; mas mesmo ele, quando indagado, dizia com característica franqueza que, se alguém meditar durante longos períodos todas as manhãs, poderá aprimorar a memória e "finalmente desenvolver a clarividência"; mesmo ele, em sua segunda autobiografia, reconhecia que muita coisa da vida e da cultura do Tibete confundia sua mentalidade científica. Em certo ponto, ele relata haver visto um pedaço de crânio de um *rinpoche* que por algum motivo sobrevivera às chamas do crematório (como os tibetanos creem ser possível) e no qual estava claramente visível o ideograma tibetano que representa a divindade particular protetora daquele *rinpoche*. Sempre que leio essas frases, fico com a sensação de que a figura humana consideravelmente acessível que vi e toquei desaparecia em um segundo por trás de uma porta fechada.

Para os budistas tibetanos, assim como para cientistas como Michael Faraday, o mundo não é constituído somente de matéria, mas de campos de energia, correntes que para os tibetanos ligam o que eles chamam "vestimentas sutis" às "vestimentas grosseiras", os reinos infernais, ou terra dos fantasmas famintos, ao mundo dos espíritos e deidades protetores. Para o verdadeiro praticante, deve-se dizer que essas figuras são simbólicas: como enfatiza o dalai-lama, os seres que levam caveiras das quais escorre sangue, os personagens emaranhados, com as línguas de fora, são apenas representações extraordinariamente visuais das forças que se agitam dentro de nós e em alguns casos, talvez, das forças que precisamos convocar dentro de nós para repelir as tentações do ódio, da ignorância ou da ambição. Mas num longínquo planalto 3,5 mil metros acima do nível do mar, onde as pessoas vivem muito distantes umas das outras, numa atmosfera carregada, quase do outro mundo, onde o céu parece estar muito, mas muito próximo e cada uma de suas mudanças tem fortes e claras consequências sobre a terra, nada dessa iconografia parece ser completamente pictórica.

Esse é o outro elemento do Tibete que dá margem a livros com títulos como *Fora deste mundo*, *Tibete dos sonhos* e *Misterioso Tibete*; devido a seu intenso e elevado isolamento, e como seus monges e cientistas da personalidade estavam desenvolvendo técnicas interiores enquanto outros países trabalhavam em automóveis e aviões, o país parece pertencer a uma época antiga que a muitos de nós se assemelha a uma lembrança quase pré-consciente, uma sabedoria ancestral que já perdemos (em parte por causa de todas as grandes inovações tecnológicas que conquistamos). Até tempos recentes, e ainda hoje em certos lugares, os tibetanos viveram em um ambiente assustadoramente similar ao dos primeiros cristãos, em meio ao que Gibbon chamou "uma ininterrupta sucessão de poderes assombrosos, dom de línguas, de visões e de profecias". A cultura tibetana está muito mais próxima do mundo de Shakespeare que a nossa; naquele mundo, todo cometa ou formação de nuvens era uma mensagem direta dos deuses (e o rei daquela época, Jaime I, ficou famoso por seu livro *Sobre demonologia*). A religião tibetana mantém intacto um sistema que hoje em dia atribuímos aos antigos gregos e romanos, no qual a conexão entre outros mundos e o nosso não foi interrompida. Há poucos séculos, afinal de contas, os assassinos na Europa esperavam escapar da prisão fazendo refeições sobre os corpos das pessoas que matavam, e os assaltantes entravam nas casas alheias disfarçados e levando velas feitas com dedos de crianças natimortas.

"Abaixo e além da personalidade consciente", como escreveu Aldous Huxley, ao examinar os surtos de histeria e de queima de feiticeiras que vingaram na França católica do século XVII, "jazem vastas camadas de atividade subconsciente, algumas piores do que o ego e outras melhores, algumas mais estúpidas e algumas, em certos aspectos, muito mais inteligentes." Quase como consequência de não haver adotado a modernidade senão muito recentemente — e apesar de uma tradição analítica capaz de debater abstrações filosóficas com qualquer platônico ou positivista —, o Tibete ainda parecia ter pelo menos um pé nesse outro mundo. Seus cientistas da mente falam de 77 mil câmaras do "corpo etérico" e 84 mil "emoções negativas" na esfera humana (além de 84 mil "portas de transformação"); o budismo está sempre comprometido com a realidade, mas a realidade, como nos recorda Picasso, não é feita só do que vemos mas de tudo o que ela representa para nós, os sonhos e os impulsos que suscita, de todas as formas pelas quais um panorama externo e visível se desenrola em um terreno interno, invisível. Pode-se dizer que ser apenas racional não é inteiramente razoável.

Depois do grande debate em Samye, no qual o Tibete resolveu seguir a trilha filosófica indiana de preferência à chinesa, pragmática e mais baseada na meditação, e especialmente depois que Tsong Kha Pa criou a escola Gelug de budismo tibetano no século XV, muitos monges do Tibete se reuniram em mosteiros que entre outras coisas eram grandes laboratórios filosóficos, a fim de examinar e talvez ampliar as ideias de Nagarjuna, Shantideva e outros filósofos budistas seminais. Mas também, e de forma igualmente inevitável, outros monges se afastaram, palmilhando a vastidão deserta do planalto tibetano, meditaram durante anos em cavernas e desenvolveram faculdades espirituais que pertencem mais ao domínio da religião que ao da filosofia pura. O dalai-lama apresenta um budismo que surpreende por sua lucidez, seu equilíbrio e clareza, seu apelo ao bom senso assim como aos demais sentidos; mas muitos outros lamas tibetanos, durante séculos, têm praticado um tipo de budismo muito mais selvagem e radical que pode manifestar-se através do que foi chamado "sabedoria louca", ideias e atos de tal maneira distantes da norma que a maioria de nós não sabe como entendê-los (e por certo não possuímos os instrumentos necessários para julgá-los).

Segundo o dalai-lama, o tantra, como às vezes é chamado o budismo esotérico, constitui um treinamento para a morte muito especializado e secreto, e é um tipo de prática inflamável que só pode ser levada a cabo sob cuidadosa supervisão e orientação de peritos. Toma muito do que os tibetanos consideram pertencer aos níveis "brutos" da mente — o sexo, a bebida e o engano — e procura elevá-lo ao nível sutil, da mesma maneira como, certa vez ouvi o dalai-lama dizer, os médicos da aiurveda tomam o mercúrio, que sem tratamento é venenoso, e o usam como medicamento. Longe do discurso de compaixão e altruísmo que o dalai-lama costuma usar para os observadores, o tantra exalta o perigoso fato de que aquilo que é humano não é humanitário e que a transcendência, por sua própria natureza, permanece alheia às considerações convencionais de certo e errado. "Abandonar o conceito de ser bom", como disse William James, "é a única porta para os recessos mais profundos do Universo." O folclore do próprio Tibete diz que o país emergiu da união entre um *bodhisattva* e um demônio feminino.

O resultado, como disse um cientista político norte-americano em 1979, ao apresentar o budismo ao Novo Mundo, é que no tantrismo se pode encontrar "quase tudo que tem ligação com as concepções populares ocidentais sobre a magia. Ensinamentos secretos, livros sagrados em código, a prática de desenhar símbolos no chão e pronunciar fórmulas de encantamento para conjurar deidades, poderes sobrenaturais capazes de serem usados para o bem ou para o mal". Conforme observa com serenidade outro estudioso ocidental (de maneira típica), no Tibete clássico a proteção contra a hanseníase, ou a eventualidade de ser vítima de envenenamento, é feita por meio da visualização de uma deusa e em seguida a do próprio corpo em forma de cadáver gordo. Em seguida é preciso imaginar a deusa decepando a cabeça do cadáver e lançando o crânio em um receptáculo onde também são atirados pedaços de ossos para que outro ente sobrenatural venha devorar. Sob a alta pressão atmosférica e o ar rarefeito do Tibete, onde ainda vivem os espíritos animistas da religião tradicional Bon, é comum a queima de efígies, como ocorre em muitas tradições populares, e até mesmo altos funcionários tomam decisões com base em jogos de dados, em massa de pão atirada no ar e outras formas tradicionais de adivinhação.

Isso talvez não seja muito diferente de relatos sobre um profeta que ressuscita pessoas, transforma água em vinho e caminha sobre as águas; na França do século XVII, como diz Huxley, o fato de não acreditar em feiticeiras era considerado uma terrível forma de impiedade (pois não acreditar em Satã, e na ideia do anjo caído, era quase o mesmo que não crer em Deus e portanto na possível pureza dos anjos). Uma Igreja católica que ainda pratica o exorcismo ou um cristão fiel que afirma sentir aumentar a temperatura do corpo (às vezes de forma desconfortável) quando recita o pai-nosso não deveriam se surpreender com isso; os relatos das vidas dos grandes místicos cristãos também pertencem a um reino de êxtase e intensidade física que ultrapassa nossa razão.

No entanto, quando observei o dalai-lama resgatar sua tradição, com muito cuidado, depois de séculos de isolamento, pondo-a sob os holofotes do mundo moderno (sempre acentuando que em sua opinião sua cultura precisava ser menos solitária e estar em contato mais íntimo com a modernidade), achei que o estava vendo caminhar não apenas através de continentes mas também de séculos, trazendo à luz do dia alguns dos antigos segredos da família humana que tinham estado, por assim dizer, trancados em algum baú cheio de teias de aranha no sótão, durante muitas centenas de anos. Quando ministrava ensinamentos avançados do tantra, muitas vezes chegava um momento em que ele pedia aos que não haviam feito os juramentos adequados ou não estavam seriamente comprometidos com a prática budista que se retirassem da sala, porque pretendia revelar poderes e iniciações que poderiam ser perigosos na ausência das motivações corretas. Na verdade, ele já havia ministrado mais iniciações Kalachakra (ou Roda do Tempo) do que todos os treze dalai-lamas anteriores juntos, muitas vezes em lugares como Toronto, Barcelona e Madison, Wisconsin.

Com efeito, ele parecia estar trazendo ao mundo dois tesouros às vezes não relacionados, ambos explosivos: um era o Tibete e sua cultura própria e o outro era seu tipo de budismo. Para as plateias gerais de massa, ele em geral acentuava a "sabedoria não insana" como pode ser chamada, porque a filosofia parecia ser uma forma de atravessar todas as divisões em direção a um âmago humano universal. ("O sectarismo é um veneno", escreveu ele, em uma afirmação inusitadamente violenta em sua segunda autobiografia.) Quando falava no "budismo Nalanda", em homenagem à antiga universidade budista da Índia de onde haviam surgido os grandes filósofos de sua tradição, estava essencialmente sugerindo que a razão e a universalidade poderiam proporcionar lugares onde seriam capazes de juntar-se os praticantes do Gelug e do Kagyu, o leste e o centro do Tibete, os norte-americanos e os chineses.

Ao mesmo tempo, entretanto, ele trazia para o nosso meio uma série complexa de ritos, técnicas de visualização e mandalas que apresentava a plateias restritas; levava em suas viagens certas *tangkas* e estatuetas que tinham visível significado esotérico, e caixas trancadas que diziam respeito a suas exigências particulares e não estavam disponíveis a olhos de cientistas. Mais de uma vez, quando lhe perguntei se os sofrimentos recentes do Tibete eram consequência do carma coletivo do país, ele respondeu: "Isso é complicado", ou "misterioso", como se na verdade quisesse dizer que aquilo pertencia a mundos que eu não estava em condições de penetrar ou de compreender.

Ao observá-lo executar essas atividades por onde passava, de Harvard ao Japão, durante trinta anos, parte do que me intrigava era vê-lo, de modo quase ostensivo, recolhendo indícios, por onde quer que fosse, da maneira como seus ensinamentos atingiam o objetivo ou dele se desviavam, como eram mal compreendidos e em certos casos distorcidos, e constantemente ajustava a forma de apresentá-los. À medida que os anos passavam, ele insistia cada vez mais com os estrangeiros para que não abandonassem suas próprias tradições para se tornar budistas (ao menos porque nessa altura ele já vira os mal-entendidos que podiam surgir); muitas vezes, no Ocidente, dava menos valor à meditação, talvez por achar que era uma dessas técnicas fascinantes e até mesmo exóticas capazes de fazer que as pessoas se afastassem de suas responsabilidades cotidianas e da necessidade de simples atenção e bondade. Quando falava em meditação, sempre acentuava o árduo trabalho que isso exige, em vez do que chamava "dádivas místicas". Também começou cada vez mais a advertir os estrangeiros contra lamas e mestres tibetanos que talvez praticassem "sabedoria insana" com principiantes que não tinham conhecimento suficiente para distinguir entre loucura e sabedoria. Certa vez eu disse a Ngari Rinpoche que soubera da existência de muitos chineses que estudavam com lamas tibetanos. "Eles logo se desencantarão", foi a típica resposta provocadora do irmão mais moço do dalai-lama. "Infelizmente, essa é uma história antiga."

Prova de sua segurança e do respeito que o dalai-lama conquistara foi o fato de que ele parecia se sentir cada vez mais à vontade dizendo a plateias estrangeiras exatamente o que elas desejavam ouvir. Mesmo assim, às vezes eu recordava que até mesmo Buda, segundo alguns relatos, nem sempre tinha sido capaz de avaliar e influenciar tudo o que era dito e feito em seu nome. Durante cinco séculos após sua morte, foi em geral respeitado seu desejo de não se fazerem imagens com sua figura (porque as imagens nos desviam de seus ensinamentos e além disso sugerem que ele foi mais do que um ser humano, que emociona e inspira justamente por causa dessa característica humana). Quando era retratado, às vezes o faziam em forma de uma pegada (percorrendo o caminho aberto), outras vezes em forma de uma árvore (oferecendo-nos sombra e recordando o lugar em que encontrara a iluminação) e ainda outras vezes como uma roda (a roda dos ensinamentos darma rolando pelo Caminho das Oito Voltas).

Mas, quando o budismo atingiu os confins da Ásia — tornando-se, pode-se dizer, vítima de sua própria popularidade —, passou a ser conhecido pelos escultores gregos, que começaram a reproduzir o rosto de Buda (que nessas representações é extraordinariamente semelhante ao de Apolo). Mais tarde, artesãos chineses acrescentaram uma coroa a sua cabeça. Hoje em dia existem tantos Budas gigantescos em tantos templos — a começar pelo Todaiji, em Nara, que visitei com o dalai-lama — que pode ser difícil recordar que Buda afirmava, mais do que qualquer outra coisa, a ilusão da forma e a impermanência de tudo, inclusive da figura humana.

“Nós, tibetanos, não somos verdadeiros budistas”, disse Ngari Rinpoche certa manhã depois que me sentei em seu terraço e ele me serviu chá, trazendo um prato de biscoitos. “Espíritos demais, divindades demais. Estamos sempre procurando alguma coisa fora de nós mesmos para vir em nosso socorro. Isso não é budismo.”

“Mas é humano”, retruquei. “Não se pode esperar que as pessoas consigam viver sem algum tipo de orações ou talismãs.

Podemos nos considerar magnânimos teoricamente, e dizer que não nos apegamos a nada, mas na prática as pessoas precisam de algo que as ajude a vencer seus temores."

Recordei-me de que o dalai-lama me havia dito, duas vezes, que quando criança sentia tanto medo do escuro que viu um gato saltando no quarto (mais tarde, ao ver os gatos que havia por ali, percebeu que todos tinham cores incomuns).

"Mas isso não é budismo. Creio que deveria haver uma força policial que entrasse em todas essas organizações, em todos os centros tibetanos que existem no mundo, para tratar daqueles que estimulam isso." Pelo sorriso dele adivinhei o que ia dizer em seguida: "E eu gostaria de ser um voluntário para essa tarefa!".

Ngari Rinpoche explodiu num riso gigantesco e contagioso que fez sacudir todo o seu corpo — a mesma gargalhada que o irmão mais velho havia tornado famosa em todo o mundo. O budismo tibetano muitas vezes compensa Avalokitesvara, o deus da compaixão, com Manjushri, deus da sabedoria, em geral representado com uma espada erguida a fim de desbastar nossas ilusões. A bondade sem sabedoria às vezes nada tem de bondosa.

"Mas não era muito diferente no Tibete, há muitos séculos. Não é diferente no Japão, na Tailândia, ou em qualquer país budista. Nem mesmo na Índia, de onde veio Buda."

"Nós, tibetanos, porém, não somos os maiores vilões", disse ele, recusando-se a acalmar-se. "Temos todos esses *pujas*, esses rituais, mas não sabemos o significado do Buda. Não podemos dizer que somos budistas."

Olhou para mim na tranquilidade da manhã, com os olhos fitos nos meus, enquanto eu procurava uma resposta. Estávamos muito acima do vale e mal conseguíamos ouvir algum ruído vindo da estrada lá embaixo. Um pedaço de papel passou voando ao vento e eu estendi a mão para pegar um dos biscoitos do prato.

"Discordar é bom", disse ele com voz diferente, muito mais

suave, para que eu lembrasse que ser advogado do diabo fazia parte de sua especialidade autodefinida. "Da próxima vez que estiver comigo, estarei fazendo ou dizendo alguma coisa completamente diferente. Tudo está sempre mudando, sempre em movimento. Aquele pedaço de papel, você, eu, este terraço — nada é como era há um segundo."

Enquanto conversávamos, cientistas em Berkeley, Princeton, Wisconsin e outros lugares — como dissera o dalai-lama aos acadêmicos em Nara — faziam uma série de experiências, levadas a cabo há várias décadas e relatadas em *Nature* e *Proceedings of the National Academy of Sciences* e muitas outras publicações científicas respeitadas. Essas experiências sugerem que afinal de contas as histórias mais fantásticas divulgadas por Alexandra David-Neel não eram assim tão extraordinárias. Monges experientes e peritos em meditação de fato conseguem fazer secar lençóis molhados em menos de uma hora, segundo demonstraram aquelas experiências, e resistir a temperaturas extremas somente com a energia de sua meditação. Um monge havia reduzido o ritmo das batidas de seu coração a cinco pulsações por minuto, coisa quase inimaginável, e tomografias cerebrais revelaram, de maneira visível e quantificável, que certos monges haviam atingido níveis de calma e autodomínio que estavam além do alcance dos instrumentos.

Em West Point ensinava-se meditação, talvez como resultado do que havia sido provado conclusivamente sobre o potencial de seu benefício à saúde e ao autocontrole; as descobertas desses pesquisadores foram matéria de capa da revista *Time*, em que trabalhei durante muito tempo. Um número da *Harvard Law Review* foi dedicado, por incrível que pareça, à prática de ficar imóvel e acalmar a mente. O dalai-lama, na verdade, parece estar dando cada vez mais atenção à ciência a partir do início do século XXI, talvez porque — mais uma vez — esta nos permite sair de uma esfera na qual uma parte do mundo usa o Corão para justificar terríveis atos de violência, enquanto outra usa a Bíblia. A "ausência de essência" a que a mecânica quântica atribui grande valor, o princípio da incerteza de Heisenberg, a própria forma como a relatividade e a mecânica quântica fazem dissolver a separação entre sujeito e objeto — são ideias que ele achava que deveriam constar de um currículo monástico tibetano.

De forma curiosa, aliás, o globalismo sustenta alguns dos princípios do budismo, tanto quanto o oposto. Há cinquenta anos, um norte-americano que visitasse uma aldeia no Tibete poderia ter sido considerado mágico, até mesmo feiticeiro, se tivesse puxado do bolso uma Polaroid e tirasse algumas fotos, ou trouxesse um gravador de fita e reproduzisse para os habitantes o som de suas próprias vozes. Em troca, o norte-americano acharia que eles eram estranhos faquires ou capazes de fazer milagres se demonstrassem como conseguiam diminuir o consumo de oxigênio em 64% por meio de meditação profunda, ou desacelerar todo o metabolismo. Naqueles dias, o que antes dava a impressão de ser milagre parecia ser apenas uma capacidade específica do corpo ou da mente desenvolvida com intensidade incomum, e os tibetanos percebiam que não se tratava de mágica — só vida real e treinamento — quando ligavam seus aparelhos de TV para ver os atletas olímpicos correndo a quase 37 quilômetros por hora, ou Carl Lewis saltando sobre o equivalente a uma piscina de nove metros.

Ao pesquisar diversos médiuns para a Sociedade Norte-Americana de Pesquisa Psíquica, William James, na época professor em Harvard, confessou haver considerado a atividade daqueles aparentes charlatães como "ocupação detestável" e (conforme disse mais tarde) "uma experiência estranha e em muitos aspectos repulsiva". Como empedernido empírico e estudioso de química, anatomia comparada e fisiologia, James se rejubilava sempre que um místico conhecido em seu tempo era desmascarado como charlatão, com os alçapões secretos revelados.

No entanto, como verdadeiro cientista, James estava comprometido com a abertura intelectual e não defendia conclusões que não pudessem ser 100% comprovadas. Isso o deixou desconcertado quando, pelo menos em uma ocasião, uma dúzia de entrevistas e todos os instrumentos de pesquisa não conseguiram encontrar falhas em um médium que ele examinou.

"Até este momento eu achava", escreveu a um amigo de seu pai, "que os feiticeiros, os médicos do magnetismo, os sétimos filhos e sétimas filhas e todos os que gravitavam em direção a essa gente por afinidade mágica eram uma espécie de ralé intelectual. Começo agora a pensar que esse tipo de mente domina uma série de verdades para as quais o outro tipo de pessoa é completamente cego." Essa nova atitude o fez sentir-se "no meio do mar", confessou ele, "sem minha velha bússola e sem nenhuma nova" para substituí-la. Para um budista, isso significaria simplesmente que havia sido removida uma forma de ignorância; "os sonhos mais fantásticos de Kew", conforme disse Kipling mais ou menos na mesma época, "são a realidade de Katmandu".

Duas horas a leste da casa do dalai-lama em Dharamsala, atravessando pequenas estradas rurais que passam em meio a bosques e plantações de chá, com a neve brilhando contra o céu azul nos picos lá em cima, eu certa vez me desviei da estreita estrada principal e enveredei por um caminho ainda mais acidentado, que entrava em uma espécie de vale oculto. Havia um grupo de casas em uma reentrância na metade da elevação e em pouco tempo eu já saíra da Índia e me encontrava numa região de casas caiadas atrás das quais se viam as torres douradas de um templo. Saltei do carro em uma praça poeirenta e segui uma trilha em aclive até o templo, cujo pátio fronteiro tinha talvez o tamanho de um playground de jardim de infância.

Diante do pátio já havia tibetanas idosas sentadas no chão, embora não fossem ainda oito da manhã, e as salas de oração estavam cheias de jovens monges em grande atividade, correndo para todos os lados. De toda a região começaram a chegar visitantes, e em breve o espaço em torno do pátio ficou completamente tomado. Os recém-chegados tinham de olhar por cima de três ou quatro cabeças diante de si para ver o que estava ocorrendo.

O motivo daquela atenção era o fato de que o templo Tashi Jong, sede de um grupo da ordem Kagyu, cujo chefe é o jovem Karmapa, estava realizando a "dança dos lamas" anual, que provoca a enérgica manifestação das forças ocultas do budismo tibetano ao longo de oito dias. Em breve o pátio se encheu de lamas vindos do templo, que moviam os braços e as pernas em uma dança extremamente coreografada e muito lenta. O ritmo era quase hipnótico — o contrário de teatral — e não se viam os fáceis sorrisos e ares de alegria improvisada que costumam circundar um espetáculo tradicional de bailes populares tibetanos. Todos os gestos tinham um significado preciso, e a cerimônia inteira era ao mesmo tempo uma espécie de exorcismo e uma súplica a alguns deuses.

Num assento elevado, uma espécie de trono, a um lado do pátio, um jovem *rinpoche* do templo olhava o desenrolar da cerimônia. Por trás dele surgia uma figura muito mais estranha, vestida com mantos de cores mais suaves, com as tranças dos cabelos grisalhos enroladas e empilhadas no topo da cabeça, como uma serpente adormecida. Era, pelo que fiquei sabendo, um iogue — um monge que havia meditado anos a fio em uma caverna. As tranças dos cabelos representavam os anos que passara longe da sociedade, sem tê-los cortado durante a meditação.

Esse personagem era agora o chefe não oficial do templo,

instrutor do *rinpoche* e praticamente o poder por trás do trono. Das salas interiores do templo surgiam figuras usando máscaras que me pareciam grotescas e representavam diversos antigos reis e entes espirituais. Acima do pátio havia um prédio onde monges faziam retiros, mesmo hoje em dia. Mais acima havia uma casa de aspecto agradável, de cores brilhantes, onde eu encontraria outro iogue, próximo da morte, cujos anos de meditação eram visíveis no olhar. Perto dali vivia a agora célebre inglesa que se tornara freira e meditava sozinha em uma caverna, enfrentando avalanches e visitas de lobos e observadores agressivos, durante doze anos. Mais tarde naquele mesmo dia eu subiria a uma sala de retiro acima do pátio do templo na qual era possível permanecer durante meses de exploração interior. Eu jamais havia estado em um lugar (fora do Tibete) que se parecesse tanto com o Tibete, tão distante do mundo cotidiano que conhecia.

Em momentos como aquele eu forçosamente recordava como o dalai-lama, para usar de novo a metáfora, entrava e saía muitas vezes de seu templo, surgindo para saudar o mundo exterior e lhe falar, para desaparecer em seguida num Tibete particular e quase inimaginável (assim como, durante as aulas que ministrava em Dharamsala, ele emergia duas vezes por dia do conjunto em que habitava e caminhava sorridente, cumprimentando peticionários, lendo seus textos e acompanhado por vários objetos e figuras rituais, até a cadeira de onde falava; e duas vezes por dia ele regressava a seus domínios estritamente protegidos). Durante grande parte do tempo ele e seus monges praticavam um debate extremamente intelectual que, até certo ponto, tratava de quantos anjos simbólicos poderiam dançar na cabeça inexistente de um alfinete imaginário; no restante do tempo, porém, agiam em um mundo que reconhecia a impossibilidade de que a filosofia pudesse curar uma dor de dentes, como se diz em termos clássicos, e também reconhecia que para o nômade em sua tenda solitária, a 5 mil metros de altitude, todas as figuras que enchiam os *tangkas* tibetanos eram reais, dolorosamente reais.

Afinal, o dalai-lama jamais poderia descartar de todo o mundo existente além da lógica porque justamente aquele mundo o levara (junto com poucas centenas de outros lamas encarnados, que antes eram milhares) ao trono que agora ocupava, graças a consultas a formações de nuvens, reflexos em um lago místico e diversos sonhos. O próprio sistema de lamas encarnados, ou *tulkus*, descobertos por meio de tais símbolos secretos após seu nascimento, pode ter sido uma mistura de lógica astuta e antilógica tibetana: afinal de contas, sua beleza residia em levar ao poder meninos muito pequenos (e ocasionalmente meninas) que não corriam risco de ser corrompidos pelo mundo e não se interessavam pelo progresso pessoal. O lado negativo era o próprio fato de que pôr no trono crianças de dois anos de idade equivalia, na verdade, a deixar o poder real em mãos de regentes e tutores mais idosos, ou parentes da criança, que de forma alguma eram imunes ao jogo de influências e à politicagem. Admirei-me ao saber que para os tibetanos o nascimento de um *tulku* na família não era motivo de júbilo; acreditava-se que, em termos da vida mundana (e talvez por uma espécie de complexa compensação), isso em geral trazia má sorte.

Conforme já mencionado, o dalai-lama em geral se referia a essa instituição como se fosse apenas um conjunto de roupas — de deveres, responsabilidades e títulos — que ele nascera para vestir (e ele se referia à morte, de maneira emotiva, como equivalente a "uma troca de roupa"). Essa separação entre o espírito e seu receptáculo se tornava evidente pelo fato de que alguns dalai-lamas tinham sido gordos, e outros, magros; alguns eram cordatos e outros, ferozes. O grande quinto dalai-lama costumava ser considerado o criador do Tibete tal como estabelecido até recentemente (e como construtor do Palácio Potala, grande símbolo da união entre a Igreja e o Estado); mas o dalai-lama que o sucedeu é lembrado por haver passado grande parte do tempo se divertindo nas tavernas fora dos muros do Potala e depois ter se desfeito de seus mantos e deixado atrás de si, em seguida a seu misterioso desaparecimento, um conjunto de poemas eróticos muito apreciados pelos tibetanos, porém suscetíveis a toda espécie de interpretação.

No entanto, mesmo nesse contexto, as coisas nunca foram tão claras, e tampouco facilmente esquecidas, como gostaria. Certo dia peguei um livro sobre o Tibete e o décimo terceiro dalai-lama, de autoria de sir Charles Bell, diplomata britânico muito sensato que foi o primeiro ocidental a se tornar amigo íntimo de um dalai-lama e que chegou a viver durante um ano perto do palácio. O relato de Bell é claro e prático, como se poderia esperar de um funcionário se dirigindo aos superiores. Escrevendo em 1924, ele afirmava que o dalai-lama era "singularmente franco" e muitas vezes dispensava seus assistentes para poder conversar a sós com seu amigo estrangeiro (e até mesmo lhe pedir opiniões). "Sua Santidade sempre foi avesso a cerimônias", prossegue Bell, e na verdade, quando foi obrigado a exilar-se em 1910, na Índia, devido ao avanço chinês em direção a Lhasa, o décimo terceiro visivelmente gostou da liberdade de que logo passou a gozar, podendo passear na floresta e movimentar-se pelos arredores, como nunca poderia ter feito em Lhasa. "Ele gosta de cavalos", registrou Bell, "de cães e animais em geral, mas sobretudo de pássaros. As flores são para ele fonte de constante alegria."

Tudo isso é bastante direto e constitui valiosa fonte de informação sobre o primeiro dalai-lama que viajou ao mundo mais amplo e começou a atrair o Tibete para os tempos modernos. No entanto, o que me parece extraordinário ao ler seu livro, oitenta anos depois, é que em inúmeros detalhes, frase após frase, a descrição do décimo terceiro dalai-lama feita por Bell muito se aproxima da de seu sucessor muito diferente, o décimo quarto. Uma das muitas razões pelas quais achei não haver necessidade de muita descrição física da pessoa e da personalidade do atual dalai-lama é que esta já tinha sido feita, com grande veemência, onze anos antes de seu nascimento, por um homem que descrevia seu precursor.

"Ele é impulsivo, alegre e dotado de fino senso de humor", escreveu Bell em relação ao amigo. "Seus olhos brilhavam quando ele descrevia para mim os estratagemas por meio dos quais escapara à perseguição dos soldados chineses." Era um "astuto crítico do caráter alheio, rápido no entendimento" e sempre pronto a revelar seus sentimentos, embora "a cortesia inata jamais vacilasse". Por incrível que pareça, o líder do budismo tibetano não era um entusiasta da disseminação do budismo pelo mundo, embora respeitasse genuinamente qualquer praticante sincero de uma religião (e confessou espantar-se com os chineses que conhecera e que não o faziam).

"O rei-Deus é intensamente humano", foi a conclusão de Bell, e levantava-se para meditar às três da manhã, sem nem mesmo interromper sua meditação ao viajar de trem. Seus secretários tinham acessos de raiva ao vê-lo procurar aproveitar todos os momentos, e ele parecia sempre ávido de detalhes sobre o mundo exterior, mandando traduzir jornais ingleses e acompanhando a tensa situação na Alemanha da década de 1920. No mínimo, parecia ter muito mais em comum com seu sucessor do que George Bush com seu filho George W. Bush. O único detalhe que Bell não incluiu (porque não poderia ter conhecimento) foi que, quando praticava caligrafia na infância, o décimo quarto dalai-lama teve de copiar diversas vezes o assustador testamento do décimo terceiro, até que, como é de imaginar, afinal o decorou.

* * *

Mesmo no antigo Tibete, o sistema de reencarnação nunca esteve livre de ambiguidades; a descoberta de novos lamas e a proteção deles contra pretendentes rivais ou outros com ideias diferentes nunca foi fácil. Porém, como tudo o mais no mundo tibetano, tornara-se infinitamente mais complexo agora que a cultura se espalhara pelo mundo e lamas encarnados eram apresentados em Seattle, na Espanha, e por toda parte. O líder da linhagem Nyingma se tornara objeto de muita especulação no Ocidente ao anunciar que o mestre em artes marciais Steven Seagal (generoso contribuinte para sua causa) era uma encarnação tibetana elevada, e em seguida disse o mesmo a respeito de um ex-médium do Brooklyn que fora casado quatro vezes. Além disso, os grupos tradicionais de monges pesquisadores em busca de novas encarnações tinham agora de viajar por todo o Tibete e a outros países, com troca de mensagens secretas por fax, sem que ninguém tivesse certeza de que o novo lama seria encontrado na China ou no Tibete (onde não poderia ver o dalai-lama) ou se nasceria no exílio e portanto estaria impedido de conhecer a maioria de seu povo.

A segunda mais importante encarnação em todo o budismo tibetano — uma dos principais responsáveis por encontrar um novo dalai-lama — é o panchen-lama, cuja sede tradicional é o templo Tashi Lhunpo na segunda maior cidade do Tibete, Shigatse. Mas o décimo panchen-lama permanecera na China quando o dalai-lama fugiu para o Tibete, e nem mesmo os tibetanos tinham uma opinião unânime sobre a extensão de sua colaboração com as autoridades de Pequim, até que ponto, estando ali, usara sua situação na China para procurar ajudar o Tibete. Em 1989, aos cinquenta anos e com boa saúde, ele regressou a Tashi Lhunpo numa viagem longamente planejada a fim de sepultar os restos mortais do panchen-lama anterior, cinco dias depois de ter dito simplesmente que os chineses tinham causado mais mal do que bem ao Tibete. De repente, poucos dias após seu regresso, ele desmaiou certa manhã e morreu, dando origem a rumores de um possível envenenamento.

A busca de seu sucessor durou seis anos, por meio de uma complexa série de comunicações entre o Tibete e Dharamsala, até que finalmente, em maio de 1995, o dalai-lama anunciou que fora encontrado no Tibete um menino que era o décimo primeiro panchen-lama. Tão logo ele o fez, as autoridades chinesas, indignadas talvez porque um exilado tibetano ousara reconhecer encarnações em território pertencente à China, apresentaram seu próprio candidato, e em uma cerimônia oracular no Templo Jokhang, em Lhasa, realizada com o ritual do qual os chineses tanto zombavam (inclusive com crianças escolhendo pedaços de papel em uma urna dourada), anunciaram que seu próprio menino (filho de um funcionário do Partido Comunista) era o novo e verdadeiro panchen-lama. O candidato escolhido pelo dalai-lama, de seis anos de idade, foi posto em prisão domiciliar e desde então não se soube mais dele.

A terceira encarnação mais elevada do budismo tibetano — na verdade, a encarnação mais antiga nessa filosofia — é o karmapa, o chefe da linhagem Kagyu. Quando o décimo sexto karmapa morreu, em 1981, iniciou-se uma busca, surgindo dois jovens candidatos, cada qual apoiado por uma facção dos seguidores do karmapa anterior. Um dos meninos estava em Delhi, e o outro (o aprovado pelo dalai-lama) na própria China, embora nos primeiros dias do novo milênio, como em um conto de fadas, e poucos meses depois do 65º aniversário do dalai-lama, o menino de catorze anos da China, numa espantosa escapada, tenha aparecido espetacularmente em Dharamsala. Nessa altura os tibetanos já sabem que não há conto de fadas sem um lado sombrio ou sem algum aspecto do mundo real, e portanto, enquanto alguns o acolheram como a nova esperança do Tibete no exílio, outros se perguntaram como o tibetano mais conhecido no Tibete conseguira escapar sob as vistas de um governo chinês capaz de interceptar até mesmo o camponês mais humilde.

O dalai-lama acolheu o menino e lhe deu um lugar para residir em Dharamsala, porque o governo indiano, temendo que fosse um espião chinês, se recusou a permitir que retomasse sua residência ancestral em Sikkim. Mas a confusão talvez tenha intensificado o desejo do dalai-lama de acentuar, como vem fazendo desde 1969, que talvez não venha a existir um décimo quinto dalai-lama. Ele sempre diz que só haverá outro dalai-lama caso este possa ser de valia para o povo tibetano.

Enquanto isso, o mundo de divindades e espíritos protetores, de grupos rivais no interior do budismo tibetano e de antigas inimizades que sempre haviam lançado sombras sobre o Tibete, surgia agora na ordem global. Em 1996 o dalai-lama começou a dizer às plateias, como eu havia visto em Vancouver, que não cultuassem uma divindade específica chamada Shugden, porque em sua opinião isso estava sendo negativo, e que certas proposições relativas a esse culto eram contrárias ao princípios do budismo e da própria tolerância e racionalidade que ele procurava promover com tanto empenho. A reação dos seguidores desse espírito, congregados no Ocidente em torno de um *rinpoche* da Inglaterra que dirigia uma organização denominada Nova Tradição Kadampa, foi protestar contra as palestras do dalai-lama (daí a advertência com que fui recebido na Colúmbia Britânica), afirmando que ele violava o princípio da liberdade de religião; eles se deixaram mesmo, até certo ponto, cooptar pelos chineses.

Tornava-se novamente necessário atravessar nas pontas dos pés o limiar da divergência para se ver em um mundo violento e febril de maldições, ameaças e intrigas quase medievais. Nas cartas que alguns dos seguidores de Shugden enviavam ao governo do dalai-lama no exílio (reunidas em um livreto publicado por esse governo), pululavam frases com alusões a "funcionários burros" e rivais "venenosos e impudentes". Em determinado momento, um pacote contendo uma faca e a mensagem "Desta vez não pegamos vocês, mas pegaremos da próxima vez" foi enviado a um mosteiro na Índia. Um monge graduado foi espancado e um celeiro e um silo, incendiados. Em seguida o diretor do Instituto de Dialética Budista, do dalai-lama, foi encontrado esfaqueado em sua cama junto com dois monges mais jovens, ao que parece mutilados como para um exorcismo.

As cartas do grupo de Shugden (e sem dúvida, como diriam seus integrantes, as respostas a eles enviadas) revelaram um conjunto de espíritos não muito diferentes dos sorridentes esqueletos e monstros que dançam nas *tangkas*. Uma parte da correspondência que li falava em "transformar o mar de leite do Tibete em um oceano de sangue fervente", de "devorar as três carcaças" (presumivelmente as dos três monges assassinados), e advertiam que novas carcaças seriam em breve encontradas. Não se falava em lógica equilibrada e em investigação científica, e muito menos do desejo de curar de um médico.

Num dia quente de agosto de 2005 em Zurique, durante uma série de palestras de oito dias do dalai-lama sobre compaixão, o sistema de alto-falantes subitamente informou — em alemão, tibetano e inglês — que os seguidores de Shugden não deveriam comparecer na manhã seguinte, quando o dalai-lama estaria ministrando certas iniciações especiais. Distribuíram-se folhetos com a mesma advertência, e o anúncio foi novamente feito. Em seguida, quando se aproximava do fim de sua *explication de texte* diária, às quatro da tarde, o dalai-lama disse, de repente: "Hoje vou falar durante mais trinta minutos. Se isso causar problemas para alguém, por favor sinta-se à vontade para se retirar. Mas espero que não se incomodem se hoje eu sair um pouco mais tarde".

A plateia, sempre ansiosa por escutá-lo — grande número dos presentes viera de muito longe para ouvir seus ensinamentos —, ficou evidentemente eufórica.

De início de maneira lenta, com frases longas e enérgicas em idioma tibetano — traduzidas para o alemão por um erudito no palco a seu lado (e para outras línguas por intérpretes invisíveis que ouvíamos pelo rádio) —, o dalai-lama começou a explicar por que não desejava que nenhum seguidor de Shugden participasse das iniciações especiais, ainda que alguns preferissem, apesar das advertências, estar presentes nas palestras dos dias seguintes. Sua presença durante aquelas cerimônias esotéricas, explicou ele, poderia impedir o progresso de todos e até mesmo causar mal à pessoa que ministraria as iniciações, isto é, ele próprio.

Sua voz começou a elevar-se e em breve parecia uma trovoada. Apresentou uma série de argumentos para mostrar que os seguidores de Shugden não deveriam vir. Eu nunca o vira com atitude tão raivosa em público. Às vezes a voz se calava e o bem-educado professor de paletó e gravata a seu lado começava a traduzir as frases, mas, antes que o homem prosseguisse, o dalai-lama recomeçava a falar, encobrindo-o.

A plateia ria nessas ocasiões, mas não de satisfação.

"Os dalai-lamas não têm nenhuma ligação com a divindade Shugden", disse o líder tibetano, contando o que seus predecessores haviam falado sobre o espírito. "Isso tem sido um problema há 360 anos. Inicialmente eu tive alguma relação com essa divindade, mas depois de analisar o assunto concluí que havia algo de mau, algum tipo de problema. Então entreguei a questão a dois de meus instrutores."

No entanto, muita gente acreditava que seu instrutor mais jovem, Trijang Rinpoche, fosse também seguidor de Shugden.

De fato, diz-se que mais de 100 mil pessoas da comunidade tibetana cultuam essa divindade. O dalai-lama disse que Trijang Rinpoche merecia respeito por suas grandes contribuições aos ensinamentos do Lam Rim, ou Estágios do Caminho. Mas sua própria responsabilidade, acentuou ele, era "continuar na mesma linha que os dois grandes dalai-lamas, o quinto e o décimo terceiro, haviam seguido. E o quinto denunciara Shugden como espírito malévolo".

O apaixonado discurso prosseguiu sem interrupção, parecendo a acusação final de um promotor. Alguns começaram a olhar para seus relógios. O dalai-lama dizia trabalhar pela harmonia entre as escolas do budismo tibetano, mas um mestre de Shugden havia afirmado que, se um praticante do Gelug seguisse os ensinamentos Nyingma, a divindade Shugden causaria sua morte. Como conciliar isso com a clara filosofia proclamada pelo Buda? E se considerarmos os ensinamentos Nalanda, a grande obra dos filósofos indianos Shantideva e Nagarjuna, que ele agora explicava, que relação tinham eles com o culto a divindades?

Era como se uma porta tivesse sido aberta por trás dele e de repente fosse possível ver o que representava aquele homem (uma figura diminuta, sentada na extremidade do imenso auditório para concertos de rock, ladeado por duas gigantescas telas de vídeo que projetavam seu rosto para todo o recinto). Quando finalmente o dalai-lama parou de falar, as 8 mil pessoas saíram muito silenciosamente do Hallenstadion, onde ocorrera a palestra.

No fim das contas, pensei eu, era possível que aquilo não fosse muito diferente do que existe em qualquer relacionamento, mesmo com pessoas que conhecemos durante toda a vida; na essência, provavelmente há um mistério. E tudo o que sabemos e passamos a conhecer a respeito de alguém não afeta o que não podemos e talvez nunca venhamos a saber. "Nosso conhecimento", como assinalou Isaac Bashevis Singer, sábio cronista de espíritos e *golens*, "é uma pequena ilha em um grande oceano de não conhecimento." No caso do dalai-lama, ao trazer um conjunto complexo e às vezes secreto de ritos ao mundo, isso era especialmente verdadeiro, porque grande parte do que pertence a sua tradição faz pouco sentido em outra cultura. Assim ele apresentou uma forma cuidadosamente amenizada de ensinamentos gerais centrados em verdades humanas básicas — de fato, ciência adicionada à ética — e corente com a sua argumentação central de que a todo momento se deve tentar fazer algum bem, mas no mínimo não se deve causar nenhum mal.

Certa vez ele me disse que se surpreendera ao conversar com um cristão na Europa, porque o homem dissera que "o *eu* é um mistério". Deus também é um mistério. Para alguém que parte da tradição filosófica indiana, disse ele, com seus 3 mil anos de pesquisa sobre a personalidade, o *eu* parece ser eminentemente suscetível de entendimento, uma série de leis e conexões passíveis de serem investigadas como qualquer outro aspecto da natureza ou da consciência. E no entanto, apesar disso, os ritos e as práticas por meio dos quais a mente conduz essas pesquisas, examinando o *eu* e até mesmo sua irrealidade, envolvia técnicas ou costumes que para os não iniciados eram pelo menos tão misteriosos quanto qualquer outro tema relacionado à encarnação.

Frequentemente, pensei, nos anos seguintes a sua morte, Buda era representado apenas pela imagem de um trono vazio.

Para ser lembrado, ou mesmo querido, preciso ser uma pessoa que ninguém conhece.

Thomas Merton

O monge

No início do século XXI, um fotógrafo suíço chamado Manuel Bauer passou mais de três anos seguindo o dalai-lama em seus deslocamentos pelo mundo, fazendo ao todo mais de trinta viagens e registrando todos os momentos de seu dia, tal como um repórter fotográfico de hoje durante uma campanha presidencial. Fotografou-o quando se preparava para deitar, em trajes íntimos, e ao despertar de manhã, para iniciar suas horas de meditação. Fotografou-o também chorando no palco, realizando cerimônias privadas com seus oráculos, assistindo à TV de torso nu e servindo chá a Václav Havel. Quando Bauer submeteu a seu modelo as provas do livro, a fim de verificar se alguma das quatrocentas fotografias violavam sua privacidade ou inadvertidamente ultrapassavam alguma fronteira, a única que o dalai-lama questionou foi uma em que, por causa da perspectiva, ele parecia estar sentado em posição mais elevada que a de seus mestres.

Muitas vezes, observadores se surpreendem ao ouvir o dalai-lama dizer (como sempre faz) que teve onze mestres durante sua vida, ou quinze, como afirmou mais tarde, ou mesmo dezenove, como consta de suas entrevistas mais recentes; muitos de nós, estrangeiros, sabendo apenas que ele é o líder do budismo tibetano, não temos conhecimento de que não é nem sequer o líder de sua própria ordem Gelug (é simplesmente sua encarnação mais elevada). No entanto, suas menções enfáticas a seus muitos mestres oficiais, sua lembrança dos chicotes que penduravam na parede em Lhasa para mantê-lo na linha, seu reconhecimento de lamas nas plateias durante palestras públicas, pedindo-lhes opinião mais abalizada sobre determinado texto, tudo isso serve para nos recordar que ele é um monge.

O próprio objetivo de um monge, em qualquer tradição, é ser uma peça anônima de um maquinismo, cuja posição é estabelecida com precisão em uma hierarquia e que está comprometido com a obediência a sua prática, a seus superiores e acima de tudo à doutrina à qual dedicou a vida. No Tibete, isso fica ainda mais complicado — ou obscuro para nós — pelo sistema de lamas encarnados, que confunde todas as noções de hierarquia convencional: quando o principal instrutor do dalai-lama em seus anos de formação — o homem a quem costuma chamar "meu melhor amigo" — morreu em Dharamsala, em 1983, foi encontrado alguns anos depois um menino que se dizia ser a nova encarnação de Ling Rinpoche. O resultado foi que o dalai-lama era visto tratando com todo o respeito e deferência uma criança que ainda mal caminhava, e ao mesmo tempo começou a dar-lhe alguma instrução sobre certas doutrinas que ele próprio havia aprendido (conforme acreditam os tibetanos) com a encarnação anterior do menino.

Por reflexo e aprendizado, portanto, o dalai-lama é ainda tanto aluno quanto professor, e seus íntimos dizem que, sempre que tem algum tempo vago durante uma viagem, seu hábito preferido é pegar um livro sobre Buda e ler primeiro os comentários tibetanos e depois os indianos. Esboçando certa vez esse costume de "informalidade radical", ele se confessou estimulado a praticá-lo somente porque uma vez seu principal instrutor o vira dedicando-se a isso e lhe deu uma espécie de permissão. O instrutor achou que o radicalismo de seu desinteresse pelo protocolo e pelos rituais derivava de raciocínio cuidadoso, e portanto não era apenas rebeldia sem sentido. Ao me contar o que acontece, o líder dos tibetanos me pareceu falar como um colegial a quem um mestre que o admira permite que possa estudar outros textos além dos exigidos e ultrapassar os estreitos limites escolares.

Essa liberdade absoluta para sacudir a própria filosofia, usando o exílio como forma de reformar o budismo tibetano a partir de dentro, pode acabar se mostrando enganosa. O décimo quarto dalai-lama eliminou grande parte da pompa inútil e até mesmo do feudalismo que prejudicaram o Tibete no passado; consentiu que uma mulher possa tornar-se o próximo dalai-lama "por diversas circunstâncias"; tentou apagar muitas das divisões seculares que separam um grupo de monges tibetanos do outro, muitas vezes suscitando a ira de outros líderes do Tibete (em seus próprios estudos ele incorporou elementos dos ensinamentos Nyingma e Kagyu, tradicionalmente divergentes de sua escola Gelug, tudo para promover a declaração de que a nova missão do Tibete é deixar de lado as diferenças triviais e unir-se em uma comunidade mais ampla e global). Mas essa irreverência em relação a aspectos superficiais só se manifesta, ao que se percebe, porque ele permanece muito arraigado a ideias mais profundas. Textualmente, o dalai-lama é um conservador, um seguidor sincero e dedicado da doutrina budista, observador rigoroso do que chama "ensinamentos originais, clássicos e autênticos", e nesse ponto muitos de seus admiradores ocidentais, produto de rebeliões nos anos 60 e ansiosos por libertar-se de todas as hierarquias e leis ligadas a suas próprias tradições, rapidamente se veem em um beco sem saída.

O dalai-lama não endossa o homossexualismo, por exemplo, porque um antigo texto budista desaprova severamente a penetração sexual oral ou anal (naquele tempo as ideias eram tais que o texto nada dizia sobre as mulheres). Deplora o exercício de preconceito contra homossexuais com base em sua orientação sexual, mas acha que pelo menos em relação a ele próprio e seus colegas monges é preciso respeitar as antigas leis. Um amigo meu, há muito tempo monge budista e que de vez em quando serve de tradutor para o dalai-lama, me disse que um grupo de gays e lésbicas se reuniu com ele certa vez em San Francisco para tratar do assunto. Na verdade, disse meu amigo (que é estudioso tibetano), a famosa condenação do coito oral e anal foi acrescentada posteriormente a um texto que só denunciava o adultério; no cerne, o budismo tibetano não prescrevia nenhuma doutrina de proscrição da homossexualidade masculina. O dalai-lama, respeitando o formalismo, disse que consideraria a possibilidade de mudar de opinião, caso seu amigo conseguisse lhe trazer o texto e demonstrar em termos eruditos completamente convincentes que ele havia interpretado mal os textos antigos, mas até que isso acontecesse não poderia contrariar o código que herdara.

Da mesma forma, não aprova substâncias tóxicas e licenciosidade sexual, e trata com severidade o tema do divórcio, porque transforma os filhos pequenos em vítimas das incertezas ou imaturidade dos pais. Certa vez ele me disse que "tem certas reservas" sobre a quantidade de lamas encarnados que surgem em todos os cantos do mundo, alguns em famílias não budistas, assim como em relação à reverência dispensada a certos mestres e lamas budistas no exterior, alguns dos quais não eram considerados grandes eruditos em suas próprias comunidades. Suas plateias em toda parte ouvem com prazer uma rara figura espiritual como ele afirmar que não há necessidade de templos e livros sagrados, sem falar em concentração espiritual na própria tradição;

porém em seguida ele as desaponta ao sugerir que há necessidade de ética à moda antiga e que as coisas que nossas avós nos diziam eram boas para nós.

Por uma curiosa circunstância, um dos primeiros visitantes ocidentais a viajar até a longínqua Dharamsala a fim de ver o Tibete no exílio e fazer extenso relatório sobre seus debates com o dalai-lama foi o monge cisterciense Thomas Merton, que saiu de seu mosteiro no Kentucky em 1968 para conversar com alguns dos filósofos e professores na Ásia, região que havia muito vinha acompanhando de longe com profundo interesse e solidariedade. Em grande parte, só um monge é capaz de entender e interpretar outro monge, como só um bailarino pode avaliar o desempenho de outro, captando as sutilezas e minúcias que um observador leigo deixaria de perceber, e o relato de Merton sobre o líder tibetano serviu para abrir as portas do Ocidente a uma pessoa que antes parecia ser personagem de livros exóticos em idioma estranho. (O fato de Merton ter sido encontrado sem vida em seu quarto de hotel em Bangcoc, aparentemente eletrocutado, apenas seis semanas após a sua estada em Dharamsala, acrescenta uma pitada de mistério e talvez mostre a importância dos encontros que lhe serviram para lançar uma nova luz sobre sua longa vocação.)

Ao chegar a Dharamsala pelo trem noturno vindo de Delhi (segundo relatou entusiasmado, foi sua primeira viagem ferroviária desde que entrara para o mosteiro, 27 anos antes), Merton encontrou toda uma povoação de monges, como seus olhos ansiosamente imaginavam. Os vales de Dharamsala e arredores eram como uma mandala, escreveu ele, em cujos recessos havia eremitas e místicos em profunda meditação e lamas encarnados de dez anos de idade aprendendo práticas imemoriais, enquanto a população leiga do Tibete caminhava por toda parte, estimulando a comunidade com a constante repetição de cânticos e o giro das rodas de oração. Estava chovendo quando o visitante chegou e as trovoadas "falavam constantemente consigo mesmas por sobre os picos ocultos pelas nuvens". Houve até mesmo um tremor de terra e Merton se viu refletindo sobre as eleições norte-americanas, do outro lado do mundo, que levavam ao cargo um novo presidente dos Estados Unidos (Richard Nixon, na ocasião).

O monge descreveu em termos vigorosos os rebanhos de cabras indianas que vagavam pelas elevações, como ainda hoje ocorre, os membros da tribo Naddi e o ar cortante dos picos nevados que dominam o povoado. Registrou, abaixo de seu quarto, uma "discussão de mulheres", as mesmas cujas netas talvez ainda estejam discutindo hoje em dia; observou um restaurante "um tanto decrépito" (sua ortografia inortodoxa em inglês revelava, de maneira tocante, o quanto estivera afastado do mundo coloquial), e usou os jornais do dia como papel higiênico. Na distância, ouviu "o ribombo de um tiro vindo do vale", recordando com um sobressalto a proximidade do exército indiano em relação à comunidade tibetana.

Mas o cerne de sua visita, amplamente descrita nas cartas que escreveu ao mosteiro, foi a série de debates que teve o prazer de levar a cabo com o dalai-lama, que na época tinha apenas 33 anos e talvez estivesse igualmente entusiasmado por encontrar-se com um monge de outra tradição. "A presença central", conforme anotou Merton em seu diário, "é a de um Buda perfeitamente desperto, enérgico, alerta, sem ranços, sem reservas, que não fala por meio de sussurros." Para alívio do visitante, o jovem líder lhe pareceu muito mais sólido do que todos os comentários no exterior sobre a magia e o mistério do Tibete o tinham feito imaginar.

"O dalai-lama é forte e alerta, mais corpulento do que eu

esperava", foi a primeira reação de Merton e em seguida — evidentemente falando tanto de algo interno quanto externo — acrescentou: "uma pessoa muito sólida, ativa, generosa e afetuosa". A sensação de solidez (a ideia recorrente) se confirmou quando, na segunda entrevista, os dois conversaram sobre epistemologia, e depois do *samadhi*, ou concentração sobre um ponto único, o dalai-lama impressionou Merton como "muito existencial" e "bastante escolástico". As ideias do dalai-lama "sobre vida interior se assentam sobre bases muito sólidas e em uma verdadeira compreensão dos problemas práticos", relatou Merton, e o tibetano encerrou a segunda reunião propondo ao visitante ocidental que "pensasse mais na mente".

No terceiro e último encontro, o dalai-lama — conforme se tornou seu conhecido hábito — bombardeou o estrangeiro com perguntas: sobre o processo de iniciação de monges no Ocidente, sobre o processo de iluminação, se os trapistas podiam assistir a filmes, se podiam beber álcool, se eram vegetarianos. Nos relatos de Merton percebe-se o profissionalismo do dalai-lama em seu campo de atividade, ainda que mais isolado do que gostaria, aproveitando a oportunidade de questionar e trocar ideias com outro profissional de passagem. Merton concluiu que o dalai-lama estava de fato mais interessado na "vida mística" do que em "observância exterior".

O cisterciense partiu de Dharamsala, como ocorreria com muitos outros, considerando que havia encontrado um verdadeiro amigo, e até uma alma gêmea. Percebeu, porém, mesmo então, que o jovem lama era "muito sensível a respeito de opiniões parciais e distorcidas do Ocidente sobre o misticismo tibetano e sobretudo sobre mitos populares". O dalai-lama acentuou repetidamente a importância do trabalho árduo, do rigor, de dedicar-se a um duro treinamento antes de pensar, por exemplo, na prática Dzogchen (uma forma de meditação avançada e intensa).

Lendo hoje em dia os relatos de Merton, pode-se imaginar alguém ouvindo um veterano da contemplação e da metafísica (o dalai-lama) que conjectura sobre o motivo de alguém pretender jogar em equipes profissionais de futebol americano sem antes haver aprendido a usar um capacete (essa pessoa se machucaria, desconcertaria os demais, prejudicaria o verdadeiro progresso espiritual, caso acreditasse que a prática espiritual exige menos treinamento do que qualquer outra disciplina ou trabalho). E Merton nota também que "o dalai-lama ainda precisa ver muitas mulheres de cabelos pintados de azul usando calças compridas — gente fracassada — e pessoas em busca de religiões bizarras".

Nunca fica claro até que ponto Merton está escrevendo como sempre fez e o quanto é resultado de seu encontro com o monge que reproduzia algumas de suas próprias características, mas foi em Dharamsala que ele começou a formular a ideia do "metafísico como um homem ferido. Um homem ferido não é um agnóstico — simplesmente faz perguntas diferentes, que surgem de suas feridas".

Alguns de nós nos sentimos fascinados, e até mesmo inspirados, com a figura de um monge, sem dúvida porque (ao menos em teoria) ele dá as costas ao que a maioria considera importante, e prefere interpretar o sucesso, a riqueza e o poder apenas interiormente, vendo o *eu* mais como instrumento do que como finalidade *per se.* Embora alguns de nós procurem ganhar reputação, o monge começa desprezando a própria reputação, e enquanto buscamos seguir as novidades, ele se apega ao que é antigo para compreender o que acontece de novo. Os monges cristãos que conheço e que se reúnem nos claustros nas tardes de domingo para ver filmes de John Cleese e os *rinpoches* tibetanos que não têm paciência com as cuidadosas devoções dos ocidentais só podem se dar ao luxo de ser irreverentes porque compreendem precisa e claramente qual é o objeto de sua reverência.

Com frequência tenho pensado que o coração e a alma da vida do dalai-lama, num sentido bastante literal, existiam exatamente onde a maioria de nós era incapaz de ver. "A verdade", como disse Meister Eckart, "é que quanto mais somos nós mesmos, menos ego existe em nós." Como os mais impressionantes peritos em qualquer campo, o dalai-lama nos induz a esquecer que estudou durante dezoito anos e enfrentou um exame com trinta eruditos em lógica, 35 doutores em metafísica e 35 peritos sobre o Caminho Nobre; na verdade, sua cordialidade e seu lado humano no dia a dia faziam que falássemos com ele como se de fato fosse um de nós — ninguém pergunta ao papa se ele sonha com mulheres ou sobre o que lhe causa raiva. Mas permanece o fato de que, como todos os monges budistas, ele está comprometido por mais de 253 votos diferentes.

Certa vez perguntei ao dalai-lama de que maneira as coisas haviam mudado para ele desde a última vez em que nos tínhamos visto em seu quarto, e ele disse: "Creio que nós dois temos menos cabelos", desfazendo-se assim de toda a reserva do início, e rompeu em ondas de riso franco. Em seguida respondeu a minha pergunta, dizendo que nada havia mudado muito, a não ser um pequeno problema na garganta. "Minha prática espiritual", prosseguiu, "não mudou muito. Continuo a exercitá-la como de costume."

Hoje em dia, disse ele, como consequência de estudos em curso e de novas exigências decorrentes de cada novo ensinamento, "minhas preces diárias, especialmente as que tenho de recitar até o fim, me tomam cerca de quatro horas".

"Todos os dias?"

Como resposta, ele me fez acompanhar as atividades do dia: meditação, prostrações, recitação de mantras especiais, seguidas de mais meditação e mais prostrações, leituras de filosofia tibetana ou outros textos; depois leituras e estudos e à noitinha, um pouco mais de meditação — meditação ao anoitecer — durante cerca de uma hora. Às oito e meia, sono. "O mais importante é meditação. Meditação obrigatória para todos, até mesmo alguns pássaros. A mais importante meditação, não para o Nirvana, mas para a sobrevivência!"

Era um gracejo, naturalmente, para dissipar o peso das atividades e para conclamar a todos, até mesmo os pássaros, mas mesmo assim o que eu voltava a enfrentar era uma alteridade quase inimaginável em seu íntimo. Isso me recordava que a maior parte do que ele fazia era invisível.

Passei grande parte de minha vida adulta em mosteiros, interessado em observar de que maneira esses revolucionários frequentemente silenciosos viravam o mundo pelo avesso, subvertendo nossas concepções, fincando raízes no que não pode ser visto e em seguida desaparecendo a intervalos regulares por trás da tabuleta em que está escrito: RECINTO MONÁSTICO. POR FAVOR, NÃO ENTRE. A palavra grega *askesis*, da qual derivou "ascético", se refere ao treinamento de atletas, e os monges, ao menos em princípio, são atletas espirituais que se dedicam a práticas de treinamento quase insondáveis, a fim de tornar suas mentes tão agudas e eficazes quanto os corpos dos esportistas profissionais.

No monte Hiei, atrás de Quioto, perto de onde redijo estas linhas, os chamados monges-maratona se dedicam a longos períodos de meditação e em alguns casos ficam dias a fio sem dormir, passando todas as noites, a noite inteira, correndo pelas estreitas trilhas da montanha sagrada, com uma adaga à cinta; juraram que se suicidariam se tomassem um único copo de água ou comessem uma fatia de pão durante nove dias. No fim de sua provação, os monges do monte Hiei parecem haver experimentado a própria morte e surgem como velas humanas, contornos iluminados de si mesmos (já foram fotografados ao fim de suas intensas abnegações, como para registrar o equivalente interno a uma corrida de um quilômetro e meio em três minutos). Dizem que no monte Hiei os monges conseguem ouvir as cinzas do incenso caírem ao chão no aposento ao lado; nos retiros de eremitas católicos, segundo o irmão beneditino David Steindl-Rast, os ascetas aspiram a um estado no qual "uma gota de água da primavera" é repleta de sabor.

Quando presenciamos o dalai-lama reconhecer na multidão um rosto que não vê há cinquenta anos, ou lembrar uma declaração que ouviu três décadas antes, o que estamos vendo, na verdade, são os frutos de seus longos exercícios em concentração, as maneiras pelas quais ele focalizou sua atenção sobre determinado ponto em sua meditação de forma a incendiá-lo como faz uma lente ao sol sobre um pedaço de papel. Os alunos do Mosteiro Gyuto, no Tibete, para usar apenas um exemplo tomado ao acaso, costumavam decorar seiscentas páginas somente para serem admitidos na instituição, e em seguida se dedicavam a memorizar mais 2,5 mil páginas, além de todos os demais cânticos e recitações que tinham de saber de cor. O objetivo de tais exercícios não é apenas ritualista, e sim uma forma de aguçar a mente para que esta se revele um gigantesco arquivo ou disco rígido de computador (assim o dalai-lama, por exemplo, ao falar sobre desenvolvimento rural em todo o mundo, é capaz de recordar, como fez em Taiwan em 2001, as palavras do prefeito de Xangai em 1955, que com impressionante presciência — na opinião do dalai-lama — lhe afirmou estar dedicando tanta energia para desenvolver as aldeias em torno de Xangai quanto para o centro da cidade, a fim de não aprofundar o hiato entre ricos e pobres). Não se trata de magia — isso, na verdade, é o que importa — e sim algo que qualquer um pode fazer se tiver utilidade.

Pode-se verificar isso na maneira como o dalai-lama fala. Os monges costumam economizar as palavras e ser precisos — com poucas hesitações — porque desprezaram tudo o que não é essencial e suas palavras emergem de um abundante silêncio. O dalai-lama costuma ficar sem dizer nenhuma palavra durante o que me parecem minutos depois que lhe faço uma pergunta, e quase posso vê-lo organizando-se e procurando na mente o princípio central.

Em geral ele começa a falar lentamente, como um automóvel se desloca em um bairro residencial, e em seguida ganha velocidade e continuidade, como se acelerasse em uma estrada deserta, voltando atrás para desenvolver pontos a que aludiu antes, trazendo novos exemplos e fatos, muitas vezes retomando o fio após uma hora para fazer um adendo ou deixando de lado minha próxima pergunta para aprofundar a resposta anterior. (Certa vez chegou a usar a imagem de dirigir um carro como exemplo prático de como todo o conhecimento contido em todos os livros do mundo não nos serve até que o ponhamos em prática — e quanto mais praticamos a direção, menos perigosos nos tornamos.) As respostas costumam ser ricas, tratados filosóficos com vários parágrafos, cheios de orações subordinadas e qualificações, divididos quase visivelmente em pontos 1, 2 e 3, embora muitas vezes terminem com algum exemplo cômico que lhe provoca acessos de riso contagioso e de certa forma nos trazem de volta à terra. O bom humor do dalai-lama resulta frequentemente da comparação do mundo que nos rodeia com algum dos elevados princípios que ele acabou de explicar.

Creio não ser coincidência o fato de o dalai-lama ser sempre fotografado olhando por um microscópio em algum laboratório no exterior; assim como a maioria dos monges que conheço, ele costuma concentrar-se no que faz, o que significa que grande parte dele vive imersa. Muitas vezes eu considero algo dito por ele quase como um truísmo, sólido e inerte ao chegar até mim, mas tão logo releio minhas notas e começo a pensar melhor a respeito, percebo que "a mente é meu próprio senhor", isto é, tem implicações especiais e amplas para quem acredita que a "mente" é uma coisa diferente do *eu*, que o magistério, assim como o poder, é uma forma de disciplina e artesanato, e que a própria palavra "mestre" é a mesma que Buda costumava usar. Um aluno do Instituto de Dialética Budista, que fica ao lado da casa do dalai-lama, passa dois anos, pelo que me disse um dos professores, só estudando quatro linhas escritas por Tsong Kha Pa. Em seguida se concentra em uma única frase durante mais quatro anos.

Quando alguém como o dalai-lama diz — como constantemente faz, de maneira viva e sem hesitação — "impossível!" ou "isso não é prático!", ou "não há problema!" ou "não é importante!", o que na verdade faz é recusar-se a se deixar distrair e nos recordar o que é essencial. E quando vai a reuniões com praticantes de outras religiões, não está somente apreendendo os mais recentes debates e técnicas nesse campo, mas também se tornando um budista mais profundo, como disse em Vancouver, ao conversar com um cristão. Ao ler o relato de são João sobre o encontro entre Maria Madalena e Jesus após a Ressurreição, ao falar sobre a parábola do grão de mostarda e a Transfiguração diante de um grupo de cristãos em Londres, o dalai-lama comoveu muitos dos ouvintes até as lágrimas, mesmo acentuando constante e cuidadosamente que o cristianismo e o budismo não eram apenas maneiras diferentes de explicar a mesma verdade, e que procurar combiná-los era como "colocar uma cabeça de iaque no corpo de um carneiro". Com efeito, embora todos os monges se dediquem à mesma tarefa, no fundo — como os médicos num hospital ou os trabalhadores em uma construção — os detalhes de suas práticas são tão diversos quanto seus tempos e culturas são amplamente divergentes. Um cristão em geral anseia por inscrever-se em um lar encontrado em Deus; o budista, mais preocupado em descobrir potencialidades, se interessa por experimentação e indagações, sempre cavando mais fundo. De fato, o cristianismo parte de um início muito incerto em direção a um fim específico (redenção e vida com Deus); o budismo parte de algo muito específico (Buda e a realidade de sofrimento a que ele assistiu) em direção a um futuro sempre incerto (mesmo depois de ter atingido o Nirvana). A imagem do caminho aberto representa um perpétuo vir-a-ser.

Em ambos os casos, no entanto, o monge aspira a levar a perspectiva de seu silêncio à azáfama do mundo, olhando os acontecimentos passados por meio de tudo o que jaz por trás deles. Por isso, quando os terroristas atacaram os Estados Unidos em 11 de setembro de 2001, o dalai-lama não hesitou em enviar uma carta de solidariedade a George W. Bush e seu povo, e fez o mesmo no primeiro aniversário do ataque. Mas também se esforçou, fiel a seus princípios, por dizer que tudo tem uma causa e que nada será resolvido enquanto a causa fundamental não for tratada. Simplesmente responder à violência com a violência é como agredir um homem que jaz num hospital: ele não agirá com bondade enquanto não se sentir melhor. No primeiro aniversário do ataque, ele recordou ao presidente dos Estados Unidos que, num mundo em mudança, "os inimigos de hoje são muitas vezes os aliados de amanhã".

A religião de um médico talvez não seja um dado importante, mas a escolha de um professor muitas vezes tem grande importância, e o dalai-lama sempre assinala a profunda dívida que sente com Ling Rinpoche ("um filósofo arguto, de afiada mente lógica e bom debatedor, dotado de memória fenomenal") e, mais ainda, sua proximidade com essa figura, a quem às vezes chama seu chefe. "Como seguidores ou alunos desse grande mestre", disse ele à revista budista *Tricycle*, em 2001, falando a respeito de Buda, "devemos tomar sua vida por modelo. Ele fez um sacrifício ao deixar seu palácio e viver na floresta durante seis anos. Esforçou-se arduamente para atingir a iluminação. Quando Buda começou a ministrar seus ensinamentos, levava em conta a mentalidade e a disposição de espírito de sua plateia, e a estas ajustava suas palestras."

Lendo essas palavras, era difícil não recordar que a pessoa que as pronunciava também teve de abandonar seu palácio quando tinha pouco mais de vinte anos, que trabalhara dia e noite durante cinquenta anos para esclarecer uma situação intrincada e que, quando aparecia em público, era conhecido pela capacidade de comunicar-se tanto com crianças pequenas e seus avós quanto com ateus e cristãos.

Sempre que eu lia algo sobre a vida de Buda, na verdade sentia um estranho arrepio de *déjà vu*, que só fazia sentido quando me lembrava de que vinha observando alguém que caminhava seguindo cuidadosamente suas pegadas. Era como se, ao percorrer aquele caminho, Buda tivesse deixado sinais e mensagens para os que viessem depois dele, a fim de aconselhá-los sobre a maneira de transpor algum portão ou a melhor forma de contornar uma grande pedra no meio do caminho. Cada um acabava por seguir sua própria rota específica, ligeiramente diferente das demais, mas o objetivo, tanto quanto seguir adiante, era compartilhar as lições aprendidas com os que vinham atrás. Uma vez transposto o rio, no exemplo favorito de Buda, pode-se deixar de lado a canoa. Os budistas tibetanos, fiéis a essa ideia de progresso, acreditam na existência de catorze perguntas fundamentais ("O eu e o universo são eternos?"; "O eu e o universo são transitórios?") que o próprio Buda deixou sem resposta, para que fossem retomadas pelos que viessem depois dele.

Um dos fatos surpreendentes sobre Siddhartha Gautama foi

que, após chegar à iluminação sob a figueira, ele não sentiu o desejo de disseminar o que tinha descoberto, porque não estava certo de ser do interesse de outras pessoas; a essência de seus ensinamentos, na famosa formulação, é "Sejam suas próprias lâmpadas" e "Não busquem refúgio a não ser em vocês mesmos". Mas, quando se convenceu de que poderia haver alguma virtude em falar de sua própria experiência, passou os 45 anos seguintes viajando sem cessar pela planície do Ganges, por entre as novas cidades que iam surgindo ali numa época de mudança que também provocou, como disse uma biógrafa, Karen Armstrong, uma "fome espiritual". Embora participasse de debates públicos, ele constantemente se esquivava de questões cósmicas, talvez por considerar que estas o afastavam da principal preocupação.

"Esqueçam a vida futura", ouvi certa vez o dalai-lama dizer numa fita gravada, quando percorria uma livraria dentro do templo dele. "A vida atual deve ser útil para os demais. Se não for, pelo menos não deve causar mal."

"Eu não transmito conhecimento", disse Buda. "Se você puder acreditar em alguma coisa, ficará preso por essa crença ou distração." Os monges zen são conhecidos por haver levado a tal extremo essa desconfiança em relação às imagens que queimavam estátuas de Buda a fim de se aquecer no inverno e diziam: "Se encontrarem Buda no caminho, devem matá-lo".

A troca de correspondência entre o mestre e o aluno distante era às vezes tão surpreendente que eu não sabia se devia considerar isso coincidência ou continuidade, ou uma mistura das duas coisas. Diz-se que Buda teve seu primeiro momento de entendimento quando suas babás o deixaram sozinho para irem assistir a uma cerimônia anual de preparação da terra para a semeadura e ele notou que algumas folhas tenras de grama tinham sido arrancadas para a cerimônia, exterminando insetos e seus ovos. Os entrevistadores de televisão que já viram o dalai-lama ouvir um pássaro caindo no chão do lado de fora e interromper uma resposta para cuidar dele não se surpreenderão. Com a prática da austeridade, tudo o que Buda conseguiu, segundo a seca narrativa de Karen Armstrong (que já foi freira e hoje é estudiosa de religiões), "foi uma caixa torácica proeminente e um corpo perigosamente debilitado". O dalai-lama tentou acostumar-se com a dieta vegetariana ao longo de vinte meses em 1965, mas o resultado foi contrair uma hepatite B que quase o matou. Os médicos lhe diziam, assim como fazia sua mãe, que sua constituição física, produto do Himalaia, não conseguiria sobreviver sem carne. Diz-se que Buda ficou penalizado ao ouvir que um mestre de ioga havia passado vinte anos aprendendo a andar sobre as águas (podia ter tomado um barco e usar a energia em outra coisa); o dalai-lama disse que "a melhor coisa é não usar" poderes mágicos, quando menos porque eles nos afastam do que é mais sólido.

Até mesmo Thomas Merton ficou impressionado porque, durante sua visita, "sempre, em toda parte, o dalai-lama fazia questão de ressaltar o fato de que ninguém é capaz de conseguir coisa alguma na vida espiritual sem completa dedicação, esforço constante, orientação segura e verdadeira disciplina". Anos mais tarde, no entanto, ele começou a falar ainda mais em "trabalho árduo", em "determinação" e na importância de não desistir. Com efeito, não é incomum ver lágrimas em seus olhos, mesmo em um grande auditório, quando fala no poeta-santo tibetano Milarepa, por exemplo, que meditou continuamente durante muitos anos em uma caverna, ou em alguma das grandes figuras do Tibete que quase causaram a própria morte com seus exercícios. (Lembrei-me da lágrima que vi em seus olhos até mesmo quando Hiroko disse certa vez que tinha se esforçado por aprender alguma coisa nos livros dele, mas que era difícil.)

Ouvi um monge norte-americano que morou no mosteiro

do dalai-lama durante vinte anos revelar outra coisa que o emocionou até as lágrimas, mesmo em público. Foi quando alguém perguntou, no decorrer de uma palestra pública: "Qual é a maneira mais rápida, mais fácil, mais barata de atingir a iluminação?". O monge californiano prosseguiu: "Hoje em dia, no Ocidente, quase sempre alguém faz essa pergunta".

Todo monge é igual, no sentido de que se esforça por apagar a noção do eu, em parte entregando-se a algo maior; e todo monge é radical, porque trabalha a partir da raiz (*radix*, em latim). Para os budistas, no entanto, isso tem um significado especial de verdade, porque sua primeira preocupação é o panorama interior, onde está a percepção ou a obscuridade. Para eles, a fé é na verdade autoconfiança e a oração, uma forma de despertar energias latentes.

Nesses aspectos, o dalai-lama não passa de um monge como os outros, "um tanto ansioso" como me confessou, quando precisa fazer uma palestra para monges mais graduados, muitos dos quais têm mais tempo para o estudo do que ele, e é obrigado a passar meses se dedicando a "uma grande quantidade de dever de casa". Costuma ir a reuniões importantes usando sandálias de dedo (para entrevistas em geral tira os sapatos e senta de pernas cruzadas na cadeira, às vezes segurando a mão do interlocutor). Quando está esperando nos bastidores de algum teatro, como já o vi, interroga com interesse os técnicos sobre o funcionamento da iluminação. Sua posição prática é que "os instrumentos modernos devem ser usados, mas buscando-se uma atitude correta". Tem notável capacidade de lembrar datas e rostos, mas não possui a mesma facilidade em relação a nomes.

Um aspecto favorável de sua situação é que adotou como modelo político um hinduísta (Gandhi), trabalha muito próximo a muitos cristãos (Tutu, Václav Havel, Jimmy Carter) e mora em um país (Índia) que tem a segunda maior população muçulmana do mundo. Muitos dos cientistas com os quais colabora podem orgulhar-se de não terem nenhuma religião. Porém, mesmo que a obra de sua vida inteira tenha sido diluir as diferenças, ele tem cuidado em não falar de uma "religião mundial", quando menos porque precisamos de diferentes abordagens e línguas, por assim dizer, para lidar com os diferentes tipos de pessoas que existem no mundo. "Às vezes", ouvi-o dizer na Europa, "a fim de estabelecer relações mais íntimas [com outras tradições], as pessoas só acentuam os aspectos positivos. Isso é um erro! Temos de deixar claras as diferenças fundamentais." Logo em seguida, no entanto, ele acrescentou que se sentia comovido sempre que via uma imagem da Virgem Maria: qual o ser humano que não tem uma mãe?

Uma vez ele me disse que, por causa do "ritmo acelerado de vida" no Ocidente, os monges do Oriente podem ter uma pequena vantagem quando se trata de meditação (embora ao pronunciar essas palavras tenha se lembrado imediatamente de que alguns dos monges católicos que visitara na França lhe pareceram insuperáveis quanto à meditação sobre um único ponto); mas os budistas, prosseguiu, talvez tivessem algo a aprender com os cristãos e outros no que respeita à ação social e a trazer ao mundo os frutos de suas práticas. Ao ouvir isso, lembrei-me de que Bono, o ardoroso cristão líder do grupo U2, recebeu em 1990 a tarefa de compor uma canção para o Concerto pela Liberdade do Tibete, e apresentou uma impressionante balada que dizia que compartilhamos "um amor, um sangue, uma vida, é preciso fazer o que se tem de fazer", mas concluía repetindo "somos um só, mas não somos o mesmo". A canção se tornou um dos hinos simbólicos do grupo, e a ouvi cantada no poeirento café Current Event em Dharamsala, além de ter se tornado favorita em casamentos.

Mesmo assim, Bono sempre fez questão de dizer, a música trata de divisões, diferenças intrínsecas — o fato de que jamais poderemos ser o que desejaríamos.

Todo monge é o mesmo monge na medida em que se encaminha para o silêncio semelhante e a uma escuridão paralela — a escuridão por trás dos pensamentos, que encontramos na meditação —, e todo monge é o mesmo monge assim como todo amante é o mesmo amante: não importa que o objeto de nossa devoção se chame Angela, Jigme ou Tom, que tenha existido na época de Safo ou no momento presente. Mas todo monge é principalmente o mesmo monge porque sua viagem para a solidão, comunidade e obediência é na verdade, para ele, uma forma de trazer ao mundo mais amplo algo com poder de transformação, por meio da atenção que lhe consagra.

"Não seja *simplesmente* bom", como escreveu Thoreau em sua primeira carta a Harrison Blake, "seja bom para alguma coisa."

O momento mais tocante que já presenciei em Dharamsala talvez tenha sido em 1988, quando, durante as comemorações do Ano-Novo tibetano, centradas no templo do dalai-lama, fui convidado a participar de uma das reuniões que ele organiza com tibetanos recém-chegados, após perigosa fuga através das montanhas, para vê-lo novamente. Muitas dessas pessoas haviam arriscado as vidas atravessando os desfiladeiros do Himalaia em pleno inverno a fim de estar com ele durante alguns instantes para em seguida voltarem a cruzar as montanhas, e talvez não tornassem a vê-lo.

As pessoas reunidas na sala, talvez trinta, eram visivelmente maltrapilhas, com os andrajos que vestiam parecendo ainda mais pobres após a longa viagem pelos picos nevados. Estavam dispostas em três fileiras no pequeno cômodo, e eu só vi casacos sujos, rostos enegrecidos, feridas nas mãos e nos pés, cabelos desgrenhados e sujos.

Quando o dalai-lama entrou na sala, todo o ambiente pareceu soluçar e estremecer. Na mesma hora, entre praticamente todos os que ali se aglomeravam, houve um gemido, um movimento convulso, uma liberação de todos os sentimentos (de esperança, temor, preocupação e alívio) que vinham crescendo dentro deles ao longo de mais de trinta anos. Sentado diante deles, o dalai-lama os perscrutava com olhos astutos, atentos, e nenhum dos adultos conseguia ao menos encará-lo.

"Muitas vezes, nem mesmo nós somos capazes de enfrentar isso", disse o secretário particular do dalai-lama, que estivera ao lado dele, imperturbável, calmo como o monge que havia sido durante quase um quarto de século naquele tempo. O dalai-lama permanecia sentado imóvel em meio ao tumulto, embora mais tarde me tivesse dito que embora "em geral a tristeza seja controlável", até mesmo ele às vezes se emocionava a ponto de "derramar uma lágrima" ao ver tantas esperanças que aquela gente lhe trazia e tudo o que tinham sofrido.

"Às vezes tentamos encontrar outra pessoa para fazer isso por nós", murmurou o secretário para mim, no lugar em que estávamos. "É simplesmente insuportável."

O dalai-lama tende a mostrar-se mais severo com tibetanos do que com ocidentais, em parte porque sabe que isso é o que esperam dele, e em parte porque também sabe que se sentiriam pouco à vontade diante de demasiada intimidade com seu principal deus. Mas caminhou por entre as fileiras, saudando cada um individualmente, perguntando (como imaginei) de onde vinha, como estava a situação em sua região, o que seria possível fazer para ajudar. Cada um deles só fazia baixar os olhos, ou então gemer e balançar o corpo aos soluços.

Somente algumas crianças menores, sentadas à frente do grupo, respondiam às perguntas, com voz aguda, informando que vinham de Kham, ou que o pai era agricultor, ou que a viagem tinha durado 23 dias. Eram as únicas que não vinham acumulando esperanças durante muitos anos, tendo apenas aquela oportunidade para expressá-las. Em seguida, após certificar-se de que todos os refugiados receberiam cuidados adequados e teriam onde ficar se assim desejassem, o dalai-lama os aconselhava a manter o ânimo elevado e os corações dedicados a ajudar os demais.

Percebi então que as quatro horas de meditação matinal eram coisa simples em comparação com o edifício a que serviam de alicerce.

NA PRÁTICA

Tens de inventar tua própria religião, do contrário ela nada significará para ti. Deves seguir a religião de teus pais, senão a perderás.

Provérbio hassídico

O globalista

Para chegar a Dharamsala, o povoado disperso ao sul do Himalaia, em direção ao qual boa parte do mundo parece atualmente estar caminhando, é preciso muita firmeza e uma boa dose de realismo. Pode-se ir de avião a Amritsar e seguir de automóvel durante cinco horas a partir dessa cidade dos *sikhs*. Mas o Templo Dourado, que brilha ao sol no centro de um espelho-d'água no centro de Amritsar, o santuário mais sagrado para todos os *sikhs*, ainda ostenta os buracos de balas de uma quase guerra civil acontecida há vinte anos, quando os soldados de Indira Gandhi invadiram o espaço sagrado procurando dispersar os militantes daquele grupo que reivindicavam uma nação própria. A própria estrada para Dharamsala nada tem de incomum: certa vez vi em diversos pontos um total de quatro automóveis acidentados na margem da estrada, alguns com cadáveres ensanguentados.

Também é possível ir de avião a Jammu e viajar por terra durante outras cinco horas. Essa cidade, no entanto, fica no coração do estado de Jammu e Caxemira, outra zona de guerra onde a circulação é limitada e tem havido repetidos encontros armados ao longo dos últimos cinquenta anos ou mais; da última vez em que estive em seu pequeno aeroporto, praticamente os únicos passageiros que vi eram tropas de manutenção da paz com seus capacetes azuis, enviados pelas Nações Unidas para tentar curar as feridas da Caxemira. A maioria dos viajantes a Dharamsala toma um trem noturno em Delhi para Pathankot e depois segue por rodovia durante mais três horas e meia, enfrentando a estação na capital indiana onde vultos se misturam aos viajantes estrangeiros, com as mãos estendidas; muitos desses mendigos dormem nos corredores por onde os passageiros têm de passar. Há também a opção de viajar por terra durante dez horas ou mais, partindo de Delhi, usando estreitas estradas rurais cada vez mais atravancadas com bicicletas, automóveis, caminhões, lambretas, vacas e gente, tão engarrafadas junto a cada cidade que fica impossível atravessar a multidão. Por motivos de segurança, é o caminho que o dalai-lama costuma usar.

Teoricamente, existe um aeroporto a poucos quilômetros de Dharamsala, mas costuma estar fechado e pode ficar anos sem funcionar. Quando de vez em quando algum pequeno avião decola, não há lugar para bagagens, e ao chegar ao destino os poucos passageiros são informados (como em um conto budista sobre a morte) de que suas malas não vieram com eles. O decrépito avião de doze lugares operado por uma das recém-fundadas companhias aéreas indianas sacode tanto na rota entre as montanhas que até mesmo a famosa tranquilidade do dalai-lama, segundo alguns, se viu abalada.

Ao chegar, o viajante verifica que a própria cidadezinha em nada se ajusta à ideia que muitos visitantes dela faziam, com templos situados entre vales pitorescos e monges meditando em cenários fantásticos. Tais templos existem, muitas vezes em posições espetaculares, e sempre há neve nas montanhas que se erguem a 5 mil metros, ali nos contrafortes do Himalaia. O Tibete fica a poucos quilômetros de distância. Mas o que nos recebe, ao desembarcar do ônibus ou do táxi vindo do aeroporto ou da distante estação ferroviária, são algumas ruelas enlameadas com esgotos a céu aberto correndo pelas sarjetas e um conjunto de lojas decrépitas, cabines telefônicas para chamadas internacionais e hospedarias acima e abaixo das ladeiras não pavimentadas (da última vez em que contei, havia 81 dessas pensões naquele povoado de apenas 20 mil habitantes, oferecendo quartos por menos de sete dólares por noite). As tabuletas dizem TERRA DE SONHO, HORIZONTE PERDIDO e MEMÓRIA DO TIBETE, cartazes nas paredes anunciam Festa de Shiva ao Luar e por toda parte, nos becos sujos, estão os jovens e aventureiros dos cinco continentes, assediados por taxistas indianos e provedores de sabedoria, além de tibetanos nas portas de lojas chamadas Lembranças Cósmicas de Kundalini ou barracas nas margens das ruas que oferecem "gemas espirituais".

O visitante pode ir parar em algum extravagante bazar de objetos sagrados e profanos. Cartazes por toda a cidade anunciam MASSAGEM TRADICIONAL TIBETANA UNIVERSAL, recordam-nos que A HARMONIZAÇÃO COM AS FASES DA LUA ESTÁ OCORRENDO NA CASA OM TARA e pedem notícias de um homem vindo de algum lugar perto de Seattle que desapareceu. Os britânicos desembarcaram em Dharamsala em 1849 e estabeleceram uma pequena igreja anglicana, um quartel militar e os chalés chamados *Ivanhoe* e *Eagle's Nest*, que ainda são os primeiros prédios que se veem ao chegar de ônibus. Mas o povoado foi destruído por um terremoto em 1905 e mal começava a recuperar-se quando a Partilha, em 1947, fez que 70% de sua população emigrasse. McLeod Ganj, a parte na qual os tibetanos se estabeleceram, a 1,8 mil metros de altitude, poucos quilômetros acima da pequena cidade indiana de Dharamsala, sem maiores atrativos, era uma cidade fantasma quando o dalai-lama chegou com a família em 1960, e até hoje muita gente acredita que o primeiro-ministro Nehru a ofereceu aos tibetanos como forma de mantê-los fora das vistas, a apenas 420 quilômetros de Delhi no mapa, mas na prática oculta em outro universo.

A cidade que se formou em torno do líder tibetano tem, portanto, como tantos outros aspectos da situação do Tibete, o caráter de um diagrama interno ou de um símbolo extenso. Ouve-se dizer que foram encontradas no vale Kangra, lá embaixo, inscrições mencionando um mosteiro tibetano de mais de 2 mil anos; quando o viajante chinês Hsuan Tsang por ali passou no ano 635, relatou haver visto cinquenta mosteiros, com 2 mil monges. Fica-se sabendo que a própria palavra "Dharamsala" significa, muito a propósito, "lugar de abrigo", muitas vezes para peregrinos. Aprende-se que a casa na qual o dalai-lama morou ao chegar, tendo de resguardar-se contra visitas de leopardos e veados, é agora, com toda razão, uma "instituição para montanhistas". Mas o que mais impressiona nesse conjunto extremamente improvisado e incomum de casas e esperanças é que parece simbolizar muito mais do que isso. Os estrangeiros gostam de chamá-la "Pequena Lhasa" e vêm em busca da sabedoria tibetana que nunca esteve disponível para o mundo até vir da China, em 1959, para estabelecer-se nessa região desprezada. Os tibetanos atravessam com sacrifício o Himalaia e passam a viver aqui porque é o lar de seu amado líder e portanto o lar de seus corações, a melhor coisa possível até que o Tibete possa ser completamente recuperado. Indianos em férias e casais em lua-de-mel enchem os novos e frágeis hotéis de vários andares, que parecem bolos de noiva, aninhados nas encostas, porque ouviram dizer que é um lugar alternativo no qual podem respirar ares tanto do Ocidente quanto do Oriente.

Dharamsala, que na verdade foi erguida por um homem que fala da impermanência de praticamente tudo e da insensatez do desejo, pode parecer uma comunidade baseada em saudades, nostalgia do lugar de origem, inquietudes e sonhos. Os tibetanos que ali residem anseiam, mais do que tudo, que ela possa ser dissolvida como uma mandala na areia para que voltem ao lugar do qual esse é uma simples réplica; muitos estrangeiros que a visitam são exilados de uma espécie mais profunda, que esperam encontrar um lar nessa cultura estranha, rodeados por costumes que não são os seus. Não raro os tibetanos consideram os ocidentais como emissários da terra de abundância e liberdade com a qual sonham; os ocidentais se juntam aos tibetanos para ouvir falar em antiguidade e misticismo.

Para chegar quase a qualquer parte de Dharamsala, é preciso subir ladeiras íngremes feitas apenas de lama seca, pedras pontiagudas e esterco de vaca, tão escuras quando a noite cai que nem mesmo uma vela ou lanterna são suficientes para impedir que alguém tropece ou caia em um fosso. As trilhas sinuosas sobre as encostas da montanha passam por trechos de tubulações industriais, atravessando pequenas florestas nas quais, pelo que se diz, muitas vezes mulheres são atacadas ou molestadas por exibicionistas. O clima muda repentinamente, como se imitasse a clássica metáfora budista em relação à mente (nuvens diferentes e mutáveis na superfície e o céu profundamente azul sempre no interior).

Dharamsala é o lugar onde mais chove na região da Índia sujeita às monções, e durante o verão é conhecida por seus atoleiros, com aguaceiros incessantes que transformam tudo em uma espécie de caverna úmida; no inverno, a neve e o gelo cobrem o chão e os estreitos becos ficam escuros e desertos durante a maior parte do dia. Como se surgisse do nada, o sol pode começar a brilhar e iluminar as flores do lado de fora das casas coloridas, as trepadeiras em flor na primavera, os torreões dourados e paredes amarelas dos templos nas encostas e nos vales, e facilmente percebemos que chegamos a um reino encantado.

Os tibetanos gostam do ar livre, porque vêm de uma terra na qual as temperaturas podem variar em dezenas de graus conforme estejam na sombra ou sob o sol do Himalaia. Adoram reunir-se em parques para fazer piqueniques, subir aos telhados de suas casas e sentar-se em terraços; decoram as casas e os templos com tons festivos de dourado, branco e azul. Cães latem nas lajes, religiosas raspam os cabelos das companheiras ou estudam sutras ao ar livre, partidas de basquete se desenrolam em uma das muitas quadras do povoado. Tudo parece possível à luz clara da montanha.

Os otimistas reparam que o sol sempre rompe novamente as nuvens, sobretudo em abril, maio e outubro, e poucos lugares são mais adequados para a luz do que esses povoados nas montanhas, com extensas paisagens e espaços abertos. Os pessimistas assinalam que cada aparição do sol — como seria de esperar — é seguida por outro aguaceiro torrencial que apaga todas as luzes no vale, emudece os telefones e nos leva, na verdade, de volta a um mundo que parece medieval. Ambos concordam que ir a qualquer ponto no povoado — ao templo, ao correio, ao centro de meditação — exige vencer uma série de obstáculos.

Sempre que me hospedo em Dharamsala, desperto logo antes do nascer do sol e saio na noite de um escuro azulado, o único som a essa hora sendo o dos latidos de cães nas ruelas enlameadas e os de seus companheiros domésticos que respondem de dentro das casas. Poucas luzes são visíveis nas noites de Dharamsala, e o que se percebe, mais do que os prédios, é a presença das montanhas no alto, a natureza selvagem de toda a região. Alguns vultos percorrem a rua principal, ao lado do templo, e em certos dias eu os sigo, passando pela entrada do templo e descendo uma trilha que serpenteia entre os pinheiros. As pessoas à minha volta na escuridão são em geral as mesmas que eu veria em Lhasa — mulheres tibetanas de baixa estatura com tranças grisalhas e rostos envelhecidos, sorrisos desdentados, com os irmãos ou maridos ao lado, vestidos com pesadas roupas de montanha —, todos girando as rodas de oração e murmurando constantemente ao entrar na Lingkhor, a trilha de peregrinos de cerca de um quilômetro e meio que rodeia a colina onde mora o dalai-lama.

Nas margens do estreito caminho, às vezes há *saddhus*, os religiosos indianos com seus mantos cor de tangerina, pedindo esmolas, ou um homem em uma espécie de caverna improvisada com pilhas de pedras *mani*, ou pequenas pedras nas quais há mensagens auspiciosas e preces pintadas de amarelo, branco e laranja. De vez em quando vacas aparecem por entre as árvores, e depois que a luz começa a surgir acima das montanhas, borboletas brancas enchem o ar cada vez mais iluminado. Em certo lugar, a encosta da colina que se ergue em direção à morada do dalai-lama (que nesse momento está meditando) está coberta de fileiras de flâmulas de oração que lançam seus bons votos em direção ao céu cada vez mais azul; em duas grandes estupas brancas, do tipo *kiva*, estão sendo queimados pinhões, e três monges sentados em fila, do lado de fora de uma pequena capela cheia de velas, recitam preces desejando longa vida ao dalai-lama.

Em Lhasa, há três desses circuitos de peregrinação que atravessam os lugares sagrados da cidade, e no exílio os tibetanos que se lembram do Tibete fazem o possível para manter vivos os antigos ritos. Em volta do templo propriamente dito, no alto da colina, monges, idosos e muitas crianças tibetanas perambulam por um circuito mais curto, conversando com os amigos ao longo do percurso, recitando sutras, quase sem se deter, como fazem os turistas, para admirar a nova luz que se reflete nas janelas dos hotéis na encosta. E todas as quartas-feiras, assim como todos os dias em que o dalai-lama não está na cidade, os peticionários que caminham pelo circuito externo, talvez um total de sessenta, param diante das estupas, e os homens se sentam e se juntam aos cânticos, durante uma hora ou mais, e em seguida todos se levantam e fazem fila, de frente para a colina e para a casa do líder, cantando o hino nacional de seu país. Depois ficam imóveis e recitam em voz baixa uma prece desejando longa vida e boa saúde ao dalai-lama, antes de atirar para os ares o *tsampa*, a cevada tibetana, para trazer saúde e bênçãos a seu líder.

Ao fazer esse trajeto certa manhã bem cedo, notei, prensado entre as pedras, um pequeno quadro do tamanho de um jogo americano, próximo do lugar onde alguém pintou sobre as pedras *mani*, há quarenta anos, as resoluções das Nações Unidas sobre o Tibete. O quadro, que reproduzia o Palácio Potala, em Lhasa, já estava amassado e flutuava entre as pedras jogado pelo vento para lá e para cá.

No alto, no templo principal, onde os jovens monges realizam seus debates, há outro quadro retratando o lar anterior do dalai-lama, o clássico ponto central do Tibete, colocado acima da cidade de prédios caiados na Lhasa tibetana. Na antecâmara do salão de audiências do dalai-lama há um toque mais realista: uma foto de Lhasa como é atualmente, na qual o Potala flutua, fora de contexto, entre os shoppings centers, boates e lojas da Jeans West em uma cidade chinesa de arranha-céus.

Se saímos caminhando por Dharamsala e nos familiarizando com suas características, aos poucos vemos surgir certa ordem da confusão de trilhas irregulares espalhadas que se cruzam em um louco zigue-zague por sobre encostas selvagens, entre os pinheiros e cumes de onde é possível avistar os mosteiros. Percebemos que existe de fato uma organização, uma visão oculta no aparente caos, que vem flutuar na superfície como a clássica imagem budista da flor de lótus na lama. O centro oficial do povoado, a primeira coisa que a maioria dos visitantes avista, é uma pequena praça poeirenta e indistinta, com largura suficiente apenas para que o ônibus sujo possa descarregar seus passageiros, dê a volta e desça novamente pela ladeira em direção à planície. É um modelo perfeito da confusa cacofonia de ruelas, pizzarias, cabines de internet de baixa velocidade, vendedores de lembranças e livrarias espremidas em todos os cantos e becos da povoação espalhada. Mas, ao parar no meio desse conjunto de tentações e esperanças desesperadas, percebemos que nos encontramos no centro de uma espécie de mandala (hoje em dia não mais a mandala giratória dos monges que Thomas Merton registrou).

Seis ruazinhas se abrem em direções diferentes a partir dessa praça barulhenta. Seguindo uma delas, subindo para as florestas de pinheiros, chegaremos a um lago acima do qual fica a Vila Infantil Tibetana, um amplo conjunto de casas e prédios que serve hoje de centro de educação tibetana. E é esse o motivo pelo qual muitas crianças vêm do distante Tibete para receber instrução em sua cultura tradicional. Se seguirmos a rua seguinte, caminhando para o alto, encontraremos o templo de telhado dourado que abriga o Instituto Tibetano de Artes Cênicas, onde são ministradas aulas de ópera popular clássica e danças tibetanas, assim como suas representações, a fim de preservar essas formas de arte. Outra rua conduzirá a uma cascata, passando por um templo hinduísta e chegando a um grupo de casas espalhadas pelos montes onde os habitantes globais desfrutam de uma Shangri-la caseira entre padarias alemãs e pizzarias de forno a lenha.

Uma quarta rua, após uma caminhada de quinze ou vinte minutos, nos deixará no centro da tradição popular oficial do Tibete, a Biblioteca de Obras e Arquivos Tibetanos, onde estão instalados muitos dos antigos livros e tesouros do Tibete em meio à mistura de escritórios que representam o governo no exílio (com o templo do oráculo estatal na lateral do conjunto). Não muito distante está o Instituto Médico e Astrológico Tibetano. Outra rua nos levará em dez minutos à casa do dalai-lama, ao templo central Thekchen Choeling, que fica ao lado, ao templo particular do líder, chamado Namgyal, que abriga 175 monges, como acontecia no Palácio Potala; e ao Instituto de Dialética Budista, também do dalai-lama, onde residem alguns dos grandes mestres da filosofia budista tibetana, que estudam com afinco a natureza do ser em algo semelhante a um Instituto de Estudos Avançados do Ocidente.

Metaforicamente, o dalai-lama está situado no centro do povoado, e logo perceberemos que "Sua Santidade" surge em todas as conversas ou veremos seu rosto sorridente até mesmo nas quitandas de verduras dos indianos ou nas lojas de tapetes dos moradores de Caxemira. É ele a presença em torno da qual tudo gira. E ao descer do ônibus em meio ao clamor de sonhos competitivos (o som de *Lyin' eyes*, dos Eagles, flutuando do Café McLlo logo acima, fitas gravadas e bolos à venda na loja Rajneesh a poucos metros de distância, um dos muitos refúgios de Dharamsala onde se podem assistir a *Diário de uma louca* e *Be cool — O outro nome do jogo* na tela de DVD de uma sala escura e malcheirosa, e a Nowrojee General Merchants, única loja estabelecida desde 1860, que ainda vende Sal de Andrews e sabonete Pearl's, como se lorde Curzon estivesse a caminho), perceberá que essa é uma das raras cidades em boas condições, de acordo com um planejamento.

Tão logo se exilou, em 1959, o dalai-lama aproveitou a oportunidade para livrar-se de grande parte da burocracia e servidão medieval que prejudicara o Tibete no passado, tratando o novo lar como uma tábula rasa na qual imprimiria um novo e aperfeiçoado Tibete — um Tibete 2.0, como às vezes dá a impressão — que se inspiraria no melhor de seu passado, desprezaria o restante e principalmente aprenderia com os próprios erros ao se instruir a respeito do comportamento do mundo (inclusive o mundo moderno e em constante mudança). No primeiro ano de exílio, ele estabeleceu uma creche (sempre comprometido com o futuro, que pode ser mudado, e não com o passado, que não pode) e pouco tempo depois instituiu a política de proporcionar a todas as crianças do complexo sistema escolar do Tibete no exílio instrução em língua tibetana até a idade aproximada de dez anos, para que ficassem profundamente ligadas a sua origem, e em seguida em inglês, para que estivessem em sintonia com o mundo mais amplo.

Ele supervisionou a formação de uma rede global de assentamentos e mosteiros e procurou estimular seus monges a esquecer animosidades e rivalidades, em muitos casos perniciosas, que muitos acreditam terem contribuído para o declínio do Tibete no passado (desavenças entre diferentes regiões e escolas de budismo, ou defesa exclusiva de interesses próprios, em vez de apresentar uma frente unificada para resistir aos chineses ou outros invasores). Começou lentamente, como dissemos antes, a dar às mulheres, por exemplo, oportunidades de que não gozavam antes (a ponto de as freiras de Dharamsala poderem agora obter graus de doutorado e tornar-se abadessas, o que nunca poderia ocorrer no Tibete, e pela primeira vez uma mulher foi nomeada para o gabinete). Acima de tudo, começou a abrir mão do poder, para que seu povo (fiel à filosofia budista) pudesse governar a si mesmo. No mesmo ano em que chegou a Dharamsala, iniciou a redação de uma constituição para um novo Tibete democrático, e mesmo quando Thomas Merton o conheceu, há quarenta anos, ele já dizia desejar ter mais tempo para o lado espiritual de sua vida, e não o político.

Foi organizada a Assembleia dos Representantes do Povo Tibetano, seguindo em linhas gerais a estrutura da Câmara dos Comuns, com três homens e uma mulher de cada província do Tibete, um representante de cada uma das principais escolas do budismo tibetano e outro da religião Bon, além de uma pessoa designada pelo dalai-lama como porta-voz das artes e ciências. Em 1990 ele deu mais impulso ao processo democrático ao ampliar a Assembleia para 46 membros, e em 2001 os tibetanos tiveram a primeira eleição democrática de sua história, quando exilados em 37 países votaram para escolher um novo primeiro-ministro que seria o chefe oficial de suas aspirações; o eleito foi o suave monge-erudito Samdhong Rinpoche. (Na prática, naturalmente, grande parte de tudo isso é simbólica, porque o dalai-lama continua a ser um deus para os tibetanos, imune a reprovações ou desafios, e seu primeiro-ministro só pode ser, no máximo, um agente dele na assembleia de representantes do povo.)

O dalai-lama parecia estar afirmando que Dharamsala seria o centro de um novo tipo de experiência. Enquanto os tibetanos não pudessem gozar de liberdade de culto, palavra ou movimento no próprio Tibete, criariam um novo Tibete em todo o mundo, de certa forma aperfeiçoado e até certo ponto unido não por um território comum e sim por objetivos comuns, uma comunidade de visão. Criando novos costumes em sua trajetória, ele estava construindo, impelido pela necessidade, uma espécie de Tibete virtual, uma nova aldeia global na qual as pessoas estariam reunidas não em torno de uma única fogueira de acampamento ou prado de uma aldeia, mas em torno de esperanças compartilhadas e um sentido integrado de responsabilidade. Se chegasse a realizar alguma coisa, essa experiência poderia oferecer a curdos, palestinos e uigures uma maneira nova e positiva de pensar em seus destinos, assim como para o número crescente de grupos de exilados em todo o mundo que não têm um líder carismático e uma história pitoresca, capaz de atrair para eles a atenção mundial. De certa forma, impelido pela calamidade, tendo de fugir da casa incendiada que era seu país, o dalai-lama sugeria que a comunidade e a vizinhança podiam ser construídas interiormente.

Centrado em um precário ajuntamento de cabanas, distante até mesmo em relação à Índia, reunindo um grupo de pessoas (não mais que 150 mil em todo o mundo) menor do que a população de um subúrbio típico de Los Angeles, o Tibete no exílio é capaz no máximo de sugerir uma nova possibilidade para o mundo, embora a ampla popularidade de seu líder e a antiga atração simbólica de sua própria cultura lhe tenham conferido uma aura maior do que em outras condições. A prioridade absoluta do dalai-lama tem sido (e continuará a ser, se houver um novo dalai-lama) a proteção a seu povo no Tibete, que até o momento representa 98% do total de tibetanos e que ainda não pode participar, de forma alguma, dessa experiência democrática. Mas, enquanto não puder atingi-los, ele levará o Tibete ao mundo e oferecerá uma visão budista da formulação de política: reformar o Tibete mediante a reforma do núcleo central do Tibete.

No próprio Tibete o governo de Pequim introduziu, somente nas ruas principais de Lhasa, segundo uma contagem, 224 salões de caraoquê, 658 bordéis e um Departamento de Segurança Pública num prédio de treze andares, criando um panorama que não estaria deslocado em Atlantic City. A pequena capital tem hoje uma população de 200 mil pessoas, dez vezes maior que em 1950, e sua expansão cobre uma área vinte vezes maior do que antes. A ideia é que a abundância material libertará o povo do feudalismo de culto e que a modernidade significa acesso a televisão por satélite, salões de festas eróticas e os despojos do Wal-Mart e Nike (o governo chinês até mesmo triplicou os salários dos funcionários tibetanos, como para afirmar a convicção de que a tentação material será capaz de realizar o que as metralhadoras não conseguiram).

Dharamsala também tem tudo isso — os tibetanos sempre

foram um povo de astutos comerciantes —, mas está assentada na ideia de que a modernidade tem a ver com um conjunto de valores mais do que com um conjunto de bens, que é resultado de uma mentalidade, mais que de um modo de vida. Em seus momentos mais elevados, aqueles que se interessam pelo exemplo real até mesmo consideram que os templos espalhados pelas encostas de Dharamsala oferecem o início da visão budista de uma cidade na colina (colocada não sob o cuidado de Deus e sim, segundo a tradição budista, sob o cuidado de homens).

Caminhar pelas ruelas e pela azáfama dos pés-sujos e lojas poeirentas, passando por tabuletas que dizem "o único cibercafé cujos lucros são entregues diretamente à causa tibetana", ou "Associação Beneficente de Artesanato", é perceber a grande distância que separa a visão da realidade — e como, na verdade, a visão só pode emergir pouco a pouco da realidade. Como em deferência à conhecida sujeira do velho Tibete, não existe coleta de lixo em Dharamsala, e os refugos cobrem as ruas malconservadas; o caminho que parte do idílico Mosteiro Tsechokling começa ao lado de um enorme monturo. Certo dia, quando caminhava pela rua principal, sempre atravancada e tão estreita que mal dá para passar um carro em meio ao ruído estridente das buzinas, curiosamente encontrei uma clareira; mas apenas porque uma pequena multidão se aglomerara de um lado, onde um menino indiano brigava com outro tibetano.

Em um radiante sábado de primavera, fui visitar o dalai-lama num momento em que ele cumpria 46 dias ininterruptos de ensinamentos (ele me recebeu logo depois de terminar a sessão matinal de iniciações e ordenações no templo ao lado de sua casa, na verdade durante seu intervalo para almoço) e perguntei de que maneira a experiência tibetana no exílio pode proporcionar um modelo para o mundo. Ficou claro para mim que a modéstia — e o realismo — o impediam de fazer reivindicações para si mesmo ou para seu povo, mas ao mesmo tempo vi que ele havia pensado a respeito desse desafio como poucos líderes políticos têm oportunidade de fazê-lo. No momento em que fiz a pergunta ele se referiu, com característica exatidão, a encontros que tivera na Alemanha, na Austrália, na América do Norte e no Chile, com outros grupos que também se dedicavam à questão de como manter vivas suas tradições. Recordou um líder indígena que havia feito um longuíssimo discurso exigindo que todo o seu precioso território lhe fosse devolvido — "Irrealista!", exclamou o dalai-lama com uma explosão de riso crescente. Recordou atritos com a comunidade tibetana em 1951, propostas que tinham sido feitas sobre a organização de colônias no exílio em 1959 e o que fazer com o pequeno grupo de guerrilheiros no Tibete na década de 1970. Uma das ideias tinha sido aventada por um parente e outra pelo primo do secretário particular sentado a seu lado, mas ambas estavam equivocadas, como ele recordava agora (como se isso tivesse acontecido há quatro dias e não há quase cinco décadas).

Quando chegou à conclusão de que os tibetanos deveriam estabelecer assentamentos completos, com mosteiros centrais e leigos ao redor, no sul da Índia, seu povo ponderou que não sobreviveria, contou-me ele. O calor, a alimentação diferente, a ausência de montanhas nevadas os fizeram achar que iriam morrer, e assim disseram. "Da última vez em que estive lá, eles ainda estavam vivos. Por isso eu lhes disse: 'Vocês ainda não morreram!'", prosseguiu ele, novamente com sua risada contagiosa.

Grande parte da cultura tibetana — muitos costumes, as roupas, as longas tranças, os pesados casacos feitos para o inverno do Himalaia — teve de ser abandonada, disse ele, no calor dos trópicos. Como tudo isso já está desaparecendo no Tibete, "não é preciso se preocupar, não é preciso esforçar-se! A herança cultural não é relevante no mundo de hoje, pode desaparecer". Mas em termos de linguagem, de maneira de pensar, a tentativa de transmitir às crianças, por exemplo, um sentimento de compaixão em relação aos animais — tudo isso é relevante em qualquer lugar, intimamente. "Uma criancinha nada sabe sobre a outra vida, o pecado e essas coisas, mas na tradição familiar, desde idade muito tenra, elas ouvem dizer: 'não se deve matar animais'. Por isso essas coisas merecem ser preservadas, e podem ser preservadas."

Saí entusiasmado daquela conversa, não apenas pelas ideias que ele havia esboçado, mas, mais do que isso, pela exatidão com que ele cita precedentes e paralelos específicos e pelos modestos limites que parecia estar estabelecendo para si mesmo. Na Austrália, por exemplo, ele havia dito aos aborígines que deveriam conservar seus nomes nativos originais, ainda que adotassem nomes europeus para efeitos práticos; no mesmo espírito, chegou a insistir com alguns tibetanos para que recebessem iniciações de mestres chineses, porque em certos lugares a tradição chinesa do budismo era mais viva do que a tibetana. No contexto de procurar liderar um grupo de exilados a uma nova definição de si mesmo, o realismo parecia pelo menos tão valioso quanto o otimismo.

No entanto, apenas doze horas antes, na noite anterior, eu havia estado em uma pequena sala na mesma rua, falando a alguns membros do grupo mais ativo da nova geração de tibetanos, que só havia experimentado o deslocamento e o anseio por um lugar que eles conheciam sobretudo por meio das histórias que seus pais lhes contavam. Éramos sete pessoas que se acotovelavam numa pequena sala, em um prédio com minúsculos aposentos (embora o apartamento pertencesse a um dos principais integrantes do governo do dalai-lama no exílio). A dona da casa estava sempre em Boston, deixando as crianças correrem à vontade, mal supervisionadas por uma tia e pela avó, e um dos presentes, que morava no exterior, lamentava o fato de a filha adolescente estar inteiramente europeizada em seus modos e roupas.

A queixa geral dos jovens tibetanos presentes na sala — e poderiam estar falando em nome de todos os demais compatriotas — era um sentimento de perda: tratava-se de almas perdidas de uma geração perdida, sem noção de quem eram ou a quem pertenciam. Falavam fluentemente o híndi e viviam na Índia desde crianças, com amigos e gostos indianos, mas não queriam transformar-se em indianos. Falavam bem inglês e tiveram contatos com o mundo exterior, mas cada passo em direção à Inglaterra ou aos Estados Unidos os levaria para mais longe de Dharamsala e principalmente do Tibete.

Eram tibetanos que nada sabiam a respeito do Tibete, que lutavam e oravam por um lugar que pelo menos em um aspecto sabiam não poder ser o que imaginavam.

Um deles, desesperado, havia entrado às escondidas no Tibete e lá permanecera por três meses. Quase imediatamente depois de cruzar a fronteira de sua terra, partindo de Ladakh, Tenzin fora apanhado e mantido em confinamento. "Todos os dias me batiam na prisão", prosseguiu ele com voz tranquila, na sala mal iluminada, "mas tiveram o cuidado de não deixar marcas." Ao sair, caminhamos juntos na quietude da noite primaveril de lua cheia, com os escritórios dilapidados e salas malconservadas a nosso redor lembrando com alguma esperança, apesar de tudo, um governo no exílio. "Eu era um rapaz romântico", declarou Tenzin, que ainda não tinha trinta anos. "Achei que entraria no Tibete e conseguiria sozinho conquistar a independência."

Agora ele procurava despertar a opinião pública por outros meios, escrevendo poemas; quando o primeiro-ministro chinês fez uma visita à Índia, ele subiu os catorze andares da torre Oberoi, em Bombaim, e desfraldou a bandeira tibetana, proibida no

Tibete, e uma flâmula vermelha com as palavras "Liberdade para oTibete". "Somos tibetanos com cara de chineses", disse enojado um dos amigos dele enquanto subíamos a encosta onde ficava a casa do dalai-lama, para dormirmos na noite clara.

Os jovens tibetanos que estavam no jantar me haviam dado, antes que eu saísse, um livro que tinham acabado de publicar, a primeira coletânea de poesia tibetana em inglês na história de seu povo. O texto parecia uma mistura de lamentos e protestos, e especialmente de perguntas. Quem sou eu, para onde vou, como posso ajudar o país que nunca vi? Que posso fazer com meu sotaque indiano e roupas ocidentais? Quanto me custará enfrentar os mais velhos, que estiveram no Tibete e fugiram de lá? A característica mais impressionante de todos os poemas, de autoria de jovens e de mais velhos, vindos de todos os cantos do mundo (esse é o estágio da diáspora tibetana hoje em dia), era a falta de respostas.

O início de um dos poemas dizia, de um modo bem característico:

Sou apenas uma alma atribulada
Aos prantos procurando a direção
Minha mente está tão embaralhada
Em total confusão.

A nota biográfica no final informava que o poeta tinha sido "uma espécie de enigma em seu pequeno círculo de amigos" e que levara uma "vida de sonhos, drogas, desespero e rupturas". Morrera aos 28 anos, deixando um diário azul-escuro cheio de poemas sobre o Tibete.

Talvez esses meninos, quase sempre muito jovens, tivessem

escrito poemas semelhantes caso fossem criados em Lhasa em outra época, sem a ocupação chinesa. Muitos de seus gestos, o romantismo de sua dor, pareciam semelhantes ao que pode ser visto em qualquer coletânea de poemas de universitários em Bombaim ou Cantão, ou até mesmo em New Haven. Talvez pudessem começar, de onde quer que viessem, com uma citação de Sartre: "A vida do homem começa para além do desespero". As crises de identidade, a busca de alguma coisa, o sentimento penetrante de tristeza e frustração que não atinge senão o microcosmo do ser são, por assim dizer, a moeda corrente universal entre os jovens.

Mas naturalmente naquele caso havia outro componente, entre gente cuja cultura, até pouco tempo antes, tinha sido uma das mais fechadas e imutáveis do mundo, e que agora fora impelida a uma nova forma de nomadismo. Quando chegamos ao centro do povoado tibetano, no fim da noite, muitos ao nosso redor tinham os rostos coloridos de um vermelho vivo, pintados por rapazes indianos que comemoravam a festa hinduísta de Holi. Dali a dois dias, na igreja de são João, próxima dali, o alegre padre indiano que todas as noites dormia no chão frio se reanimaria, vestiria uma batina por cima dos jeans e dos tênis, distribuiria fotocópias em duas páginas com a letra de "Morning has broken" (e "Have a nice day" no final) para que a pequena congregação de estrangeiros pudesse cantar o hino moderno de Cat Stevens no Domingo de Páscoa. E isso *a capella*, porque a igreja não tinha órgão. Aqueles rapazes eram de fato forasteiros em qualquer lugar em que estivessem. A prescrição do dalai-lama de construir um lar dentro de si mesmos era uma ideia que já conheciam, mas não conseguiam imaginar de que maneira a implementariam.

Uma ou duas vezes, todos os meses, um ônibus sobe penosamente até McLeod Ganj e, após chacoalhar nos buracos e atravessar as constantes fileiras de peregrinos, para diante de um prédio de três andares a ponto de desmoronar em uma ladeira mal pavimentada, e dele desembarcam cinquenta ou sessenta tibetanos arredios. Parecem pertencer a um universo diferente daquele dos exilados de aspecto mundano a seu redor, vestidos com jaquetas de couro e de óculos escuros, usando a gíria moderna de Bombaim ou Delhi. As moças recém-chegadas não usam maquiagem, e os rapazes, mesmo de camiseta e bonés de beisebol, têm um aspecto estranho ao caminhar pela rua. Têm rostos selvagens, suas roupas são andrajosas. Parecem estar ofuscados ao entrar em um mundo com o qual sonharam durante a maior parte de suas vidas e que agora descobrem ser confuso, cheio de sinais desconcertantes e que nada tem de pacífico ou elevado (de onde vieram as ruas são mais limpas e mais bem calçadas). Com frequência seus narizes estão escorrendo, e algumas de suas roupas mostram a sujeira acumulada de vinte dias de árdua viagem por entre picos de 6 mil metros de altura e em ônibus que percorrem longas distâncias, noites passadas em precárias cabanas para viajantes.

Quando chegam ao centro de acolhimento, ali permanecem durante um mês ou mais, dormindo dois em cada cama, recebendo aulas elementares de inglês e híndi e esperando até que o dalai-lama volte à cidade e finalmente os possa encontrar. Após breve audiência, as crianças são matriculadas em escolas, os monges são enviados aos mosteiros, os mais idosos em geral regressam ao Tibete, com os corações em paz, e o restante vai para onde houver alojamento ou ocupação. Para aqueles que, já tendo visto o dalai-lama, regressam ao Tibete, a viagem de volta é tão arriscada quanto a de ida, pois, se forem apanhados pela polícia em qualquer um dos lados da fronteira, serão mandados à prisão, talvez em um grande prédio em Xangai conhecido, com mordaz ironia, como o "Novo Centro de Acolhimento do Tibete".

Numa manhã ensolarada encontrei um dos recém-chegados no centro de acolhimento de Dharamsala, em meio à multidão de duzentas pessoas ou mais, sentadas apaticamente nas camas compartilhadas ou caminhando pelos corredores, ainda sem condições de se juntar ao restante do mundo, e fiquei sabendo que ele conseguira sair do Tibete usando vários estratagemas, primeiro aprendendo inglês fluente, em seguida pedindo um passaporte chinês, e só então partindo, por canais legítimos, depois que o irmão e a irmã mais moços completaram os estudos superiores (pois eles é que sofreriam caso sua ausência fosse notada). Extraordinariamente empreendedor — como acontece com muita gente nos sistemas comunistas, principalmente quando provêm de classes sociais não favorecidas —, ele me contou que conseguira empregos em ONGs estrangeiras no Tibete, viajara por toda parte em seu país como jornalista e verificara que, quando o Banco Mundial mandava delegações de investigação à região, "os funcionários chineses fingiam ser monges".

Afirmou que saíra do Tibete a fim de revelar a verdade sobre seu país, e me pareceu que já sabia comunicar-se com o mundo mais amplo, falando com facilidade em "atenção básica de saúde" e contando histórias sobre sua detenção em companhia de alguns estrangeiros (um dos quais tentou pular de uma janela no terceiro andar a fim de proteger o resultado de suas pesquisas). No Tibete, disse ele, "os hospitais são um bazar", e "nem sequer os médicos entendem de doenças transmissíveis pelo sangue, hepatite e tuberculose". Tendo sido educado desde criança para falar em termos de "programas patrióticos de reeducação" e "oficiais de segurança pública" — as expressões vinham em voz modulada —, ele agora falava a língua que tinha aprendido com amigos estrangeiros ativistas, membros da organização Médicos sem Fronteiras.

Mesmo assim, algumas coisas deram certo. Quando aquele jovem bem-apessoado, abrigado do frio com um casaco da marca North Face, finalmente conseguiu deixar o Tibete, me disse "Eu chorei. O povo do Nepal é pobre, mas goza dos direitos humanos básicos. A pobreza não é problema para quem é livre". Quem tem liberdade mas não tem o que comer pode pensar diferente, refleti, mas nada comentei. "Vi um pequeno templo em uma rua movimentada em Katmandu — bem no meio da rua — e todos têm de protegê-lo. No Tibete destroem até mesmo um mosteiro grande quando querem construir uma estrada."

Em volta dele, crianças de rostos sujos o fitavam, admiradas. Oitocentas e vinte e quatro crianças refugiadas haviam chegado à Aldeia Infantil Tibetana em 2004, ano mais ou menos típico, superlotando as salas de aula e os alojamentos já cheios. Embora muitas fossem regressar ao Tibete depois de terminar seus cursos, voltariam como verdadeiros tibetanos, conhecendo a própria língua e história.

Em outra ocasião, encontrei por acaso Manuel Bauer, fotógrafo que estava compilando um extraordinário arquivo sobre o dalai-lama, e que o acompanhava da madrugada ao crepúsculo em muitas de suas viagens. Quando entramos em um pequeno restaurante para almoçar, ele me contou de que maneira atraíra a atenção do dalai-lama, ao tornar-se o primeiro fotógrafo, de qualquer parte do mundo, a documentar a fuga dos tibetanos de nossa época através do Himalaia em direção à liberdade, arriscando a própria vida para revelar sua história ao mundo.

Relatou que seu pequeno grupo, composto por ele próprio, um tibetano e a filha deste, de apenas seis anos, havia partido em abril, mas já fazia um frio terrível. Havia soldados chineses por toda parte, alguns prontos para atirar simplesmente para aliviar o tédio. Mesmo nos dias de céu azul, o vento era tão forte que podia jogar neve nas bocas dos viajantes, que entrava em seus corpos e derretia lá dentro, o que já provocara a morte de muitos, inclusive em períodos de clima mais quente.

Como eram apenas três, contou, foi possível avançar com rapidez e viajar durante o dia, pois não eram muito visíveis, em vez de deslocar-se somente à noite, como a maioria dos fugitivos. Desse modo, fizeram a viagem em apenas dezesseis dias. Mesmo assim, houve grandes problemas. "Perdi a cabeça", disse com grande naturalidade o tranquilo fotógrafo suíço. "Delirei durante dois ou três dias. Em meu delírio, eu pensava: 'Essa menina de seis anos caminha muito depressa. Por que não carrega bagagem? Eu trago vinte quilos de equipamento e bagagem'. Fui agressivo com ela porque perdi a cabeça."

Depois de cruzar a fronteira chinesa, prosseguiu ele, a viagem ficou ainda mais arriscada. Muitos funcionários do Nepal mandam os tibetanos de volta a fim de agradar os governantes de Pequim, mas primeiro os roubam. Ainda que os fugitivos consigam chegar a Katmandu e pôr-se sob os cuidados de um funcionário do Alto Comissariado das Nações Unidas para Refugiados, seus problemas não chegam ao fim. "Às vezes o veículo das Nações Unidas é interceptado, mesmo com um funcionário internacional em seu interior, e a polícia nepalesa confisca tudo. Muitas vezes os fugitivos só têm consigo um tapete, uma bolsa, e a polícia fica com tudo e os manda de volta."

O mesmo ocorre em todo o mundo, com os refugiados do Vietnã, cubanos e até chineses que tentam entrar clandestinamente nos Estados Unidos, pois são as pessoas mais vulneráveis do mundo e vítimas perfeitas para aproveitadores e funcionários corruptos.

"Então vocês só estão seguros quando chegam à Índia?"

"Não. Lamento ter de dizer isso", ele percebera minha ascendência indiana, "mas os indianos nem sempre são honestos. Às vezes agridem os refugiados. Sabem que estão indefesos."

"Nesse caso, a segurança só existe em Dharamsala?"

Manuel ficou em silêncio.

"Quando vocês chegaram aqui, o tibetano ficou com a filha?"

Os olhos do fotógrafo se encheram de lágrimas. O pai entregara a filha em segurança à Aldeia Infantil Tibetana, disse ele, certo de que ela teria ali uma nova vida e um novo lar, e em seguida deu meia-volta e iniciou sozinho a longa e traiçoeira viagem de volta ao Tibete.

É inevitável sentir certa emoção ao caminhar em uma comunidade que foi organizada por uma única pessoa, não um Castro, ou um Disney ou um Kim Il-Sung, mas um filósofo e monge: a sensação é de que a experiência está sendo levada a cabo em nome de uma das nações que mais crescem no mundo, isto é, a nação dos desterrados (já que, segundo alguns cálculos, existem hoje cerca de 100 milhões de refugiados no globo, que fazem parte de uma tribo duas vezes mais populosa do que a Austrália e o Canadá juntos). Há uma sensação de aceleração — talvez uma sensação budista — de que as coisas (pelo menos em teoria) estão sempre em movimento, com tudo em processo de realização; ao voltar a Dharamsala após dois anos de ausência, descubro que quase todos os restaurantes locais deixaram de servir cerveja, em respeito à clássica aversão budista às substâncias tóxicas, e que há peritos suecos procurando reduzir a praga de cães vadios que correm pela cidade.

O próprio dalai-lama se encontra também na rara situação,

para um governante, de tentar dar um golpe de Estado contra si mesmo, ao agir para desvencilhar-se do poder com a mesma rapidez com que seu povo o entrega de volta a ele. Na melhor das hipóteses, participar de uma comunidade baseada em valores espirituais, e não políticos, é entrar em um mundo que foi posto de cabeça para baixo, no qual — essa é a esperança do dalai-lama — a liberdade significa estar liberto do medo e a riqueza é a expressão dos recursos internos de cada um. Idealmente, o poder significa autossoberania, tanto no sentido democrático quanto no plano interior.

Portanto, caminhando pelas ruas de McLeod Ganj, me vi cercado por uma infinidade de teorias sobre possibilidades: líderes judeus vindo dizer ao dalai-lama como haviam mantido a cultura depois da destruição do Primeiro e do Segundo Templos, militantes de direitos civis que haviam marchado com Martin Luther King estudando em arejadas salas de reunião como poderiam contribuir para essa luta sem violência, um novo sistema de coleta de lixo e limpeza urbana sendo organizado por Richard Gere. Certa vez, em conversa com jovens tibetanos que se debatiam entre seguir suas inclinações políticas ou os conselhos do líder, dois deles me disseram ser mexicanos e que tinham ido a Dharamsala em parte para perguntar aos tibetanos como resolver o problema de uma insurreição em Chiapas. De outra feita, no jardim de minha hospedaria, me vi diariamente tomando o café da manhã com humanistas e funcionários governamentais da Alemanha, Romênia e Estados Unidos, que ali tinham vindo para saber como colaborar. Em seus aspectos mais iluminados, Dharamsala é dedicada à ideia de que os problemas de determinado lugar são problemas de todos, em nosso universo cada vez mais interligado.

A estrada do sul que parte da praça central na entrada tradicional para McLeod Ganj segue em zigue-zague encosta abaixo, entre carvalhos e outras árvores das montanhas, passa pela igreja anglicana, pelos prédios do "rancho dos oficiais" e por plantações de chá e campos de cultivo em terraços, atravessa uma ponte e chega a um espaço aberto no qual, com a ajuda de um arquiteto japonês, os tibetanos construíram um esplêndido centro chamado Instituto Norbulingka, cujas alamedas, espelhos-d'água, templo central com telhado dourado e plantas em flor contrastando com os picos nevados estão mais próximos da ideia que a maioria das pessoas faz de Shangri-la do que qualquer outro panorama da congestionada e barulhenta McLeod Ganj, a quarenta minutos de carro. Entre seus pavilhões e elegantes salas de aula, mestres pintores de *tangkas* e artesãos de escultura e entalhe em madeira do Tibete transmitem seus conhecimentos a novas gerações de aprendizes, muitos dos quais frequentam os cursos durante dez anos ou mais. Dessas oficinas saem os dourados Avalokitesvaras, as intrincadas mandalas, os tecidos com leões das montanhas que serão enviados para todo o planeta. Se você voltar ao conjunto de prédios e abrir um pequeno portão, caminhando por três minutos em meio a campos abertos, chegará ao Convento Dolma Ling, onde duzentas freiras, a maioria recém-escapada do Tibete, se inclinam para a frente e para trás em debates clássicos nas tranquilas tardes, imitando a forma tradicional dos monges, mas tornando-a um pouco mais queixosa, menos marcial.

Pouco abaixo, em Sidhbari, ainda permanece o Karmapa, que escapou da China e chegou a Dharamsala justamente no momento em que as esperanças tibetanas começavam a desvanecer-se, e é considerado por muitos tibetanos e estrangeiros como uma nova e jovem corporificação das perspectivas do Tibete, apesar das restrições a seus movimentos. Certo sábado de primavera, poucas horas depois de observar o oráculo oficial entrar em transe, desci até esse lugar a fim de assistir à inauguração de um novo Templo Gyuto pelo dalai-lama, em substituição ao que durante cinco séculos fora uma das instituições mais avançadas e famosas do Tibete. O Gyuto, estabelecimento de ensino tântrico para o equivalente ao pós-doutorado de estudiosos do budismo tibetano, era e voltava a ser um dos dois lugares do mundo tibetano onde os monges atingiam os limites mais recônditos da consciência e do pensamento, em parte pela prática de princípios rigorosos dificilmente compreensíveis para o restante de nós: durante nove meses, no Tibete, os monges não tinham permissão para voltar a suas celas ou despir seus mantos, e viviam, meditavam e dormiam na mesma esteira de quarenta centímetros, usando como travesseiro a cuia de chá feita de madeira. Treinados para tais rigores, os trinta (dentre novecentos) que tinham conseguido escapar para a Índia talvez conseguissem prosseguir suas meditações em parques sujos de estacionamento ou debaixo de árvores ao chegar ao exílio, até receberem licença para tecer e vender tapetes tibetanos para garantir a sobrevivência.

Durante anos tentaram reabrir seu templo na Índia, inicialmente sem ao menos possuir hábitos monacais, até que conseguiram adquirir uma área próxima a Dharamsala, e passaram quase quinze anos projetando e construindo uma sala de orações. Porém, mesmo depois de terminada, foram necessários mais sete anos para a construção de alojamentos para os monges, e embora o novo centro tenha agora seis blocos de três andares, inclusive cozinhas, salas de refeição e uma hospedaria, ainda carece até de água quente. Ao chegar para presidir à inauguração oficial — muitos monges de McLeod Ganj também vieram, e os campos e estradas do vale ficam vermelhos com os mantos dos noviços, enquanto o grupo de budistas australianos que conseguiram grande parte do financiamento sentam-se a um canto, sorrindo de felicidade, com os lenços brancos que acabaram de receber do dalai-lama —, ele não fala muito sobre o fim da construção; aqueles prédios, diz aos monges, é apenas o começo.

Qualquer prédio sem nada dentro vale muito pouco, prossegue ele; o importante, em última análise, é uma construção interior mais duradoura e viva, que pode ser levada a qualquer parte e que resistirá aos terremotos, inundações e mudanças de governo. O dalai-lama fala a seus monges mas como sempre a mensagem chega aos australianos e a todo o restante de nós, reunidos na nova e grandiosa sala de orações, enquanto o sol se filtra pelas janelas e milhares de pessoas se aglomeram do lado de fora, num festival vermelho e dourado. O templo é no máximo uma metáfora, um portal, um veículo, talvez, que leva ao santuário interior, e o mesmo se pode dizer sobre Dharamsala como um todo.

Tenho cada vez mais convicção de que o dalai-lama procura chegar a uma lição universal, retomando, como costuma fazer, a parte de sua experiência com a qual até mesmo nós, vindos do Japão ou da Califórnia, podemos nos relacionar. E os globalistas de mentalidade mais política que estão ali poderão verificar que nenhuma outra geração anterior teve oportunidade de contemplar um dalai-lama, e quase nenhum mestre tibetano; que na geração de nossos pais só um punhado de estrangeiros poderia sonhar ingressar em um templo tibetano de qualquer tipo; que essa bela e nova construção é em grande parte resultado de recursos financeiros australianos e é em si mesma uma forma de transmitir o budismo, ou simples valores humanos, a culturas distantes que antes não teriam tido conhecimento deles. Com a inauguração desse templo, ele e seus seguidores ao mesmo tempo recriam o antigo Tibete, esperando aperfeiçoá-lo, trazê-lo à luz no mundo moderno, e se dirigem aos desterrados em todo o mundo, que gostariam de recriar, de alguma forma substancial e duradoura, seus próprios lares perdidos.

Mas a natureza do globalismo, como a de qualquer outra coisa, é ser um reflexo dos anseios humanos, em todas as suas muitas formas. E, olhando-se em torno naquela tarde de comemorações, é fácil perceber que o líder tibetano, com seu pragmatismo e sua ânsia de experimentação, reforma e radicalismo realista, está esboçando um novo tipo de visão; muitos de nós, porém, lhe acrescentamos observações, nela rabiscamos recados a nós mesmos, lançamos chá sobre ela e ofuscamos alguns dos detalhes, ou enchemos o papel com garatujas até que o original fique quase invisível.

Dito de maneira mais simples, Dharamsala é a imagem mais comprimida e agridoce de uma aldeia global que eu já vi. Toda a matéria do planeta flui em suas ruelas já superlotadas — todas as ideias, temores, projeções e intenções —, e nunca é fácil perceber se o Tibete está recebendo o que há de melhor no mundo exterior ou se ocorre o oposto. Em certas épocas do ano, disse-me um dos secretários particulares do dalai-lama, a metade da população da região mais elevada de Dharamsala é de israelenses. Uma seção inteira do cardápio do restaurante indiano *asoka* é escrita em hebraico, e nas cabines de chamadas internacionais típicas há um relógio que mostra a hora em Tel-Aviv. Há tantos jovens israelenses recém-egressos do serviço militar obrigatório que se dirigem a Dharamsala (parte de um circuito de lugares pouco conhecidos e drogas baratas organizado por eles a partir de Goa, no litoral, até Manali e Rishikesh, nas montanhas) que um famoso rabino de Nova York agora mora permanentemente próximo à cidade, procurando certificar-se de que não muitos fiéis passem a abraçar o budismo tibetano.

As ruas do pequeno povoado de exilados estão de tal forma cheias de chilenos com os cabelos escurecidos com hena e jovens dinamarquesas de tranças, muitas moças suecas de braços dados com rapazes do Tibete oriental, de cabelos arrumados em rabo-de-cavalo, e vagabundos profissionais de olhar um tanto esgazeado, que às vezes é difícil saber se se trata de uma parte de Bali ou de algumas das ilhas do golfo do Sião. A tabuleta manuscrita em uma folha de papelão que indica o restaurante Third I (a própria grafia estranha tem certo significado, diriam alguns) oferece "pizza original tibetana, israelense, indiana, chinesa e continental" e muito mais, até "torradas com pastas Marmite/Vegemite e *shakes* de café". Ao redor do povoado, nas colinas, há letreiros pintados nas pedras com tinta azul fosforescente, como em Ios, em 1968, e em muitas delas mãos registraram a coletânea de sabedoria dos séculos: "Sede gentis e bondosos, a viagem é longa", "Seja Bosatsu [sábio], eu serei o chofer de táxi que o levará para casa".

Um estudante espanhol da filosofia zen, de cabeça raspada, toca *didgeridoo* — instrumento de sopro aborígine australiano —, sentado numa pedra, e fala de um indiano em Rishikesh que vende o instrumento junto com tablas e tendas de índios, e a moça nervosa a seu lado se impacienta porque três tímidos colegiais indianos querem se aproximar para conversar. Entro em um café na aldeia idílica e dez ou quinze pares de olhos se voltam para mim de uma série de almofadas colocadas no chão em torno de uma mesa baixa, com acid music tocando no último volume; os clientes habituais parecem estar em uma viagem realmente muito longa. No menu há homus, torta Benotti, Salom-la-Malka ("Tudo com Amor Extra"), e também "Equipamento de Montanhismo".

Para muitos jovens tibetanos, cada um desses personagens representa uma nova vida, um outro mundo, uma saída para uma terra de abundância e possibilidades inconcebíveis em Lhasa ou Dharamsala; e como o pequeno povoado se tornou uma mistura tão grande de estrangeiros de todos os tipos, vem gente de toda a Índia para conseguir uma parte de seus ienes ou euros. Mestres de ioga de Goa e Kerala se estabelecem nas pequenas hospedarias, oferecendo aulas nos telhados todas as manhãs e tardes; vendedores de sabedoria de todas as espécies apregoam ensinamentos que em nada se parecem com o budismo — "BOA NOTÍCIA" diz um folheto distribuído do lado de fora do templo do dalai-lama, e prossegue falando de um *rinpoche* que possui "poderes sobrenaturais" e que, tendo vindo a Dharamsala para frequentar as aulas do dalai-lama, está disposto a oferecer ao mundo suas faculdades especiais. Mães sem pernas, hansenianos e crianças mendigam em bandos nas trilhas poeirentas, estendendo as mãos, vindos de muito longe, do sul da Ásia, para pedir esmolas; alguns, que ali residem há muito tempo, me dizem que há 25 anos ou mais vivem naquele mesmo ponto da rua, acocorados em uma ladeira escorregadia durante o dia e dormindo a cada noite num canto à margem da rua, e que fazem remessas, às vezes bastante substanciais, a suas famílias no sul. Certo dia de sol em que saio para caminhar enquanto o dalai-lama dá suas aulas, vejo uma tabuleta que diz que uma alemã e um tibetano foram assaltados e agredidos ao passar por um atalho entre as árvores; uma mulher indiana vem a meu encontro agitando uma conta de hospital, e um tibetano de sorriso doce e tímido se põe no meu caminho e informa que precisa de três dólares para que o dentista lhe arranque um dente.

Eu poderia estar caminhando em meio a um texto budista sobre sofrimento, necessidade, decadência e ilusão. Certa vez encontro uma lista de frases correntes que um professor voluntário, sem dúvida bem-intencionado e idealista, utiliza para ajudar seus alunos tibetanos a dominar a língua inglesa: "Qual é sua fruta favorita?" e "Você é discípulo de alguém?" "Quem é o sobrinho de Tsong Kha Pa?" e "Quantos anos Gandhi passou na prisão?" E também, no dialeto que parece ser o inimitável meio de comunicação de McLeod Ganj, em si mesmo um nome híbrido que junta um vice-governador de Punjab do século XIX, David McLeod, com a palavra em híndi que significa "vizinhança": "Quando estamos atentos, na mais completa sintonia com o momento, nosso entendimento do que ocorre se aprofunda e começamos a nos inundar de alegria, paz e amor".

Em um belo dia de primavera, quando as encostas em torno de Dharamsala começavam a iluminar-se com flores vermelhas e cor-de-rosa vivo, margaridas em volta dos templos, primaveras e ranúnculos, encontro um jovem tibetano cujo sonho é ser escritor. Nasceu em Amdo, no leste do Tibete, conta-me ele, mas o pai o levou para Lhasa ainda menino, e lá ele fez o que a maioria dos rapazinhos tibetanos de doze anos fazem em Lhasa. "Muito álcool, jogar sinuca, frequentar prostitutas. Nunca fui à escola nem trabalhei. Os chineses baratearam muito a cerveja e o uísque. Tudo é barato. Por isso não gostamos de ir à escola. Pedimos dinheiro a nossos pais e, se ele não derem, roubamos de seus bolsos."

No Tibete, afirma, a taxa de analfabetismo é de 80%.

Quando tinha catorze anos, diz ele — e imagino a quantos estrangeiros ele terá contado sua história antes, em um inglês de boa qualidade, sabendo o quanto vale, talvez floreando alguns detalhes —, o pai de repente resolveu (suspeito que por causa daquelas tentações dos doze anos) que o menino deveria seguir para Dharamsala. Juntou-se a um grupo de quinze rapazes, sendo o mais jovem de todos, e relata que, "após sete dias, todos se esqueceram de que vinham de lugares diferentes, províncias diferentes, mundos diferentes. Todos se transformaram em uma grande família". Como num sonho de exílio. Mas depois que chegaram à Índia e à liberdade, já passado o sofrimento de 25 dias, o sonho começou a mudar. O rapaz se tornou um nômade especial — Dalhousie, Musoorie, sul da Índia, Delhi. Não tinha credenciais inglesas. Foi para escolas tibetanas, aprendeu alguma coisa, mas ainda não possuía o que o mundo aceita como qualificação ou um diploma.

"Meu sonho é ser tradutor ou guia", continua ele, "trabalhar com estrangeiros" (transformar-se em estrangeiro, imagino).

"Quando eu estava fugindo do Tibete", continua Tsering, com seu sorriso contagiante e nada ensaiado, "conheci uma moça. Ficamos muito próximos. Isso muitas vezes acontece nessas viagens. Chegamos a deixar para trás o grupo durante algum tempo, nos isolamos. Mas quando chegamos à Índia nos separamos. Eu ia para uma escola, uma escola intermediária; ela era dois anos mais velha e foi para a escola secundária. Dois anos depois, fui ao encontro dela. Nunca esqueço uma pessoa que tenha conhecido. Mas me disseram: 'Ela voltou para o Tibete'. Agora não sei o que aconteceu. Só sei que ela partiu."

Parece uma repetição de muitas separações no exílio. Mas voltar para o Tibete me parece estranho para uma jovem que arriscou a vida ao fugir de lá dois anos antes (e que talvez enfrente recriminações. Ou punição para a família, ao regressar).

Tsering não acha estranho: o irmão dele, após a traiçoeira viagem de fuga, tinha voltado ao Tibete um ano e meio mais tarde. A vida lá é mais fácil, explica ele: há menos agitação, menos necessidade de trabalhar. Pode-se comprar cerveja barata, vagabundear; os diplomas não têm importância.

"Os tibetanos são diferentes quando estão no Tibete ou no exílio?"

"No Tibete os tibetanos são mais honestos."

"São mesmo?"

Não era o que eu esperava de gente que vive numa ditadura, que para conseguir qualquer coisa tem de burlar o sistema ou passar à clandestinidade.

"Sem dúvida. Acreditam no budismo, são muito devotos, têm muita fé. Acham que Buda é capaz de ajudar em tudo. Aqui é mais complicado. Precisamos de muitos livros, temos de pensar. Somos mais modernizados."

"Você sonha ir a outros países."

"Sim."

Outra vez o sorriso acanhado; nosso bolo de chocolate e chá Earl Grey já acabaram. Ele apalpa o local em que lhe dói o dente do siso.

"Quero ir para um país de língua inglesa."

Mas ele já está no exílio há tempo suficiente para saber que é uma questão de competitividade; a maioria dos jovens tibetanos disputa as poucas bolsas de estudo, as jovens interessadas, os patrocinadores filantrópicos que oferecem uma saída e um caminho para o Ocidente.

"Mesmo agora", diz ele (no sistema de som do Café Moonpeak se ouve música popular; de manhã tocam Handel e Dylan), "há quatro meses eu me sentia confuso. Minha cabeça estava dividida. De um lado, queria ficar aqui, mas também pensava: volte para o Tibete. Depois pensei que se voltasse minha vida seria muito fácil. Tenho casa e carro, mas isso só serve para mim. Se ficar aqui e me tornar escritor, talvez possa fazer alguma coisa por alguém." O doce sorriso que se segue me diz que ele sabe que essas boas intenções, como a maior parte das demais, não são mais sólidas do que uma flâmula de preces num vento forte.

Todos os anos, logo após a grande comemoração do Ano-Novo tibetano (o qual, por causa do calendário lunar, em geral cai em fevereiro ou março), o dalai-lama oferece um conjunto de aulas de primavera a fim de reproduzir o Monlam, ou Grande Festival de Orações, principal momento do calendário tibetano, que antigamente costumava se estender por Lhasa inteira. Grandes *tangkas* eram penduradas nos imensos muros brancos do Palácio Potala, cerca de 10 mil pessoas compareciam para ouvir o dalai-lama e durante dezesseis dias a lei e a ordem eram confiadas às mãos incertas dos *dob-dobs*, ou monges-soldados do Mosteiro Drepung, localizado oito quilômetros a leste. Em Dharamsala, as aulas são o grande acontecimento do ano; os monges vêm do Butão, do Nepal e da Mongólia, da Coreia, de Taiwan e da Itália, assim como do próprio Tibete, para participar; leigos de todos os continentes fazem esforços especiais para saborear o gosto, quase sem igual, de estar na presença do líder tibetano. Os quartos em muitas hospedarias são reservados com mais de um ano de antecedência, e-mails cruzam a Califórnia propondo compartilhar táxis saindo de Delhi, estrelas de cinema escapam de compromissos aparentemente importantes para dedicar-se ao que consideram mais urgente.

Todas as manhãs o dalai-lama sai de sua residência, rodeado por umas vinte pessoas — monges importantes, ajudantes, o líder espiritual da Mongólia (de etnia tibetana, na verdade), homens carregando pergaminhos cerimoniais —, e toma assento diante de seu templo. Cerca de 6 mil monges se juntam a seu redor, muitos em uma sala no segundo piso do templo, e só conseguem vê-lo voltando-lhe as costas e assistindo sua fala numa tela de TV. Centenas de tibetanos ficam sentados no chão, felizes por poder passar duas semanas na presença da encarnação de sua cultura. Pelo menos 2 mil outros estrangeiros se acotovelam no exíguo espaço, e às vezes as multidões são tão numerosas que transbordam para terraços e telhados de onde o dalai-lama fica inteiramente fora das vistas, mas sua voz, amplificada por rádios portáteis e receptores maiores, ecoa pelo vale.

É uma cena extraordinária. Meninas de camisetas cor-de-rosa — uma diz "Hello Kitty", outra "Om" — brincam em volta, enquanto o dalai-lama fala dos "Estágios do Caminho" mais uma vez, e famílias tibetanas e mongóis compartilham o conteúdo de garrafas térmicas e oferecem o chá com manteiga salgada de iaque a todos os que estão por perto na plateia. Um estrangeiro, de longos cabelos encaracolados como os de Jesus lhe cobrindo os ombros, se mantém imóvel, de olhos fechados, com as mãos estendidas diante de si, na posição de lótus. Como a maioria dos estrangeiros acompanha as lacônicas explanações filosóficas por meio de tradução simultânea transmitida por pequenos rádios com fones de ouvido de seis dólares, fragmentos de inglês, russo e até chinês soam de maneira diferente para cada um. Os que não encontram lugar dentro do pátio principal sentam onde podem, ao sol, com alto-falantes que transmitem os ensinamentos em alto volume.

Dias antes do início das aulas, os estrangeiros reservam lugares no pátio por meio de pequenas tabuletas escritas à mão ou sacos de dormir; funcionárias de segurança, de nacionalidades indiana e tibetana, identificam cuidadosamente cada pessoa que entra depois do café da manhã ou do intervalo para o almoço. Quando terminam as aulas, todas as tardes por volta das quatro e meia, as trilhas, ruelas e ladeiras de Dharamsala voltam a se tingir do vermelho dos mantos dos monges que passam por entre as macieiras em flor e ramagens de visco; alguns seguem direto para a quadra de basquete em frente aos restaurantes japoneses, tailandeses e coreanos para disputar renhidas partidas diante de um muro cheio de garatujas que faria qualquer um ter saudades do Bronx (com a diferença de que as inscrições dizem "Que a paz prevaleça no mundo" e "Pense globalmente, aja localmente", ao lado de imitações de desenhos de Keith Haring).

Sob certa luz, as estranhas contradições desse lugar e de nossa ordem global se tornam visíveis. Os monges tibetanos fazem muitas coisas que parecem esquisitas aos observadores indianos ou ocidentais: sacam seus telefones celulares na rua, reúnem-se nos cibercafés, divertem-se no que para eles é uma cidade grande, longe de suas aldeias distantes, e invadem pequenos restaurantes para demorados jantares. Na maior parte do tempo, como jovens em toda parte, parecem conversar sobre mulheres e carros. Enquanto isso, muitos dos estrangeiros nas mesmas ruas — advogados de Santa Monica, arrecadadores de fundos de Toronto, ex-executivos de agências de publicidade da Alemanha, estudantes e ativistas da Argentina — se levantam antes da alvorada para meditar, dedicando gratuitamente seus serviços aos tibetanos e vivendo como vegetarianos e até como ascetas. Subo a um centro de meditação entre os pinheiros e vejo que o programa do dia, numa digitação impecável, oferece "Café da manhã/ Impermanência e Morte/Sofrimento/Altruísmo/Jantar/Equanimidade".

Saio de minha hospedaria certo dia, em direção ao centro da cidade, e penso em como o povoado a meu redor se transformou em um modelo improvável da história recente do mundo. Afinal, havia sido preparado para ser refúgio de veraneio para administradores da longínqua Grã-Bretanha que tentavam governar a Índia. Em seguida foi entregue aos indianos, que a passaram aos tibetanos. Agora parece ao mesmo tempo uma versão maltrapilha de um Tibete inexistente, uma míni-Katmandu e um epicentro de globalismo barato. Um hotel indiano, ansioso por entrar no espírito da festa tibetana, pendurou uma grande faixa na rua do templo para comemorar o Ano-Novo tibetano, conhecido como "Losar". A faixa, instalada bem em frente do templo e do conjunto de moradia do dalai-lama, diz, alegre e desastrosamente: "Happy Loser" [Feliz Perdedor].

Ao entrar no Cibercafé Awasthi, que frequento todos os dias (pois preciso estar em contato com meus chefes do outro lado do mundo), encontro quase todos os terminais ocupados por viajantes que digitam em russo, hebraico, coreano e japonês (um deles tem uma *webcam* muito procurada, e naquele momento está em contato com um amigo sonolento em Tel Aviv). Acima dos computadores se veem belas *tangkas* da loja Tesouros de Ali Babá e um grupo de indianos usando suéter serve os fregueses em silêncio, trazendo xícaras de chá a quem quiser pagar, navegando compenetradamente pela internet para procurar compensar a impossibilidade de acessar a AOL ou saindo à rua para fazer todo o equipamento funcionar de novo, por meio de um gerador particular, quando a energia se acaba em todo o vale.

Enquanto espero longos minutos, que parecem horas, para que o sistema volte a operar, vejo que o homem a meu lado (um monge budista de Taiwan?) está recebendo uma mensagem endereçada a "Querido Ven. Tommy". A jovem israelense a meu lado escreve "estou muito feliz porque vamos nos casar". Um cibercafé, sobretudo em lugar tão remoto quanto Dharamsala, é uma reunião de vidas perdidas, ou vidas que agora parecem muito distantes, mensagens que vão e vêm para novos amigos ou amores de quem pouco lembramos, em suas novas (antigas) vidas, e que pouco se lembram de nós.

"*I am not mean I want your money*" [Eu não sou mau, eu quero seu dinheiro], escreve um jovem tibetano mais ousado, cujo nome de tela é "smileyboy"; se a moça que ele quer namorar estiver lendo a mensagem muito rapidamente, penso eu, ou passar de uma mensagem a outra em seu escritório à margem do Tâmisa, poderá ver um ponto depois da palavra *mean* e a mensagem ficará invertida, perfeitamente ao contrário. Uma mulher nervosa, parecendo um tanto perturbada, pede a um dos corteses gerentes indianos que a ajude a digitar uma mensagem para seu banco na Nova Zelândia a fim de autorizar uma transferência de dinheiro, e outra pessoa grita ao telefone no balcão (porque ali também é um centro telefônico). A fotocopiadora regurgita dezenas de páginas de sutras. Quase todas as mensagens que vejo, à medida que as pessoas chegam e saem à minha volta — como na dança das cadeiras —, têm a ver com amor ou dinheiro, e talvez com alguma confusão entre as duas coisas.

"Não me sinto à vontade com você", acaba de escrever uma mulher ao indiano sentado a meu lado. "Por que se apaixonou por mim tão depressa? Você deve encontrar muitos turistas estrangeiros. Somos muito diferentes e sonhei com você a noite passada."

Será que ele está acostumado a esse tipo de pergunta? Seria essa a primeira? A fluência com que ele escreve será devida a sua sinceridade ou a sua falsidade, por já as ter usado antes? "Sim, querida, pertencemos a níveis diferentes, como você diz. Você já é universitária, e eu só um estudante do secundário. Mas nossas vidas não são tão diferentes. Hoje o sol brilha na montanha e penso em você. Há rododendros por toda parte, e bênçãos também. Quando olho para as montanhas penso em você, minha querida."

Mais adiante, imune àquelas trocas de mensagens tão antigas e universais, fica o centro da comunidade, um pouco como uma estupa na qual os transeuntes fincaram seus planos, suas esperanças, seus slogans ou modas do momento. Da última vez que estive lá, o dalai-lama, gracejando, me disse que os tibetanos estavam ensinando "maus hábitos" aos indianos do lugar, por comerem carne; hoje em dia, há tabuletas em volta do templo com inscrições como: "Para conservar a saúde, seja vegetariano", e "Por favor, parem de nos comer, seus Seres Humanos (desumanos)", e ele estimula os tibetanos capazes de fazê-lo a se tornarem vegetarianos (fiel a sua filosofia do Caminho do Meio, ele próprio pratica o vegetarianismo dia sim, dia não, pois os médicos o proibiram de adotá-lo integralmente). Nos últimos tempos, resolveu também que seu governo não deveria auferir lucro com as informações que fornece, e por isso os vídeos, cartazes e folhetos são oferecidos a preços de custo na pequena loja na cidade. É possível comprar um vídeo de longa-metragem por menos de um dólar e um livro volumoso por cinquenta centavos em uma das mesas erguidas do lado de fora de sua sala de aulas.

Dharamsala é uma comunidade global baseada em ideais e na possibilidade de dedicação a alguma coisa melhor. Naturalmente, porém, as realidades rondam sem parar à sua volta, como tubarões. No Tibete, o dalai-lama era a personificação de uma antiga cultura, que por estar separada do mundo representava um tradicionalismo antigo e até mesmo esquecido; agora, no exílio, é um avatar da novidade, como se, ao atravessar oito séculos em apenas cinco décadas, ele cada vez mais se inclinasse, com determinação característica, em direção ao futuro.

É a única coisa que podemos fazer, Klaas, não vejo alternativa, cada um de nós deve se voltar para dentro de si mesmo e destruir em si tudo o que acha que deveria destruir nos demais.

Etty Hillesum, aos 29 anos, a caminho
da execução em Auschwitz.

O político

A primeira coisa que o dalai-lama disse ao chegar a Nara, dirigindo-se aos estudiosos locais na pequena sala de reuniões, foi: "O mundo está encolhendo. Por isso é necessário que a humanidade tenha um entendimento mais convergente. Precisamos de uma atitude de unidade na humanidade. O mundo inteiro é um único corpo".

Isso parecia bastante razoável, embora eu não tivesse muita certeza de que a humanidade avançasse a ponto de alcançar esse sentido de unidade. "Acredito", prosseguiu ele, "que a natureza humana básica seja de maior bondade. Em nossa vida inteira, a afeição humana é o fator mais importante de nossa sobrevivência."

Havia melhor maneira, pensei, de iniciar uma palestra para um grupo de intelectuais?

No entanto, menos de nove semanas depois, eu caminhava pelas ruas de Beirute assimilando uma das comunidades mais sofisticadas e avançadas que a mente humana já imaginara. Ali haviam estado egípcios e assírios, fenícios e gregos, romanos, otomanos, franceses e britânicos, e após dez milênios de tais presenças a cidade brilhava com uma civilidade que eu nunca vira em Paris ou Nova York, com seu povo debatendo as questões do momento — e também filosofia, cultura e história — em inglês, árabe e francês, com uma intensidade e encanto que eu jamais havia presenciado em nenhuma de minhas viagens.

O efeito de toda essa história, no entanto, foi que 150 mil habitantes de Beirute morreram em quinze anos de incessante guerra civil, não muito tempo antes. Quarenta milícias competiam ferozmente entre si em um país cuja superfície equivale à metade do País de Gales; os muçulmanos se vingaram de outros muçulmanos atacando cristãos, os sírios se aliaram a estes últimos para lutar contra os palestinos e depois se juntaram aos palestinos contra os cristãos. A lógica prevalecente em Beirute, como sabiam todos, era a convicção de que "o inimigo de meu inimigo é meu amigo", o que não difere muito das complicações do partidarismo no antigo Tibete, onde alguns dos que preferiam a China à Grã-Bretanha costumavam dizer: "É melhor ter um antigo adversário próximo do que um novo amigo distante".

"Agora", disse o dalai-lama, entrando no antigo e poeirento hotel, com o sol de outono invadindo o ambiente através das janelas de caixilhos de madeira, "a humanidade está ficando mais madura. Notamos que há uma quantidade muito maior de pessoas que realmente demonstram um desejo de paz. Muita gente já não aguenta mais o derramamento de sangue e a violência. Agora precisamos de mais empenho para fazer crescer essa tendência."

No entanto, pensei algumas semanas depois, quem pode estar mais desgostoso com a violência do que os habitantes de Beirute, com suas igrejas com buracos de bala e seus minaretes usados para refúgio de franco-atiradores? Quem pode, com mais empenho, estimular as tentativas de paz? Enquanto isso, mães tinham visto seus filhos serem mortos por vizinhos, crianças haviam assistido à matança de gente mais velha, sem nenhum motivo. Alguma coisa dentro de nós parece sugerir que perdão é uma traição da justiça natural, e mesmo para quem acredita em carma ou em qualquer outro processo inexorável de causa e efeito, isso nem sempre é suficiente para preencher o vazio em cada coração.

Acontece que o dalai-lama sabe mais a respeito de Beirute do que eu e muitos de meus amigos jornalistas; em Taiwan, em 2001, ele citou Beirute como exemplo das vicissitudes do mundo, pois um escritor francês lhe contara que gente inocente morria em uma parte da cidade enquanto os traficantes de armas lucravam em outra. Além disso, para quem havia crescido no Tibete, onde um chefe guerreiro local pagara o equivalente a 2,5 milhões de dólares em valores de hoje só para conseguir que o dalai-lama deixasse sua casa e viajasse a Lhasa, e havia chegado à idade adulta na época em que seu país se encontrava mergulhado em décadas de guerras violentas, não é preciso que ninguém explique que patamar a cobiça e a selvageria humanas podem alcançar. Ele sempre costumava mudar de canal, disse o dalai-lama certa vez a um entrevistador, quando surgia na TV alguma cena de animal sendo morto. Depois, no entanto, chegou à conclusão de que devia assistir, porque pelo menos alguma coisa boa poderia resultar daquela morte muitas vezes desnecessária.

Sempre que eu estive em companhia dele, muitas vezes logo depois de seu regresso de Belfast, Jerusalém ou Berlim, eu o ouvia expor seus argumentos em favor da paz e da compreensão com a facilidade e a autoridade de um mestre em lógica. "Não basta dizermos que queremos paz, que somos contra a violência", afirmara ele em Nara. "Dizer isso não é suficiente. A violência ocorre porque existe algum problema. Por isso, temos de resolver o problema. A melhor maneira é o diálogo. Os interesses alheios e os nossos interesses estão muito entrelaçados. Não há independência." Se um vizinho está feliz e outros estão sofrendo, dizia ele, muitas vezes ninguém pode se sentir verdadeiramente seguro.

Mas depois disso eu saí pelo mundo e vi o que tinha sido feito por aqueles que agiam em nome da interdependência ou de uma nova sociedade. Cinco meses antes de levar Hiroko para conhecer o dalai-lama em Dharamsala, eu examinava campos de matança e crânios no Camboja, onde um líder que havia estudado com sacerdotes budistas e padres católicos havia organizado a eliminação de 20% de seus compatriotas, num total de 1,7 milhão de pessoas. Nove meses depois de deixar o dalai-lama, em outro ano, fui ao Haiti, onde me aconselharam a não sair à noite "por causa da democracia", e cartazes em francês e inglês pediam aos cidadãos que não levassem suas armas a um hospital. Em muitos aspectos, o horror de Beirute era o próprio cosmopolitismo e elegância da cidade; ali estava um dos lugares mais inteligentes e engajados que se poderia imaginar, e fora precisamente aquela inteligência não transformada que levara a estratagemas como os bombardeios suicidas e a tomada de reféns, ou à existência de um grupo terrorista com estação própria de TV por satélite e publicitários, e fora precisamente o engajamento que não deixara que os crimes ocorressem sem reação.

Poucos meses depois de o dalai-lama ter recebido o prêmio Nobel, estive no Tibete e na Coreia do Norte, e nada do que vi nesses dois lugares me fez acreditar que o mundo estivesse mais preocupado do que antes, que a natureza humana estivesse se encaminhando para "uma maior bondade" ou que a "humanidade estivesse amadurecendo".

Esses desafios costumavam ser apresentados ao dalai-lama, embora minhas conversas com ele levassem a crer que ele próprio os apresentava com mais frequência.

O que faria o senhor se alguém ameaçasse estuprar um grupo de freiras tibetanas?, perguntavam-lhe alguns. De que maneira reagiria se neste momento entrasse aqui um homem brandindo com violência um revólver? Em resposta, ele costumava citar um dos ensinamentos clássicos de Buda, no sentido de que um homem que mata outro pode ser justificado se esse outro estiver prestes a trucidar quinhentas pessoas. Tudo, mais uma vez, depende da motivação, e em sua palestra vespertina em Nara ele observara que, embora o resultado seja o mesmo, o "fogo amigo" é profundamente diferente de um ato de agressão, ainda que só porque deriva de impulsos diferentes.

Mesmo dizendo tudo isso, no entanto, essas questões estavam longe de ser abstratas para seu povo: o país estava de fato sendo destruído, sua herança, conspurcada e os membros da comunidade, torturados. Muitos tinham a sensação de haver passado toda a vida em uma sala de espera, exercitando uma paciência extraordinária, como aconselhava seu líder, mesmo quando os estrangeiros lhes diziam que agora os tibetanos no Tibete quase não sabiam mais falar seu idioma natal, que um tibetano tinha sido encarcerado durante seis anos só por haver assistido em sua própria casa a um vídeo do líder exilado, que por zombaria o Palácio Potala estava rodeado de barquinhos em forma de cisne e as instalações de um parque de diversões. Eu os imagino dizendo: como é possível que alguém se mantenha tranquilo e pratique o "desarmamento interno" quando seu lar e todos os que moram nele estão sendo devorados por um incêndio?

Certa tarde morna de primavera sentei-me em uma das mais antigas cafeterias de Dharamsala, o Chocolate Log, cujas mesas com toalhas de xadrez vermelho e branco ficam armadas em um terraço, permitindo contemplar as longas sombras que o sol faz ao cair sobre as montanhas e os picos nevados tão nítidos acima do povoado que o observador começa a acreditar em proteção divina (como é o caso no Tibete). Ali ouvi um dos oradores mais enérgicos e passionais da cidade, Lhasang Tsering, falar a um grupo de universitários norte-americanos, informando-os da situação no Tibete.

Eu conhecia bem Lhasang porque ele era dono de uma das livrarias mais bem sortidas de obras literárias da região. Costumava sentar-se a sua escrivaninha na parte da manhã, com olhos tristes e brilhantes, rosto magro e um tufo de barba branca que lhe dava um ar de sábio oriental exilado, falando de literatura, dos mais recentes testemunhos políticos, e não era necessário pedir muito para que comentasse todos os defeitos do governo tibetano no exílio (sobretudo sua disposição, desde 1987, em aceitar que a China continuasse a controlar os assuntos externos do Tibete, desde que os tibetanos pudessem controlar os internos). Lhasang havia trabalhado no Departamento de Informações do governo tibetano, fora professor na Aldeia Infantil Tibetana, junto com a irmã mais jovem do dalai-lama. Entrara clandestinamente no Tibete em 1980, e tivera papel importante, junto com pessoas agora mais próximas ao dalai-lama, na organização do Congresso da Juventude Tibetana, a principal voz ativista dos exilados do Tibete, sempre prontos a ajudar seus primos desgarrados e antigos vizinhos sob a administração chinesa. Dharamsala é uma cidade pequena, sob todos os aspectos, e Lhasang (junto com Jamyang Norbu, primo-irmão do dalai-lama e há muito tempo seu secretário particular) era sem dúvida uma das mentes mais brilhantes e um dos debatedores mais eloquentes, embora agora, como em alguma corte shakespeariana, tivesse se transformado na voz da oposição indignada.

"A primeira coisa que devo lhes dizer", falou aos estudantes, no que imagino seja sua forma costumeira de iniciar seus discursos, com olhar tão tristonho quanto autoritário, "é que não venho de Shangri-la. Na verdade, não sei onde fica esse lugar, e francamente, não tenho tempo nem vontade de procurá-lo." O que ele de fato estava dizendo, pensei, era que não estava disposto, como afirmou duramente, "a ficar olhando enquanto há gente sofrendo". Falar em paz enquanto havia tibetanos morrendo, disse ele, era o mesmo que um homicídio.

Como era possível que alguém se arvorasse em líder moral, prosseguiu, como era possível falar em consequências de longo prazo e princípios universais quando as consequências de curto prazo — ser torturados, espancados e corrompidos por dentro — estavam sendo sentidas por outros? "Não creio que seja justo ignorarmos os tibetanos que estão sofrendo no Tibete", disse ele, com astúcia retórica, como se o dalai-lama estivesse praticando uma espécie de crueldade voluntária. "Oramos pela paz no mundo, mas não estamos fazendo muito em favor da paz mundial."

Os jovens norte-americanos em volta da pequena mesa pareciam surpresos, como se alguém os tivesse golpeado na cabeça com um martelo. Lhasang, no entanto, com os olhos faiscando num fogo brando, a voz tranquila e convincente, apresentava uma reação ao sofrimento diversa daquela que o dalai-lama descrevia mais além na mesma rua, em suas aulas anuais da passagem de ano. Ele e seu líder quase poderiam ser monges envolvidos em um debate clássico, com um deles (o antigo guerrilheiro na cafeteria) se curvando para a frente com uma saraivada de argumentos em favor da ação e o outro (o líder tibetano do outro lado da colina) imperturbável, afirmando que a tolerância, a paciência e o perdão são também uma forma de ação, o verdadeiro oposto da passividade.

Na parte da manhã, Lhasang ficava em sua livraria, chamada Bookworm, e falava do que havia aprendido quando trabalhava para o Departamento de Informação (e do que não aprendera — dizia ter ficado sabendo muito mais quando trabalhava fora do governo), do que tinha visto durante o treinamento com a CIA, como o irmão tinha sido ferido na luta com o exército indiano em Bangladesh. A seu redor, os volumes de cor alaranjada e cinza de Steinbeck, Gordimer e Camus falavam das virtudes da ação, do envolvimento positivo na luta contra a injustiça. Certa manhã ele apertou um botão em seu gravador de fita e do aparelho saiu um som arranhado que reconheci na hora como uma versão de "This land is your land", o imortal hino de Woody Guthrie que preconizava a restituição dos Estados Unidos a seus povos oprimidos. Mas a letra dessa versão, que ouvi ao ficar mais atento, falava em viajar da sagrada Kailas às planícies de Amdo. Com olhar melancólico, o livreiro disse que era uma nova versão da canção que ele próprio havia escrito após haver penetrado às escondidas em seu país para ver como estava, mais de vinte anos antes.

"Por que ele fica pensando no futuro?", prosseguiu Lhasang no café ao ar livre, falando do dalai-lama. "E não pensa no presente, no passado? Se quisermos nos libertar deste mundo, ainda há muito espaço livre nas montanhas." Fez um gesto indicando os contrafortes em torno, onde eremitas viviam durante anos em cavernas, às vezes sob a supervisão de pesquisadores norte-americanos. "Quero liberdade neste mundo, e não me libertar do mundo."

"Quando um rato é cercado por um gato, tem de escapar depressa." (Não, pensei eu, como se estivesse do outro lado da colina; o gato pode se distrair, alguém pode pegá-lo e levá-lo para longe, talvez encontre outra presa mais tentadora — há muitas razões que aconselharão o rato a ganhar tempo.) A política do Caminho do Meio adotada pelo governo do dalai-lama no exílio, pelo que Lhasang insinuava, era uma forma de fazer as pazes com o demônio. ("Em política", ele poderia estar citando palavras do presidente John Adams, "o caminho do meio não existe.")

“Então o senhor é a favor do terrorismo?”, perguntou afinal um jovem estudante, quando Lhasang parecia haver se acalmado.

“Sou a favor da ação. Como sempre disse, a não violência equivale à inação. Se não agirmos, como podemos esperar apoio do mundo? Sempre repito que não se pode patrocinar uma criança que não deseja ir à escola.”

“Mas que forma tomaria essa ação?”

“Um tibetano decidido poderia deixar fora de ação a usina elétrica de uma cidade na China. Poderia bloquear uma estrada.”

“No Tibete?”

“Não. Somente na China.”

“E o senhor acha que o dalai-lama deveria fazer isso?”

“Sem dúvida. Ele não apenas pode, mas deve implementar uma política de defesa do Tibete.”

“O senhor é a favor de ataques suicidas?

Lhasang não respondeu, mas a conclusão era evidente. Enquanto o dalai-lama praticasse a tolerância, esperando mudanças na liderança chinesa (como, deve-se dizer, havia ocorrido, inesperadamente e a um só tempo, quando Mao Tsé-tung, Chu En-lai e Chu-Teh morreram, em 1976), o mundo inteiro poderia continuar a festejá-lo e admirá-lo, mas não faria muito para ajudá-lo.

“A política”, concluiu Lhasang, “é apenas uma questão de interesse pessoal. Não se trata de ajudar os outros, e sim de ajudar a si mesmo.” Dificilmente ele poderia ter sido mais explícito na inversão dos ensinamentos do dalai-lama, para quem só é possível ajudar a si mesmo ajudando os outros. Certa vez, sem ter sido provocado, o irmão mais moço do líder, Ngari Rinpoche, me tinha dito, como se fosse a coisa mais óbvia do mundo: “A política trata de saber de que maneira podemos servir. É uma questão de aprender como ajudar outras pessoas”.

O bem mais amplo e o mais restrito, o prazo mais longo e o aqui e agora: a visão de um monge e a de um guerrilheiro. Em todo o povoado de Dharamsala, e em geral no seio da diáspora tibetana, era possível acompanhar o debate em curso, nas casas de chá, nos lares, onde quer que se juntasse gente da velha geração (que tinha conhecido o Tibete) e da nova (que apenas sonhava com o lugar). De certa forma, curiosamente, isso refletia o debate existente no próprio Tibete, onde um grupo falava em "libertação" (do atraso, da pobreza e imundície, do feudalismo, como diziam os chineses) e outro, nos mosteiros, entendia a "libertação" como livrar-se da ignorância, das peias, da ilusão que gera sofrimento. Era um eco do debate arquetípico que separara Martin Luther King de Malcolm X, Gandhi de Nehru, e ainda separa um grupo de outro em Israel. "Purifico meus pensamentos e me dedico à compaixão", diz um cidadão de Beirute. "Mas de que vale isso se em torno de mim 4 milhões de outras pessoas continuam a agir como antes, massacrando meus entes queridos, alvejando minha casa com uma granada para matar minha filha?"

"Leva tempo", rebate o dalai-lama. "Se você não acreditar que pode fazer melhor, jamais fará."

É preciso combater o fogo com fogo, responderia o cidadão de Beirute; se estendermos a mão para uma cobra, ela nos picará.

"O que foi queimado pelo fogo será curado pelo fogo", diz calmamente o dalai-lama, como que em resposta a isso. E a doutrina do "olho por olho", como assinalou Gandhi, faz o mundo inteiro ficar cego.

No interior da comunidade tibetana, no entanto, o debate se tornava cada vez mais intenso, mais ruidoso, porque o próprio Tibete estava rapidamente deixando de existir; se algo não for feito a curto prazo, como o dalai-lama vem dizendo há muito tempo, o Tibete tal como o conhecemos desaparecerá para sempre. Muitas vezes, a primeira coisa que eu via ao entrar no Mosteiro Namgyal, ao lado da casa do dalai-lama, era uma capa de pneu de um jipe onde estava escrito: TIME IS RUNNING OUTTTTT... [o tempo está se esgotando], seguido de dezenove letras T, como uma fileira de túmulos.

Eu sabia que isso era verdade devido a minha própria experiência. Em 1985, quando o Tibete se abriu para o mundo pela primeira vez, tinha havido uma torrente de receptividade e colorido, com o povo local saindo de suas casas para saudar estrangeiros que nunca tinham visto antes, monges entoando cânticos em capelas para as quais em vários lugares puderam voltar, uma sensação de possibilidade que surgia após décadas de opressão e destruição. De modo quase inevitável, porém, a própria presença de estrangeiros, olhos e ouvidos do mundo, serviu para estimular os tibetanos a falar abertamente contra seus ocupantes e plantar na mente dos chineses o espectro de uma revolta popular. Quando voltei a Lhasa em 1990, havia tanques de guerra estacionados nos arredores da capital tibetana e soldados armados patrulhavam os telhados de todas as casas em torno do Templo Jokhang, no centro da cidade. O Tibete ainda se encontrava de fato sob lei marcial, e os turistas só eram autorizados a visitar o país se pagassem uma fortuna e viajassem em grupo (eu fui como grupo de um só).

Em cinco anos, grande parte da cidade que tanto me encantara tinha desaparecido. Os tibetanos não podiam entrar no Palácio Potala, símbolo centenário de sua cultura e tradição, e o contemplavam de pé junto aos portões, olhando com ar triste e pensativo para os turistas que eram guiados para o interior caminhando no sentido menos promissor. A maioria dos aposentos do palácio estava trancada a cadeado, e às vezes as luzes se apagavam durante nossa visita. O guia tibetano, treinado pelos chineses e destacado para me acompanhar durante minha estada, explicou com dificuldade que o palácio era uma residência estritamente secular, morada de um rei, até que dois turistas ingleses que estavam por perto observaram que por acaso aquele rei era um monge — o lugar era, pelo menos, tanto um templo quanto um palácio.

Em minha terceira viagem ao Tibete, no início do século XXI, não consegui sequer reconhecer o país que visitara duas vezes antes. O Palácio Potala não era visível de muitos pontos da capital, e avenidas largas e imaculadas corriam por entre centros comerciais de vidraças azuladas e arranha-céus modernos. A pequena parte tibetana que restava, com suas ruelas poeirentas e casas pequenas, era agora chamada "cidade velha", como se já fosse uma área histórica, recordando as características de uma população nativa há muito desaparecida. As tabuletas ao longo da Beijing Lu, nome da avenida principal, apregoavam lojas Giordano e sorvete.

Os estudantes que ouviam o enérgico apelo de Lhasang em prol da ação provavelmente não sabiam que a livraria dele, como todas as demais lojas em Dharamsala, tinha no centro um grande retrato emoldurado do dalai-lama, usando o xale branco protocolar, e ao lado, adornado de maneira semelhante, um outro retrato, do Mahatma Gandhi. Grande parte da livraria abrigava livros de autoria do dalai-lama ou a respeito dele, e sobre o budismo tibetano em geral. Sem dúvida isso se devia em parte ao fato de qualquer comerciante esclarecido saber que esses eram os livros que um visitante estrangeiro em Dharamsala mais desejaria comprar; mas a verdade é que também um adversário tão eloquente e inflexível como Tsering tem o décimo quarto dalai-lama como objeto de devoção e centro da vida budista.

Em trinta anos de viagens em torno de Dharamsala e do Tibete, não consigo me lembrar de nenhum tibetano que tenha dito uma única palavra contra o décimo quarto dalai-lama. Acima e além da autoridade ritual de sua instituição, os tibetanos dentro e fora do Tibete sabem que ele representa sua única esperança, o símbolo vivo de sua cultura e tanto de seu futuro quanto de seu passado; aferram-se a ele, em seus pensamentos, como à própria vida. E não podem deixar de notar que ele trabalha até a exaustão tentando proteger seu bem-estar. Mesmo assim, para um número crescente de tibetanos, sobretudo os jovens mas também muitos dos que colaboraram com seu governo e já não conseguem dominar a inquietação, é cada vez menor a hesitação em criticar a política do Caminho do Meio seguida por ele e o governo encarregado de implementá-la.

Pensei no livro de poemas em inglês que recebera e recordei que, já na introdução, o editor havia escrito: "A consciência coletiva expressa [pela juventude exilada] se origina no profundo ressentimento dirigido às Nações Unidas e ao governo no exílio por não haver conseguido encontrar uma solução política adequada para o dilema da ocupação do Tibete". E mesmo antes disso, em palavras que abalariam o coração do dalai-lama — referindo-se à clássica noção budista da existência de um limbo entre a vida e a morte —, o editor escrevera, simplesmente: "Estamos flutuando em um *bardo** de ausência de Estado".

Ao caminhar todas as manhãs pela Lingkhor, a vereda cerimonial em torno da casa do dalai-lama, ouvindo os peticionários mais idosos cantando o hino nacional e lançando farinha de cevada para o alto, em direção ao céu azul e à casa de seu líder no topo da colina, não podia deixar de ver um busto de Pawo Thupten Ngodup, um tibetano de cinquenta anos que em 1998 se imo-

* No budismo tibetano, o conceito de *bardo* designa, na verdade, um estado intermediário da existência, entre a morte e o nascimento. (N. E.)

lara mortalmente nas ruas de Delhi após uma longa greve de fome, em protesto contra a ocupação chinesa do Tibete. O dalai-lama se opunha a tais atos por considerá-los uma violência e um desperdício da oportunidade especial que os budistas tibetanos acreditam ser a vida. Próximo ao busto, porém, estavam escritas as palavras VITÓRIA PARA O TIBETE, e em uma das pedras *mani* que vi por perto alguém havia pintado, de modo ambíguo, O TIBETE PRECISA DE VOCÊ. Uma das flâmulas de oração na mesma vereda ostentava uma citação, em inglês, da Resolução 1723 (XVI) das Nações Unidas (sobre o Tibete), de 1961.

Certa tarde ensolarada de março atravessei as ruas enlameadas do centro de McLeod Ganj e subi a encosta coberta de pinheiros a fim de visitar o Congresso da Juventude Tibetana, porta-voz oficial do Tibete não oficial no exílio. A sede da organização está situada em um prédio um tanto maltratado que parece o lugar onde se instalaria um jornal alternativo, mas na realidade o CJT é a maior organização do Tibete no exílio, que une 30 mil pessoas em 83 seções em onze países, numa estrutura orientada para oferecer alternativa, extremamente engajada, à situação do Tibete, e diferente da preconizada pelo governo no exílio. Na verdade, a fundação do Congresso se deve em parte à pessoa que serviu como secretário particular do dalai-lama durante mais de quarenta anos, e seus ex-membros perfazem agora 90% da liderança atual, inclusive um recente primeiro-ministro. No pequeno universo do Tibete no exílio — de população menor que a da cidade de Newport News, no estado da Virgínia —, os mundos paralelos do governo no exílio e do próprio governo se superpõem em todos os pontos, de modo que o debate no seio da comunidade começa a parecer um debate interno.

"O CJT não deve ser uma ONG", disse Lobsang Yeshi, vice-

-presidente da entidade, ao me levar a uma sala de reuniões em torno de uma grande mesa, com o sol filtrando pelas janelas de todos os lados do edifício caindo aos pedaços. "Devemos ser uma organização nacional. Diz-se que o CJT é muito militante, separatista, e outras coisas. Mas Sua Santidade é nossa força, nosso poder, nossa base, tudo. Não podemos pensar em nada sem Sua Santidade."

Talvez não intencionalmente Yeshi colocara o dedo no cerne do problema tibetano, em torno do qual todos (e sem dúvida o próprio dalai-lama) têm de agir: os que advogam a independência dependem por sua vez de um homem cujos conselhos são contra tal dependência externa (e preconiza, em vez disso, uma dependência interna mais profunda). Mesmo os que não se sentem 100% convencidos do acerto da política seguida pelo dalai-lama o reconhecem como seu líder, seu herói, uma encarnação divina contra a qual seria quase um sacrilégio erguer-se.

"O dalai-lama é o mais democrático dos democratas", disse Yeshi, com palavras que ninguém contestaria. "Ninguém jamais questionou sua autoridade, seus conselhos. Ele é o único a pôr em dúvida sua autoridade. Gosta realmente que as pessoas o desafiem, que o critiquem, que mostrem o outro lado da questão. Não gosta daqueles que só fazem elogiar." Assim, ali estava o segundo enigma característico da situação tibetana: o dalai-lama estimula as pessoas a procurar energia em si mesmas, e não nele, a utilizar as possibilidades da democracia, que lhe permitam destituir-se, e a reação é que elas preferem deixar para ele as decisões. Em consequência, ele tem sido obrigado a empreender uma constante e sistemática revolução para destronar a si mesmo e "impor" (como me disse seu atual primeiro-ministro) a democracia a seu povo.

"Quando chegamos aqui", disse o vice-presidente do CJT, como um advogado articulando a defesa de um caso, "nosso objetivo era nos instalar, instalar os refugiados. Agora, quarenta anos depois, já estamos assentados. Agora é tempo de agir!" Quase tudo no Tibete exilado tinha sido um passo adiante, em aspectos que dificilmente as pessoas poderiam esperar: num clima, solo e nação muito diferentes dos deles, os tibetanos haviam não apenas recriado e revigorado suas antigas instituições e princípios — reformando-os nesse processo —, mas também prosperado e mantido seus laços com o mundo, tanto que o *Economist*, sempre avaro nos elogios, considerara seu governo no exílio "de longe o mais sério" desse tipo no mundo inteiro. No entanto, ao longo dos mesmos quarenta anos, tudo no Tibete fora desmantelado e reprimido muito além do que se poderia imaginar. E a comunidade exilada, relativamente bem-sucedida, não conseguira dar ajuda significativa aos irmãos aprisionados na terra natal.

De certa forma, a sensação de desesperança e impotência resultante poderia encontrar paralelo, ou ser acelerada, pela forma como o mundo se apressou a oferecer ao dalai-lama respeito e afeição, além de ouvidos dispostos a escutar, mas muito poucos daqueles que detinham poder o ajudaram com alguma coisa. "Aqui estamos", disse Yeshi, "o CJT foi organizado há 35 anos, mas ainda não obtivemos o que desejamos. Não conseguimos sequer um governo que nos reconhecesse. Daí a frustração, daí a raiva." E além de tudo isso uma sensação aguda de deslocamento, decorrente do fato de que ele dizia tudo isso em inglês, com cadências claramente indianas.

"Todos dizem que a China está tentando nos transformar em chineses", prosseguiu ele. "Na verdade, porém, estamos sendo indianizados. Falamos a língua híndi, comemos comida indiana, assistimos a filmes indianos. Parecemos indianos com rostos tibetanos." Desde que Washington abriu as portas para mil refugiados do Tibete em 1991, um número crescente de jovens tibetanos almeja emigrar para o Novo Mundo. Dizem aos amigos (e talvez estejam convencidos disso) que podem ser mais úteis ao Tibete emigrando para os Estados Unidos, que é o centro do poder, enriquecendo e revelando ao mundo a situação em sua pátria; mas permanece a suspeita de que o próprio processo de enriquecimento os impeça de pensar em seu país e que em breve se transformem em tibetanos-americanos, e talvez mesmo em americanos.

"Conseguimos algumas coisas aqui", continuou Yeashi, enquanto sorvíamos o chá em copinhos prateados, "mas isso se deve principalmente aos árduos esforços de nossos pais. Eles fizeram tudo. Fundaram escolas e nos educaram. A maioria dos tibetanos está bem de vida e vive confortavelmente, às vezes com conforto demais." De certa forma, era possível perceber, o próprio sucesso do exílio empreendido pelos tibetanos tinha resultado em imensa prosperidade para os que estavam em lugares como Dharamsala, tornando-os mais atentos às oportunidades do mundo mais amplo, mais dispostos a esquecer os que sofriam no próprio Tibete. Era preciso, disse-me Yeshi (repetindo em termos mais vigorosos que os do dalai-lama), que essas pessoas aceitassem maiores responsabilidades, utilizassem as oportunidades da democracia e demonstrassem dedicação a seu líder, compartilhando com ele um pouco do peso de seu fardo.

Enquanto Yeshi falava eu ia compreendendo melhor o que estava por trás de todo o raciocínio e da cuidadosa dialética, e o que não fazia senão crescer à medida que os anos passavam. "Somos seres humanos", disse ele. "Perdemos nossa pátria, vimos nossos antepassados serem assassinados. Mesmo quando você nos vê sorrindo ou parecendo contentes, a frustração permanece, lá no fundo. Não estamos exercendo nossa vida política. A China devia estar grata ao dalai-lama." Os olhos dele começaram a brilhar, como os de Lhasang Tsering. "Eles o acusam de separatista, de querer romper os laços, mas se o dalai-lama não existisse as coisas teriam tomado um rumo diferente." (A veemência de sua voz não me deixava dúvida sobre qual seria esse rumo.)

"Os chineses dizem que somos selvagens", prosseguiu, "que nada somos, que não temos uma civilização. Dizem que precisamos muito deles. Mas nos últimos 45 anos nós mostramos que podemos nos erguer e construir uma civilização. Mesmo no exílio." Por trás das palavras, o que eu ouvia era uma variação sobre um tema muito presente em Dharamsala, uma variação sobre a reação humana dos habitantes de Beirute: Sua Santidade nos exorta a perdoar e mostrar tolerância, mas como podemos perdoar os que massacraram nossas famílias? Não somos monges nem santos.

O próprio Yeshi, assim como os outros três principais dirigentes do Congresso da Juventude Tibetana, morava naquela região remota do país, afastado da mulher e dos filhos, a fim de contribuir com sua eloquência e poder de persuasão para a causa tibetana; o pai e dois irmãos estavam entre os cerca de 5 mil tibetanos que faziam parte do exército indiano, arriscando as vidas para saldar o débito com os anfitriões. Mas todos aqueles sacrifícios não tinham dado frutos visíveis.

"Hoje em dia", disse ele, e essa foi na verdade a afirmação mais próxima de uma crítica às ideias de seu líder, "o mundo aceita o Tibete como moeda de troca, como cobaia. Para tentar uma experiência, uma nova noção de paz mundial." Mas a parte que fora sacrificada para possibilitar aquela aposta tinha sido o próprio Tibete. "Se eu lhe disser que você é um ser humano muito bondoso — generoso, humanitário", prosseguiu Yeshi (e eu ouvi em sua voz o eco de tudo o que o resto do mundo diz ao Tibete, como se dissesse a Shangri-la), "isso pode ser prejudicial a você, pode prejudicar sua causa. É uma boa experiência, mas não para nós."

Isso jamais poderia ser uma questão puramente teórica para o dalai-lama. A cada mês novos refugiados escapavam do Tibete e chegavam a Dharamsala, e ao vê-los, como eu havia testemunhado, as próprias lágrimas em seus olhos, as esperanças que depositavam nele, não apenas lhe recordavam suas responsabilidades mas também formulavam uma pergunta silenciosa: como continuar a exercer a paciência e manter a confiança quando vemos tudo ao nosso redor sendo destruído? Naquele aspecto, também, o pequeno povoado parecia uma parábola budista, o tipo de história que um avô pode contar aos netos: em sua pequena casa, um monge dedica várias horas por dia a pensar na paz, no entendimento e na bondade, e o restante do tempo a tentar fazer que essas coisas funcionem no contexto inexorável da Realpolitik. E todos os dias se juntam pessoas à sua porta — a cujo serviço ele consagrou sua prioridade absoluta —, pedindo, na verdade, que ele abandone os votos monásticos (que privilegiam a não violência, a honestidade e o celibato), desista da fidelidade ao exemplo de Buda de agir não no que pode vir a ser, e sim no aqui e agora. O Tibete, pelo que insinuara Yeshi, estava dando ao mundo inteiro um brilhante exemplo de perdão, enquanto as pessoas mais diretamente afetadas por essa atitude muitas vezes se enraiveciam pela inação.

Eu sabia que, como budista, o dalai-lama jamais abandonaria seus princípios fundamentais; mas, como tibetano, certamente não seria fácil para ele contemplar as consequências a curto prazo de sua política.

O cerne do enigma, mais uma vez, parecia estar no fato de o dalai-lama servir a dois grupos de interesses — seu próprio povo e o mundo —, e cada um deles, o maior e o menor, muitas vezes o impelia em direções opostas. Às vezes, quanto mais se entregava ao mundo, mais seu povo se sentia, como dera a entender Yeshi, como filhos legítimos perplexos pelo fato de o pai haver adotado outros três. Os mais idosos entre os tibetanos exilados se aferravam ao dalai-lama, ao templo, aos ritos com os quais tinham crescido, como se isso reconstituísse a velha pátria num passe de mágica, mas os jovens, interpretando literalmente as palavras do dalai-lama — de que os tibetanos deviam aprender a ser mais modernos, mas práticos, mais ligados —, vinham a ele com as preocupações de Beirute. Mesmo no velho Tibete, ouviam-se murmúrios como "Muita religião e pouca política", argumentando que os grandes mosteiros, que mantinham os costumes antigos e se recusavam a adaptar-se ao mundo moderno, como insistira o dalai-lama, haviam deixado que o país lhes escapasse.

O mundo mais amplo queria ver no dalai-lama algo mais do que um político: que ele fosse, de fato, um sábio, acima dos Estados-nação, oferecendo aconselhamento global. Nas aulas anuais em Dharamsala, estrangeiros de todos os continentes se juntavam durante dias a fio, lutando contra micróbios, tempestades e multidões, para ouvi-lo explicar um texto complexo sobre a natureza do sofrimento. Mas em certo ano, após o término das aulas, o dalai-lama surgiu no mesmo pátio para fazer o discurso anual sobre o estado do país, em 10 de março, Dia da Revolta Tibetana, e quase todos os estrangeiros que ali estavam no dia anterior já haviam partido. Os que esperavam sob a chuva eram na grande maioria tibetanos, enquanto uma pequena banda marcial da Aldeia Infantil Tibetana rufava seus tambores e desfraldava a bandeira do Tibete, que ostentava o leão das montanhas e as serras, agora proibida na terra natal, e o líder fazia a avaliação política da situação.

Como ser global e local ao mesmo tempo? Tanto Martin Luther King quanto Mohandas Gandhi haviam de certa forma se concentrado em ajudar, até mesmo salvar, seus povos como maneira de inspirar — e talvez salvar — o mundo; mas na situação do Tibete, novamente, o relógio era menos indulgente. Ao oferecer uma nova visão para o século global que começava a despontar, o dalai-lama em essência se dirigia a um século no qual o Tibete como o tínhamos conhecido já não existia.

Todos nós vivemos ao mesmo tempo em dois mundos, como disse o dalai-lama em seu livro sobre o budismo e suas relações com a ciência, *O universo em um átomo*. Existe o mundo da "realidade convencional", no qual cada um de nós caminha apressadamente com sua própria orientação, personalidade e destino, e por trás de tudo isso há o domínio da "realidade definitiva", no qual o caos dos assuntos humanos é visto sob uma perspectiva diferente, sob a superfície, e todas as vidas e movimentos individuais se tornam simples nós em uma teia que abrange tudo. O olho convencional aceita a ideia de que a China e o Tibete sem dúvida têm tradições, costumes e idiomas diversos, e que cada qual tem um destino muito próprio; o olho da realidade definitiva percebe que chineses e tibetanos não são muito diferentes em seus instintos humanos básicos, em seus anseios de felicidade, em sua vontade de evitar sofrimentos.

A esperança do dalai-lama era trazer algo da luz e da clareza do mundo dos monges, a "realidade definitiva", para o mundo da "realidade convencional" dos políticos; na verdade, conseguir fazer uma espécie de revolução de Copérnico nos fazendo ver que o mundo não gira em torno do "eu", e o que acontece é o oposto. Era como se, vendo a floresta através das árvores, vendo o modelo e a ordem, as possibilidades dentro do aparente caos, ele propusesse uma completa reorientação do centro de gravidade em matéria de política; enquanto os políticos discutiam a respeito de pintar o veículo da sociedade de vermelho ou verde, ele pregava uma reforma do sistema elétrico.

Claro que poderíamos obter pequenas vitórias contra os

chineses, era em essência o que ele dizia aos jovens tibetanos, como fazem os guerrilheiros na Irlanda do Norte, na Espanha e no Peru, mas no longo prazo seríamos os perdedores, alienando o respeito do mundo e despertando a ira de uma nação duzentas vezes mais populosa que a nossa. Naturalmente podemos considerar os chineses inimigos, mas se o fizermos estaremos na verdade dizendo que passaremos nossas vidas em meio a forças inimigas. A melhor solução é mudar nossa maneira de ver a situação, talvez percebendo que nosso verdadeiro inimigo é a tendência a pensar em termos de inimigos. Sempre podemos ver os efeitos decisivos da ação, mas o que está por trás da ação, quanto a pontos de vista, motivações e sentimentos, é saber onde tem de haver verdadeira mudança.

Era, de novo, uma ideia proposta por outras pessoas, e talvez não tenha sido surpresa que o primeiro chefe de Estado a reconhecer o dalai-lama — apenas treze horas após ter assumido o poder — foi um homem que igualmente defendia o que pode ser considerado "política transpolítica", e o que certa vez denominou "responsabilidade transcendental". Assim como o dalai-lama, Václav Havel jamais havia feito campanha para cargos públicos, jamais procurara o poder de maneira ostensiva; granjeara o respeito que obtivera simplesmente por ser um homem de consciência, um cidadão comum que havia reivindicado publicamente justiça num momento em que era crime fazê-lo. Também como o dalai-lama, aquele célebre autor teatral, quando se viu no poder, não demorara a defender a ideia de Henry James de que "o conhecimento da natureza humana é o princípio e o fim da educação política", ao assinalar que uma mudança em qualquer lugar teria, nos dias que correm, consequências em todos os demais.

Havel sempre dizia que seu poder não derivava do cargo público, e sim das posições que mantinha internamente. Repetidas vezes, em palestras perante outros líderes, referia-se ao "ser" e à alma, e a outras forças não suscetíveis de quantificação, como se quisesse acentuar que uma pessoa que governa outras deve antes de tudo governar a si mesma, e ter consciência de que não é um fim em si mesma, mas apenas um início. Com efeito, em suas frequentes defesas de uma filiação mais ampla e mais duradoura do que "minha família, meu país, minha empresa, meu sucesso", ele poderia estar querendo dizer que refazemos o mundo não apenas repensando o significado do "Estado" e sim repensando o "nós".

O dalai-lama evidentemente concordava com seu amigo e defensor, mesmo quando, em ambos os casos, os dois líderes promoviam expectativas de tal forma elevadas que muitos se decepcionavam, murmurando que as boas intenções por si mesmas não conseguiam derrotar o motor de combustão interno. Com o passar dos anos, o líder tibetano passou a definir-se cada vez mais como "um internacionalista", como disse num livro em 2005, e a invocar especificamente a palavra "global". Ouvi-o dizer na Suíça, naquele mesmo ano, que a "melhor solução para o terrorismo" é "considerar o mundo inteiro como uma única entidade, como se tudo pertencesse a cada um de nós". Sem dúvida isso exigiria um período equivalente a muitas vidas, e talvez nem sequer desse resultado, porém, conforme afirmou sem queixa, "que outra opção existe?".

Para os tibetanos que pediam ação imediata, ações que o mundo inteiro pudesse ver, isso na maior parte das vezes trazia pouco alívio ou esclarecimento, mas o que me parecia estimulante ao ver o dalai-lama e outros, como Havel, insistirem nesse ponto era em parte a percepção de que poderiam aproveitar aquelas oportunidades que ele havia debatido 45 anos antes com meu pai. Hoje em dia estamos todos ligados por aviões, telefones e banda larga, e o que podemos depreender dessas ligações não era apenas uma metáfora para a rede de interdependência, mas sim a sensação de que qualquer indivíduo atua em um círculo muito mais amplo do que sua vizinhança física imediata ou seu país, uma esfera na qual os interesses são universais.

"Nosso pior erro, nosso maior erro", disse-me certa vez o dalai-lama a respeito da situação do Tibete, era estar isolado do mundo, e agora, com a ajuda das circunstâncias, ele estava fazendo o possível para resolver o problema: num sentido restrito e secular, as conversações entre cientistas e monges, entre ocidentais e asiáticos, entre tibetanos e chineses, pelo menos representavam um início e uma percepção de novas aberturas. Se no passado o Tibete adotara atitudes absolutamente extremas de autocontenção e alheamento, ele agora transformaria o país em uma das figuras centrais em uma visão global que mostrava, por exemplo, que os tibetanos poderiam ajudar os indianos em meio aos quais viviam, e que os estrangeiros poderiam ajudar o Tibete. Em gerações anteriores, as principais relações entre países pareciam ter sido econômicas e políticas, alianças e acordos; agora, sugeria ele, havia um tipo de conexão mais profundo e talvez mais valioso — uma conexão interior e humana que podia ser realizada em termos que não eram inerentemente desagregadores.

Por estranho que pareça e sem ao menos ter pretendido, os tibetanos haviam começado a agir segundo a clarividente ideia de Gore Vidal, décadas antes, segundo a qual em um mundo global o centro de poder poderia não ser somente Washington, mas também Hollywood. Tendo descoberto que a maioria dos políticos pediam com insistência para encontrá-lo mas na prática relutavam em fazer algo para ajudá-lo, o dalai-lama deixara, quase literalmente, que sua causa ganhasse as ruas, permitindo que estrelas de cinema, músicos populares e artistas atingissem uma plateia global muito mais numerosa do que qualquer político nacional. Por meio de um típico processo de experimentação pragmática, ele talvez tivesse notado que Richard Gere, que trabalhara de forma tão desprendida em prol da causa tibetana durante mais de um quarto de século (ele havia custeado até mesmo a construção dos banheiros do lado de fora do principal templo do dalai-lama), poderia em certos aspectos atingir pessoas e falar em nome da consciência de maneiras impossíveis para um político tradicional típico, preso a interesses e obrigações. Filósofos, cientistas, religiosos — que ele descobria e revelava — podiam falar a pessoas nos confins mais remotos do planeta e dedicar-se a verdadeiros diálogos e interações, mesmo que os governos se sentissem constrangidos por seu empenho em não despertar a inimizade do maior mercado do mundo ou comprometer alguma outra aliança.

Dessa forma, até mesmo a política, que gente como eu se sentia tentada a ver como domínio de pecadores e corruptos, não estava mais maculada do que as mentes e expectativas que lhe apresentávamos. "Costumamos dizer: 'A política é suja!'", afirmou ele no Constitution Hall, em uma de suas primeiras viagens aos Estados Unidos, "mas isso não é correto. A política é necessária como instrumento de solução de problemas da sociedade humana. Em si mesma, não é má: é necessária."

O problema em matéria de política sempre tinha sido que qualquer um que se candidatasse a um cargo público era sempre, quase por definição, alguém a quem não confiaríamos esse cargo; por meio do próprio ato de dedicar-se à política, esse alguém parecia sugerir (na nossa forma enfastiada de pensar) que estava mais preocupado com suas próprias necessidades e esperanças do que com as nossas. No entanto, a política sem os políticos nunca foi coisa fácil. O sistema tibetano teve a ousadia de pôr um monge como chefe do Estado, na esperança de que lhe fosse possível transformar o processo político a partir do interior. Na prática, no entanto, o dalai-lama foi muitas vezes tanto vítima quanto criador do sistema — durante todo o século XIX nenhum novo dalai-lama chegou à idade de vinte anos e raramente suas mortes foram atribuídas a causas naturais.

Parece claro que às vezes os tibetanos haviam pago um alto preço por se ligar a estrelas do cinema e por ver suas atribulações serem tomadas como a moda do momento, em várias ocasiões por pessoas tão obcecadas pela ideia de Shangri-la que praticamente não pareciam notar o sofrimento de 6 milhões de indivíduos no Tibete. No entanto, parte do fascínio incomum de Dharamsala era que emissoras libanesas de TV, católicos mexicanos e cientistas da China continental ali acorriam para buscar em outros grupos respostas para seus problemas locais. O budismo, na verdade, voltara com novo ímpeto à Índia, sua terra natal, graças aos exilados tibetanos.

E, no próprio Tibete, os poucos ganhos obtidos frequentemente tinham vindo de estrangeiros, como o grupo de cerca de quarenta que observara e registrara as primeiras manifestações em Lhasa, no final de 1987. Muitos haviam arriscado suas vidas a fim de coligir informação, levar suprimentos, manifestar-se contra um governo opressor; as ruas de Dharamsala estavam cheias de advogados, médicos e arquitetos estrangeiros que desprezavam empregos lucrativos a fim de dedicar-se ao Tibete. Entre os poucos acontecimentos auspiciosos da história recente do Tibete encontra-se o simples fato de o país ter se tornado uma preocupação global entre os que não o consideravam um assunto da China e do Tibete, mas uma questão de certo ou errado. Quando a comissão Nobel recompensou o dalai-lama por seus esforços em prol da paz, oferecendo-lhe o prêmio "como tributo à memória de Mahatma Gandhi", ele mais uma vez demonstrou esse sentido de comunidade doando parte do dinheiro a madre Teresa, a fim de ajudar os pobres na Índia; outra parte para alimentar os famintos na África, e outra à Costa Rica para fundar uma universidade da paz.

O mais profundo dos enigmas com que se defrontava o dalai-lama, no entanto, era o fato de ser ao mesmo tempo líder espiritual e temporal de seu povo, e o que quer que fizesse para cumprir um dos aspectos de seu mandato poderia parecer contrário ao outro. Quando falava com o coração, oferecendo confiança, como pedia sua vocação monástica, podia ser acusado de inocência ou ingenuidade; quando agia com astúcia ou pragmatismo, o que fazia frequentemente, podiam achar que havia comprometido sua autoridade moral. Muitas vezes foi atacado por um dos lados por ser pragmático demais e pelo outro por ser idealista demais, como quando disse em 1987 que não buscava independência total em relação à China, e sim apenas autonomia — o que, pensando bem, é uma ideia budista.

"Meu próprio entendimento", disse-me Samdhong Rinpoche, o primeiro tibetano a ser eleito primeiro-ministro do dalai-lama, quando o visitei em 2005, "é que a espiritualidade não pode ser separada de nenhuma vida. Pode ser a família, pode ser a sociedade, pode ser uma nação ou Estado. É preciso um pouco de base espiritual — não um pouco, mas uma base espiritual bastante sólida —, sem a qual não creio ser possível manter a ordem. Essa ordem deve vir de dentro. Não pode ser imposta. O sistema comunista, a imposição de tudo a partir do topo, fracassou."

Mas Samdhong Rinpoche era também um monge tibetano, o que significa que era um dialético; de fato, desempenhara por muitos anos a função de diretor do Instituto Central de Altos Estudos Tibetanos em Sarnath, a primeira universidade oficial do Tibete no exílio. "A religião organizada não deve interferir nos assuntos de Estado", prosseguiu, citando diretamente seu líder. O governo no exílio tinha se esforçado por incluir a palavra "secular" no documento de instituição do parlamento tibetano em 1991, mas foi derrotado por poucos votos, de pessoas que achavam que aquilo significava não apenas uma ausência de religião mas uma tentativa efetiva de evitá-la. Com efeito, quando em 2001 os tibetanos no exílio foram convidados pela primeira vez na história de seu país a votar para eleger seu primeiro-ministro (antes era nomeado pelo dalai-lama ou, mais recentemente, pelo gabinete), escolheram aquele famoso monge e estudioso. "Sua Santidade às vezes observa, brincando", disse-me Samdhong Rinpoche em seu inglês suave, com inflexões indianas, "que pediu ao povo para escolher seus próprios líderes políticos e eles novamente escolheram um velho monge, em vez de gente leiga, jovem, dinâmica e instruída!"

Porém, mesmo para a pessoa com quem eu falava, era claro que poucos tibetanos lhe dariam a mesma atenção que davam ao homem que consideravam um deus, com centenas de anos de linhagem do dalai-lama em seu passado. Recordei-me de que o dalai-lama certa vez me dissera que instava constantemente seu povo, de maneira informal, a praticar a democracia: "Executem suas funções como se eu não existisse", dizia ele, "porque esse dia chegará, não tenham dúvida". Frequentemente exigia de seus assessores imediatos que assumissem muitas das tarefas — conversar com políticos estrangeiros, falar a grupos internacionais de apoio, explicar a situação no Tibete —, coisas que em sua opinião podiam executar pelo menos tão bem quanto ele. Sabia que teria de continuar a ocupar-se pessoalmente dos encontros com cientistas, certos religiosos e aulas públicas, porque, "mesmo que alguns membros do gabinete quisessem fazer essas palestras, ninguém viria!".

Para o dalai-lama, a democracia era o raro e feliz domínio para onde convergiam os princípios budistas e os sistemas políticos do mundo real. Nada podia estar mais de acordo com seu entendimento de que cada um de nós possui um poder específico e igual direito de apresentar sua opinião e ser por sua vez desafiado. Nada poderia representar melhor sua ideia de escolhas independentes em uma rede interdependente, cada um pensando em seu papel num todo mais amplo e debatendo a necessidade de todos opinarem. Para muitos tibetanos, no entanto, sobretudo no exílio, o verdadeiro significado da democracia era o abandono do próprio sistema e linhagem de poder que os havia unido no Tibete e era tudo o que agora tinham para apoiar-se.

Já em seu quarto ano de ausência do país o dalai-lama redigira uma nova Constituição tanto para o Tibete no exílio quanto para o Tibete depois de libertado, tendo o cuidado de incluir uma cláusula que dispunha sobre seu próprio *impeachment*. Seu gabinete — quase inevitavelmente — a retirara do texto, e ele, num raro exercício de poder executivo, a inserira de novo.

Mais recentemente, em 1996, mandara realizar um referendo, para que seu povo exilado pudesse escolher a forma de governo que preferisse. Sem dúvida com relutância, e talvez em deferência a desejos alheios, acrescentara uma opção final: a de que o poder permanecesse nas mãos do dalai-lama. Quase inevitavelmente, também, a maioria dos tibetanos preferiu que o dalai-lama se ocupasse de tudo, e, acatando os princípios da democracia, ele foi obrigado a aceitar um sistema não democrático.

Poucos dias depois da conversa de Lhasang Tsering com os estudantes, convidei-o para um último chá. Bem-educado e agradável como sempre, ele aceitou na mesma hora e me levou a um pátio gramado ao ar livre, em um hotel indiano, onde nos sentamos a uma mesinha para tomar o forte *chai* da Índia que ele pediu, falando fluentemente a língua híndi. Os jornalistas adoram conversar com Lhasang, cujas tiradas oposicionistas são as melhores para serem citadas, e ele também parece adorar falar com eles. "A liberdade não virá se ficarmos esperando", declarou ele, o que me pareceu um de seus muitos epigramas cuidadosamente articulados. "Perdemos a clareza dos objetivos."

Para um budista praticante, pensei, a liberdade de fato não provinha apenas de ficar sentado, como fizera Buda, procurando pacientemente, em meio à poeira e obscuridades da mente, encontrar a clareza de objetivos que havia tornado famosos o dalai-lama e outros monges. Acontece que esse era um objetivo (universal e de amplo alcance) que não satisfazia a impaciência de muitos tibetanos naquele momento.

Mantive-me em silêncio, no entanto (Lhasang, afinal, era budista de nascimento, e eu não), e ele prosseguiu, com seu típico estilo apaixonado: "Acho que nossos líderes agem mais como organização de assistência do que como verdadeiro governo" (sugerindo, assim, que a compaixão ficava abaixo da atividade política e não podia ser parte dela). "Como todos sabem e aceitam, Sua Santidade é nosso ponto forte", dissera ele aos estudantes norte-americanos. "No entanto, por isso mesmo, ele é nosso ponto fraco. Esquecemos a capacidade de pensar por nós mesmos, de agir por nós mesmos, de nos apoiar em nossos próprios pés. Mas antes do dalai-lama já existia o Tibete. Foi somente no século XVI que um dalai-lama passou a governar o Tibete. Nossa história tem 2,5 mil anos."

Muitas vezes, ao ouvi-lo falar, eu tinha a estranha sensação de escutar as palavras que o dalai-lama usava e acentuava com insistência — "realismo", "impermanência", "sofrimento" —, porém na direção oposta. Um dos dois, ao que parecia, falava a linguagem do espírito, da "realidade definitiva" e do que era bom para todos; o outro falava muito mais a linguagem da mente, que insiste em divisões e distinções e afirma que não podemos abandonar o domínio da "realidade convencional", nem nos livrarmos dele. Ouvir o dalai-lama falar de "realidade" (de uma maneira que sugeria necessitarmos de um microscópio para perceber tudo o que isso implica) e em seguida ouvir a voz de Beirute falar sobre a mesma coisa, muitas vezes com notável e invejável fluência, me parecia ser a marca de toda a diferença entre sabedoria e a grande inteligência.

Mas eu estava mais interessado em conhecer a história pessoal de Lhasang. Ele me contou que tinha seis anos quando a família foi à Índia, em 1959, para uma peregrinação (o pai, reconhecido mestre tântrico, percebera que haveria problemas no Tibete). Enquanto estavam na Índia o pai morreu subitamente, deixando viúva e três filhos que teriam de encontrar meios de subsistência em um país estrangeiro. Começaram a trabalhar na construção de estradas, como alguns anos depois também fariam muitos tibetanos, aceitando empregos que os indianos não estavam dispostos a ocupar. Como muitos tibetanos nessas circunstâncias inóspitas, a família prosperou. Lhasang, de fato, mostrou ser excelente aluno, e portanto enfrentou a escolha que ainda hoje se apresenta para os melhores elementos da comunidade tibetana: deveria servir à pátria ou apenas a sua família? Em termos financeiros e práticos, era difícil para os exilados tibetanos servir a ambas: Lhasang desejava pôr sua inteligência a serviço do bem mais amplo, mas não podia esquecer facilmente o Tibete onde passara a primeira infância, nem a pira funerária do pai junto a um rio na Índia.

Continuou a falar, contando-me ter recebido a oferta de uma bolsa para estudar medicina na Universidade Johns Hopkins, e sua discussão com o dalai-lama, quando disse ao líder que precisava conhecer o Tibete e o povo ao qual servia, a fim de poder servi-lo melhor. À medida que discorria, não era difícil imaginar que Lhasang herdara a centelha do pai. Falava com rara intensidade e eloquência, às vezes com voz suave, outras com um rosnado, e eu me lembrei de uma ocasião, em sua livraria, em que ele começara a recitar o discurso fúnebre de Brutus para César, quando o romano explica que havia traído seu antigo amigo e líder mesmo quando — ou talvez por causa disso — começaram a aparecer letreiros na cidade o chamando "o Deus Invencível".

"Sua Santidade congratula os tibetanos que lutam pela Índia no exército indiano", disse ele agora, apelando para um exemplo que costumava usar. "Congratula os tibetanos que deram suas vidas na guerra em Bangladesh. Mas Sua Santidade condena, considerando violência, quando um pobre menino em Lhasa, sem perspectivas, apanha uma pedra e a atira contra um tanque chinês. Está certo lutarmos pela Índia em Bangladesh mas não pelos tibetanos no Tibete?" (Sim, pensei, é possível defender o cumprimento de um dever com nosso hospedeiro como sendo mais importante do que lutar em benefício de si mesmo.) Recordei-me de que o dalai-lama tinha me dito calmamente, nove anos antes, ao aconselhar paciência aos jovens tibetanos: "De certa forma, sim, minha posição ficou mais frágil, porque não há desenvolvimento, não há progresso. Apesar de minha atitude aberta, com máximas concessões, a posição chinesa tem sido cada vez mais dura".

Mas havia algo em Lhasang que me impressionava ainda mais (e poderia, pensei, ter impressionado também o dalai-lama mais do que qualquer de suas palavras ou ideias, que às vezes pareciam argumentos muito repetidos a um parceiro, num relacionamento que durava muitos anos em um espaço bastante exíguo). Na tentativa de passar a temas menos penosos, perguntei que leituras ele me recomendava, e a resposta foi que nos últimos tempos ele não tivera muito ânimo para ler. Comentou com tristeza que não se sentia disposto para isso. E o que havia escrito? Ele às vezes distribuía na loja, em forma de marcadores para livros, poemas que havia feito, recordando aos tibetanos sua grande dívida com a hospedeira, a Índia. Agora, respondeu, toda a sua vida parecia tê-lo abandonado. Quando trabalhava no governo, o que vira o impressionara tanto que sofreu um ataque cardíaco brando com apenas 33 anos. De vez em quando desmaiava, e conforme atestava vigorosamente a esposa, vivia assustado com a ideia de que "chego a esquecer quem eu era".

Debates como o de Dharamsala talvez jamais terminem, porque nunca conseguimos viver inteiramente no mundo que desejaríamos, embora tenhamos de reconhecer que perder a esperança é o mesmo que deixar de ter motivos para viver. Até mesmo no seio da família do dalai-lama o debate continuava aceso e infindável. Uma das vozes mais vigorosas em favor da independência total — e autor do prefácio de um livro com artigos de Lhasang Tsering e Jamyang Norbu, afirmando, nas palavras de Norbu, que a posição do dalai-lama era "um arranjo patético e aguado patrocinado por Kissingers de bolso, 'amigos' de líderes chineses, e até mesmo imbecis bem-intencionados" — era, na verdade, o irmão mais velho do dalai-lama, também lama encarnado, que havia muitas décadas residia no estado de Indiana, nos Estados Unidos. No entanto, o mais visível porta-voz da reconciliação, baseado em Hong Kong e que viajava constantemente a Pequim, falando um chinês fluente e casado por muitos anos com uma chinesa (até a morte dela), era o outro irmão mais velho do dalai-lama, Gyalo Thondup. As posições pareciam tão inseparáveis quanto os monges no pátio, um de pé curvado para a frente e o outro sentado imóvel diante dele.

O próprio Buda certa vez enfrentara situação semelhante, quando um genocida chamado Angulimala massacrou populações em toda a planície do Ganges. Buda manteve contato com esse terrorista — porta-voz do estilo Beirute, pode-se dizer —

conversando pacientemente com ele e mostrando que suas ações eram autodestruidoras. Os que tinham perdido maridos e filhas, no entanto, não esqueciam com tanta facilidade seu sofrimento. Foram ao encontro de Buda e disseram: "Como pode nos pedir que perdoemos um homem que quase destruiu nossas vidas?". A resposta de Buda, como a de um médico em um campo de refugiados, foi simplesmente falar a cada vítima em separado, explicando que, como o sofrimento existia dentro delas, também dentro delas existiam os meios de vencer o sofrimento.

Lembro-me de estar presente a um evento em que o dalai-lama foi surpreendido em sua entrada em um templo por uma jovem enraivecida que se adiantou e exclamou: "Dalai-lama! Preciso lhe falar. Sou divina". Foi levada dali pelos guardas de segurança, com seus gritos e exclamações indignadas chegando até a pequena capela onde ficou o dalai-lama. Para minha surpresa, no entanto, ao sair do templo minutos depois, o líder tibetano pediu aos assessores que a trouxessem até ele e aproximou-se dela, abençoando-a e segurando-lhe afetuosamente o rosto nas mãos em concha. Parecia estar dizendo que não é possível resolver problemas gritando contra eles. É preciso olhar os problemas e oferecer o que se pode dar.

Em minha última noite em Dharamsala, fui convidado por um grupo de tibetanos para jantar no Hotel Tibete. Eram seis homens ao todo, inteligentes e ansiosos por falar, todos brilhantes e promissores jovens da diáspora tibetana. Assim que sentamos, um deles, o mais amável e otimista, estudante de direito, disse: "A democracia vai levar tempo. Vejam os Estados Unidos. Foram necessários duzentos anos para que a democracia se estabelecesse".

"Não dispomos de duzentos anos", respondeu outro.

"Mas temos de ser práticos", redarguiu o primeiro. "São coisas novas para nós."

Que faremos quando o dalai-lama já não existir? Embora ninguém o tivesse dito, esse era o verdadeiro tema do debate, como em muitos debates em toda Dharamsala. Aquela era a pergunta na sombra, que rondava quase todos os lares e silêncios. Um dos jovens presentes, que trabalhava no governo no exílio, tinha me dito que previa guerra civil e ações terroristas no Tibete tão logo o dalai-lama deixasse de existir; o estudante de direito, mais esperançoso, respondera que os tibetanos tinham capacidade de vencer segundo os padrões democráticos propostos pelo dalai-lama. Em torno de nós, estudiosos estrangeiros, tibetanos ricos, monges da alta hierarquia no governo do dalai-lama e mochileiros espalhafatosos começavam a devorar comida tibetana, chinesa, indiana e continental enquanto "Hotel Califórnia" nos recordava que podemos fechar a conta a qualquer momento, mas que nunca poderemos sair.

"Nós, no Tibete, sempre temos essa discussão", explicou-me um dos rapazes, quase como se pedisse desculpas. "Isso porque, de um lado, nos ensinam a ser nacionalistas, a nos orgulharmos do Tibete e a trabalhar pelo Tibete, a proteger nossa terra. Por outro lado, porém, sempre recebemos a lição espiritual de que devemos ser pacientes, estoicos, não violentos. Por isso não sabemos na verdade o que fazer!"

O estudante de direito afirmou que sua única esperança era um país como o Sikkim, que de certa forma era um mundo em si mesmo, embora fizesse parte da Índia. No início daquela noite, quando os rapazes me pediram que dissesse algo sobre o Tibete de uma perspectiva de estrangeiro, tínhamos ouvido Lhasang observar, com furor característico: "Quando alguém está estuprando uma moça e ela grita por socorro, ninguém espera e reza pela paz".

"Os chineses estão ganhando tempo", ele tinha dito também, usando seu aforismo favorito, "e nós estamos nos entregando a eles. De que vale estender a mão, quando a outra pessoa não corresponde? É preciso duas pessoas para haver um aperto de mãos."

"Mas se você não estender a mão", contestara eu, "significa que desistiu. Nada pode ser conseguido."

"A mão pode ser usada como punho!" Os olhos dele estavam injetados, como tantas vezes acontecia.

Agora, no restaurante, a conversa mudou um pouco, versando sobre o que os estrangeiros podiam fazer pelo Tibete.

"Ontem", disse um dos jovens, "um norte-americano me perguntou: 'Você medita?' Não fui capaz de dizer que muito poucos tibetanos meditam. Na verdade, não faz parte de nossa cultura."

Um jovem mais inocente me disse: "Um francês me perguntou o seguinte" — os ocidentais sempre dizem coisas do tipo —: "'Se o budismo trata do desapego, por que vocês são tão apegados ao Tibete?'".

"O que você responderia?"

"Diria que a religião e a cultura tibetanas ajudam a todos. Por isso naturalmente quero que continuem a existir. Às vezes dizemos que as pessoas desejam ter o prazer de alimentar-se com a cultura e a religião tibetanas, mas não se importam com o que está acontecendo na cozinha."

"Às vezes dizemos no Tibete", observou outro, que ainda não havia falado, "que a espiritualidade é o meio, mas que o fim é político. Por favor, diga aos ocidentais que é motivo de orgulho para nós que eles apreciem nossa vida espiritual, mas o que nos interessa agora é a política."

Nove meses depois, num acontecimento que chocou o mundo, o rei do Butão, budista educado em Oxford que estudara com um dos mesmos *rinpoches* que foram mestres do dalai-lama, anunciou que, embora tivesse apenas cinquenta anos, deixaria voluntariamente seu trono dali a dois anos, a fim de levar eleições democráticas a seu país. O povo ficou aflito — só haviam conhecido a monarquia hereditária ao longo dos 98 anos anteriores, e queriam estar sempre sob a guarda do rei —, mas este achava que o reino precisava mudar com os tempos. Um budista poderia me ter dito que a corrente de causa e efeito em uma teia nem sempre é linear ou fácil de prever. O "efeito borboleta", muitas vezes mencionado por líderes como Havel, por meio do qual um inseto que sacode as asas provoca um tornado em um continente distante, parece tomar muitas formas. Uma ideia aqui, um efeito repentino em outro lugar. O dalai-lama nos recordaria que cada palavra ou mínima ação tem consequências, embora muitas vezes não possamos vê-las e não cheguemos a vê-las.

Pois neste nosso mundo onde tudo fenece, tudo termina, há algo que se deteriora, se transforma em pó ainda mais completamente do que a beleza, deixando atrás de si ainda menos vestígios: a tristeza.

Marcel Proust

O futuro

Certo dia em Dharamsala, um dia de outono, de forte e brilhante luz dourada do lado de fora de seu quarto adornado com muitas *tangkas*, embora o frio já se aproximasse e a neve se acumulasse nas montanhas acima de nós, o dalai-lama de repente se curvou em minha direção, como tem o hábito de fazer (curvar-se na direção do mundo se tornou sua posição característica, assim como sentar-se imóvel para a meditação), com os olhos acesos, e embora nada em nossa conversa tivesse levado a isso, passou a tratar de um tema tangencial. Ele vinha falando sobre seu apreço pela informalidade e como esta às vezes parecia tornar as pessoas mais descontraídas, e nesse momento se lembrou de que em sua primeira viagem à Inglaterra, em 1973, após terminar sua palestra, "um cavalheiro inglês idoso — muito educado — veio a meu encontro e me disse que havia gostado muito de o dalai-lama ter dito 'não sei'".

No Tibete, prosseguiu ele, isso pareceria estranho. Os tibetanos apreciam a humildade e riem daqueles que afirmam saber tudo, mas mesmo assim nunca pensariam em felicitar alguém por ter dito “não sei”. O comentário daquele senhor o impressionara tanto que ele agora refletia a respeito, 23 anos depois. “Talvez”, especulou, “esteja ficando raro alguém confessar que não sabe. E quando acontecem coisas fora do comum, isso se transforma em surpresa. Não sei. O que você acha?”

Fiquei atrapalhado em busca de uma resposta — a pergunta era tão genuína — e percebi que o tibetano investigava um aspecto importante do desentendimento cultural. Ele sempre está disposto a oferecer ajuda quando é necessária, mas não se apressa em falar sobre coisas que não conhece. Mas, quando me dirigi de volta a meu quarto, atravessando a alameda florida do lado de fora da casa dele e passando pelos portões para entrar no pátio sombreado cheio de monges com seus mantos vermelhos, tibetanos orando e um ou outro estrangeiro que ali viera para observar a atmosfera de devoção e os debates rituais, e depois descendo a encosta e chegando à rua repleta de cães, lixo e mendigos, com tibetanos levantando barracas para vender pôsteres, fotos e fitas gravadas do dalai-lama aos turistas, e finalmente subindo a ladeira íngreme e sem pavimentação de volta a minha hospedaria e a meu aposento simples e ensolarado, achei que dizer “não sei” era na verdade uma das melhores lições que ele nos dera. O dalai-lama viajava para todos os cantos do mundo em parte para transmitir o que sabia, por meio de seu aprendizado, sua meditação, sua experiência: falava de trabalho árduo em face do sofrimento, sobre a bondade e como esta faz que todos se sintam melhor, sobre interconexão e a base lógica para pensar nos outros (porque são parte de nós). Vinha gente de todo o mundo e fazia fila durante horas para ouvi-lo dar todas as respostas. Um monge é uma resposta ambulante, no compromisso que é a base de sua vida. Mas é também alguém cujo dever (e por certo também cuja natureza) é fazer perguntas. É alguém que vive cotidianamente em presença de algo que é incapaz de definir.

Toda a vida do dalai-lama parece ser uma lição sobre o pouco que realmente sabemos. Quem poderia imaginar que o menino que brincava em uma pequena aldeia do Tibete oriental viria a ser reconhecido como líder de seu povo e levado para o Palácio Potala aos quatro anos? Quem poderia esperar que mesmo antes dos dez anos ele seria o símbolo de seu povo durante o tumulto da Segunda Guerra Mundial? E quem poderia saber que seus problemas começariam logo após o término do conflito? Parece justo reconhecer que ele não percebeu a iminência da invasão chinesa — seus ministros faziam piqueniques quando as tropas estrangeiras entraram no leste do Tibete — e não poderia suspeitar que passaria quase toda a vida adulta longe da pátria, na Índia. As pessoas costumam imaginar que o dalai-lama é dotado de grande intuição e presciência, e é possível que ele seja, mas sem dúvida tem também a capacidade humana de surpreender-se e às vezes de se sentir mortificado.

Ele transformou "não sei" em uma das grandes pedras angulares de seu otimismo. Não há motivo para esperança em relação ao Tibete como o conhecemos: as coisas pioram cada vez mais, ao ponto de o Tibete ser hoje quase uma lembrança. A China não tem motivos reais para abrir mão de uma região que conhece como "A Casa Ocidental do Tesouro" no próprio centro da Ásia; a pressão moral de outros governos nada conseguiu. Os tibetanos não estão em posição de resistir a uma força que se considera o centro do mundo e todas as demais regiões como meros satélites. Simplesmente não há razão para imaginar que o antigo Tibete possa ressurgir como por mágica.

No entanto, o muro de Berlim deu a impressão de ter desabado de um dia para o outro, e apenas oito semanas depois de sua mais recente passagem pela prisão Václav Havel foi unanimemente escolhido presidente de seu país. De repente, por meio dos esforços morais de Desmond Tutu e Nelson Mandela, entre muitos outros, décadas de apartheid na África do Sul chegaram ao fim. Os momentos seguintes a todas essas libertações foram atribulados, numa réplica imediata aos que acham que tudo ficará bem no mundo (coisa que os budistas raramente costumam pensar). Mas ninguém, no início de 1989, esperava que no fim do ano a Guerra Fria de fato terminasse, e ninguém imaginou, quando Mandela saiu da prisão, que o apartheid em breve seria banido de seu país. O dalai-lama assenta sua fé em tais surpresas — o resultado repentino de algo que vem sendo acumulado de forma invisível durante anos —, como se dissesse, como fez anteriormente: "Até o último momento, tudo é possível". Talvez chegue a Pequim um novo líder que realmente se importe com a autonomia do Tibete. Talvez um presidente norte-americano exija concessões que a China terá de aceitar para aplacar seu principal rival. Talvez os chineses no Tibete mudem de opinião. Quem sabe?

De qualquer forma, um monge é alguém que vê as coisas sob a luz mais ampla possível, isto é, alguém que enxerga o quanto não conseguimos ver com nossa visão limitada e parcial, nossa perspectiva a partir do lugar que ocupamos em meio à confusão e ao caos. Sua tarefa, em certos aspectos, é juntar agnosticismo e fé; recordar que ele nada sabe do que virá amanhã e ao mesmo tempo permanecer confiante de que fará sentido e se encaixará em uma lógica mais ampla. A esperança, como disse Václav Havel, não é a convicção de que tudo terminará de maneira feliz e para todo o sempre; é bem provável que não seja assim. É simplesmente a crença de que algo faz sentido, a despeito do que acontecer, e que mesmo esse sentido não é compreensível para nós.

A principal ameaça que paira sobre o Tibete e os tibetanos é, cada vez mais, a incerteza quanto ao que acontecerá quando o décimo quarto dalai-lama já não existir. O homem a quem se refere essa pergunta vem tratando do assunto, com franqueza e sem hesitação, desde que tinha trinta e poucos anos: sempre disse que enquanto o dalai-lama for útil e puder ajudar o povo tibetano e outros, ele estará presente, até mesmo de alguma forma radical. A marca de um verdadeiro dalai-lama é que ele prossegue a obra dos antecessores. Isso inteligentemente contraria a possibilidade evidente de que, tão logo ele faleça, as autoridades de Pequim surjam de repente com um menino dócil sob seu controle, apresentando-o como o décimo quinto dalai-lama. Porém, mais além das estratégias, isso também confirma uma verdade real, a de que tudo muda, e algumas funções persistem além de sua utilidade, porém algo incriado e não sujeito a condições persiste, como disse Buda. A analogia que costuma ser usada para a reencarnação é a de uma chama que é a mesma, até depois de passar de uma vela para outra muito diferente.

"Não sei o que será quando eu desaparecer", me disse o dalai-lama na primavera de 2005. "Não sei. Tudo depende do respeito dos tibetanos a seu líder popularmente eleito. Cem por cento popular será impossível; mas com sessenta, setenta, e mesmo trinta ou quarenta por cento de opositores — isso poderá criar alguns problemas. Enquanto isso, estamos em um país estrangeiro; se o governo indiano retirar algum tipo de reconhecimento formal, nesse caso não sei. É muito complicado."

O que ele de fato dizia é que aqueles tibetanos agitados do lado de fora de sua porta poderiam finalmente tentar agir, em sua compreensível frustração; que, embora ele tivesse procurado estabelecer os alicerces da democracia, sabia que os tibetanos tinham o hábito de obedecer apenas aos que detinham a autoridade ritual do dalai-lama; e que todo o planejamento do mundo não poderia prever todas as contingências nem fazer desaparecer antigos reflexos em um instante. As dificuldades de sua posição ficavam evidentes quando um dos primeiros fatores que ele mencionara ao contemplar o futuro tinha sido não o Tibete e nem mesmo a China, e sim a Índia (que permite a permanência dos tibetanos como grupo de refugiados espirituais mas ficaria preocupada caso eles começassem a afirmar-se como força política).

Ele esperava que um primeiro-ministro eleito significasse que "o povo já não se apoia mais no dalai-lama. Por isso, esteja o dalai-lama vivo ou não, já haveria liderança. E, em termos de assuntos religiosos, temos gerações mais jovens de lamas de diversas tradições. Assim, teoricamente, está tudo planejado. Na prática, porém, depende de muita coisa. Portanto, não sei".

O dalai-lama sempre defendeu que, num sentido mais profundo, caso seja possível vivermos sem as cerimônias e a tradição superficial, ele próprio, o Tibete e os templos budistas não precisariam existir, enquanto pudermos manter vivos dentro de nós os princípios que representam. Os povos, as culturas e os prédios são coisas perecíveis, mutáveis, diz ele sempre — inclusive ele próprio; mas a verdade, a possibilidade, a justiça e a bondade não o são. O caminho aberto sempre nos leva a ultrapassar a curva seguinte, suscitando nova busca, ainda que não haja certeza do destino final.

"A mudança faz parte do mundo", foi a fórmula em seis palavras com que ele condensou o budismo. Em seu tempo de criança, o Mosteiro Sera, em Lhasa, era um dos maiores do planeta, com 10 mil monges. Agora Pequim decretou um limite de quinhentos em qualquer mosteiro. Mas o novo Sera, que os refugiados vindos do antigo construíram no sul da Índia, cresce cada vez mais, com uma população que pulou de quinhentos para 4 mil. Existem agora duzentos centros budistas tibetanos só em Taiwan. E muitos, muitos dentre os chineses que se dirigem em bandos ao Tibete (os chineses representam cerca de 90% de aproximadamente 1 milhão de turistas que vão ao Tibete a cada ano) fazem oferendas no Templo Jokhang, e chegam a adotar nomes tibetanos e procurar lamas no Tibete. Ainda que aos próprios tibetanos muitas vezes não seja permitido aprender o idioma, um número cada vez maior de chineses está frequentando cursos da língua.

O autor chinês Ma Jian, de volta à China após visitar o Tibete, escreveu: "Diz um ditado: aquilo que está unido acabará por separar-se, e o que está separado acabará por unir-se".

"Se daqui a trinta anos o Tibete tiver 6 milhões de budistas tibetanos e 10 milhões de budistas chineses", disse-me o dalai-lama em 2003 (não com ansiedade, mas porque acompanha tão de perto os acontecimentos no Tibete que é capaz de citar nomes de monges e mosteiros remotos que estão fazendo boas obras no país), "isso talvez seja bom." Afinal, houve um tempo em que o Tibete ocupou grande parte do oeste da China e invadiu a grande capital chinesa em Changan, onde instalou um imperador fantoche; menos de setenta anos depois, como recordou o dalai-lama a meu pai em 1960, o budismo monástico foi expulso do Tibete central durante mais de seis décadas, e não era possível encontrar nenhum monge ou texto sagrado.

Em outras palavras, a história não termina com um ser humano específico, o décimo quarto dalai-lama; pode-se dizer que aí começa (a história do Tibete que faz parte do mundo moderno mais amplo, um mundo moderno que faz parte do Tibete, e daqueles que compreendem, como Buda enfatizava, que o importante não é o mestre, e sim o ensinamento). Muitas das ideias que esse dalai-lama específico havia feito circular eram agora tão aceitas que parecia perfeitamente possível que norte-americanos, alemães, indianos — e até chineses — as levassem adiante. Perguntei a seu irmão mais jovem, em um dia ensolarado de inverno em San Francisco, como ele via o futuro do budismo, e Ngari

Rinpoche respondeu, calmamente: "No futuro, creio que as pessoas seguirão os princípios expostos por um homem chamado Gautama, mas a palavra 'budismo' poderá desaparecer. O que é ótimo: não precisamos do nome".

Veio em seguida sua risada subversiva e o olhar bondoso por trás dos óculos — ele ia dizer alguma coisa sobre meus cabelos —, e eu vislumbrei uma das formas pelas quais as ideias já encontravam nova voz e novo veículo.

Três anos exatos após a viagem a Nara que deu início a este livro, o dalai-lama voltou ao Japão, novamente caminhando por um parque ao brilhante sol de outono, de mãos dadas com seu velho amigo Desmond Tutu e a colega laureada com o prêmio Nobel Betty Williams, da Irlanda do Norte. Caminhavam naquele dia de novembro pela larga avenida que leva ao monumento à paz em Hiroshima, com os raios do sol refletidos nos arranha-céus da cidade renascida em torno deles; tinham passado os dois dias anteriores falando a uma plateia internacional, composta principalmente de jovens, sobre as esperanças de paz ainda possíveis em uma cidade cujo nome se tornara sinônimo de destruição.

O dalai-lama muitas vezes já repetiu que o Japão é a mais forte nação budista do mundo (contrariando as impressões comuns de muitos de nós, que só vemos suas formas modernistas), e, na medida em que o país sentisse um vazio no peito, poderia levar suas habilidades e treinamento especiais à América Latina, África e outros lugares onde pudessem ser úteis. Alguém se sente melhor, mais rico, dando a outros aquilo que tem. Enquanto isso, o resto do mundo se dirigia ao Japão: na véspera, à luz do sol, eu subira com ele a um monte íngreme em Hiroshima, onde um lama tibetano ensinara durante vinte anos, enchendo de vibrante colorido tibetano a vetusta serenidade de um templo japonês. No dia seguinte o dalai-lama deveria ir à ilha sagrada de Miyajima e fazer palestras em um templo fundado pelo monge japonês Kobo Daishi após haver trazido objetos semelhantes a mandalas, mudras e princípios de Vajrayana ao Japão, havia 1200 anos.

Muita coisa tinha acontecido, pensei, desde que vira o dalai-lama, anos antes, à luz suave do sol de outono no Japão: um dos chefes do partido comunista no Tibete, que se fizera notar em Pequim ao reprimir os tibetanos no final de 1980, se transformara no principal líder de toda a China. Uma conexão ferroviária de alta velocidade entre Pequim e Lhasa, terminada antes do prazo previsto, agora conseguia despejar mais de mil chineses da etnia Han na capital tibetana todos os dias, dobrando novamente sua população. Eclodira uma nova guerra em Beirute e o dalai-lama havia tido graves problemas de saúde, trazendo a todo Tibete a verdadeira visão da mortalidade. Quanto a minha própria vida, eu acabara de voltar de uma viagem ao Sri Lanka, onde tinha visto monges budistas instarem o governo linha-dura da época a fazer a guerra contra os rebeldes tâmeis do norte; meu próprio povo, os tâmeis, se ocupava em transformar civis, crianças, turistas inocentes e até mesmo mulheres grávidas em bombas suicidas, e os grandes templos budistas tinham mais soldados que monges.

No entanto, em outros aspectos, muita coisa não havia mudado. O mesmo empregado cuidava dos mantos do dalai-lama, como vinha fazendo desde que ambos ainda viviam no Palácio Potala, cinquenta anos antes. O sobrinho do dalai-lama dirigia o escritório em Dharamsala durante a ausência dele (e outro sobrinho organizava o site na internet). Quando fui com Hiroko ao hotel onde ele se hospedava em Hiroshima — com o sol invadindo o quarto pelas janelas e um jornal semiaberto sobre uma mesa comprida —, uma das primeiras coisas que ele nos disse foi: "A dúvida é muito importante. Sem uma postura cética (sem dar à palavra 'cética' um sentido negativo) ou contestadora, não há possibilidade de fazer uma pesquisa. Sem pesquisa, não se pode enxergar a realidade".

Citou até mesmo algumas contradições ou afirmações exageradas de Buda para mostrar que — como Buda adaptava seus ensinamentos de acordo com a plateia — até mesmo as palavras dele podiam ser entendidas de modo equivocado.

Mas no longo prazo, enfatizou, conforme havia dito a meu pai 46 anos antes, uma visão válida sempre vence uma visão distorcida. E mesmo a partir do caos ele parecia conseguir extrair esperança. A guerra em curso no Iraque, disse, era "sintoma de algum grande erro, de alguma negligência no passado, mesmo ocorrida no distante século XIX. Da mesma forma, de outro lado, se iniciarmos agora um esforço com visão, nesse caso algum resultado positivo pode ocorrer no fim deste século, ou no início do próximo. "Alguns de nossos sonhos", disse ele à plateia em Hiroshima, "podem não se realizar durante nossas vidas. Talvez não haja sinais de resultados nem mesmo durante este século XXI. Mas é preciso fazer um esforço."

Quando o acompanhei a Miyajima, uma ilha não muito longe de Hiroshima geralmente considerada o lugar mais sagrado do Japão — 2 mil cervos pastam entre os muitos templos e há também um santuário cor de laranja sete vezes reconstruído, que se ergue da água como uma aparição —, tive mais do que nunca a sensação de que o Tibete, ou pelo menos Dharamsala, se mudara para o país onde eu morava.

Diariamente, um grande número de pessoas sobe as estreitas e íngremes ladeiras em direção ao Daisho-in, o templo construído por Kobo Daishi na colina, com seus telhados de cor cinza surgindo acima das árvores como nevoeiro ao sol brilhante. O dalai-lama consagrou a nova capela, com doze de seus monges do sul da Índia junto aos monges japoneses do templo, com mantos vermelhos e amarelos se misturando com o púrpura lustroso e um após outro grupo entoando cânticos. Ao iniciar as palestras de dois dias — antes do período de ordenação e iniciação —, um jovem *rinpoche* taiwanês vindo da Califórnia fez uma tradução simultânea para um grupo de entusiasmados peregrinos de Pequim e outra pessoa as verteu para o idioma coreano a um grupo do outro lado do Buda dourado, enquanto um doutor em metafísica do Instituto de Dialética Budista de Dharamsala fazia o mesmo em inglês (89 no dial FM do rádio).

Enquanto falava, com um sol elegíaco do lado de fora trazendo sua própria visão de mortalidade e resplendor, o dalai-lama parecia vivaz como sempre. Nos momentos em que aguardava que o tradutor para o japonês vindo de Dharamsala passasse suas palavras para essa língua, perscrutava os rostos que via diante de si, sorrindo, explodindo em seu riso espontâneo, e em certa ocasião fazendo sinal a seus monges para que abrissem espaço e oferecessem seus lugares aos monges japoneses, e em outra perguntando a alguém do auditório se poderia acompanhar a palestra sem tradutor. De vez em quando se curvava para um *rinpoche* sentado na primeira fila a fim de pedir sua opinião de erudito; outras vezes se voltava para seus anfitriões para indagar se as pessoas que estavam no pátio, do lado de fora, conseguiam ouvir e participar do que estava acontecendo. Tendo ficado a poucos metros dele durante vários dias, achei que ele era a imagem da vigorosa dedicação. Quando fui a seu encontro ao fim do dia de aulas, no entanto, notei que tinha os olhos vermelhos e lacrimejantes, visivelmente cansados do esforço de falar durante cinco horas. As aulas o estavam cansando, sem dúvida.

Pareceu-me cada vez menos relevante, pelo menos naquele contexto, tentar rotular o que ele dizia, fossem esses rótulos "século XXI" ou "radical", ou até mesmo "dalai-lama". Se a aspirina funciona, não é preciso perguntar de onde vem. Se o raio provoca incêndios, não é preciso discutir religiões. Se uma "nova realidade" está ao nosso redor — ele havia tratado desse tema também em Hiroshima —, nesse caso a contemplamos, assim como as cartas que acabamos de receber. Havia uma vela naquele templo, instalada pelo monge japonês que viajara à China para trazer de volta um sistema muito semelhante ao tibetano (na origem indiano) que ardia continuamente, conforme se dizia, há mais de mil anos.

Como disse no início deste livro, fui visitar o dalai-lama justamente no dia em que ele soube da concessão do prêmio Nobel, em 1989. Na ocasião, ele participava de uma reunião com cientistas em um local ao sul de Los Angeles, e após saber da notícia pelo rádio ao passar por Santa Barbara, resolvi levar-lhe meus parabéns e algumas perguntas para uma entrevista. Quando cheguei à casa onde ele estava hospedado, o dalai-lama me recebeu com a característica hospitalidade e franqueza, como se fosse um dia qualquer (como creio que era), levando-me pela mão a uma sala lateral como se tivesse todo o tempo do mundo, e tendo o cuidado de olhar em torno, automaticamente, em busca de uma cadeira para me acomodar, como se fosse eu o homenageado. Ele me perguntou como deveria usar o dinheiro do prêmio e fitou-me com olhos penetrantes, visivelmente esperando uma resposta. Disse-me que às vezes achava que nunca poderia fazer o suficiente e que nada do que fazia tinha de fato alguma influência sobre os acontecimentos (preocupação presciente e de longo alcance, pois após haverem amainado a excitação e a impressão de possibilidades que o prêmio suscitava, o Tibete se encontrava a apenas dez anos de sua destruição). Disse-me que "somos nós, pobres seres humanos, que temos de fazer o esforço", dando um passo de cada vez; e novamente, como se invocasse as palavras finais de Buda, falou de "esforço constante, esforço incansável, para perseguir objetivos claros com empenho genuíno".

Em seguida, quando saíamos da saleta, ele voltou para apagar a luz. É uma coisa tão pequena, observou, que quase não faz diferença. No entanto, não custa nada fazê-la, e talvez alguma coisa boa resulte disso, caso um número maior de pessoas se lembre desse gesto simples em um número maior de salas.

Voltei para Los Angeles em meu carro e mandei meu artigo (a um editor que não tinha grande interesse nas ideias de um monge tibetano e que praticamente desconsiderou todo o texto). Tratei de cuidar de minha vida, e estive de novo com o dalai-lama alguns meses mais tarde, quando ele foi a Santa Barbara logo depois que minha casa foi destruída por um incêndio e eu perdi tudo o que tinha.

Mais ou menos 6 mil dias após aquela manhã, quando voltou a viajar até o Japão, pensei naquele simples gesto de apagar a luz. Parecia-me que em cada um daqueles 6 mil dias eu havia tido uma revelação, percebera alguma sabedoria, anotara algumas frases que lera ou meditara sobre o significado do universo, a maneira de levar uma vida melhor, a essência da alma, a irrealidade da alma. Tive mais centelhas e lampejos do que poderia ter tido durante os 6 mil anos seguintes. No entanto, agora, nesta bela manhã de outono, não consigo me lembrar de nenhum deles, exceto a tarefa simples e prática de apagar a luz. Nada de iluminação, nada de caridade universal, nem a Regra Áurea, nem a sabedoria dos tempos; apenas algo que eu podia fazer todos os dias.

Voltei para casa após ouvir o dalai-lama naquela ilha ensolarada e saí para caminhar. Fechei a porta ao sair e já ia girando a chave na fechadura quando me lembrei daquele dia distante. Abri de novo a porta e apaguei a luz.

Nada é certo a não ser a vida, a transição, o espírito que dá energia... Nenhuma verdade é tão sublime, mas pode se tornar banal amanhã, à luz de novas ideias.

Ralph Waldo Emerson

Leituras

O ponto de partida de qualquer livro, pelo menos para mim, é a leitura exaustiva do maior número de outras obras sobre o assunto, a fim de ver o que já foi feito e que não precisa ser repetido. No caso do décimo quarto dalai-lama, essa tarefa é tão imensa quanto gratificante, e até mesmo um novato logo percebe que os detalhes biográficos básicos já foram admiravelmente tratados em filmes, biografias e autobiografias, de modo que não é necessário dizer mais nada. Quanto aos aspectos intrincados de sua prática e sua filosofia, o fluxo contínuo de livros publicados com seu próprio nome — conferências, entrevistas, ensinamentos oficiais, e até mesmo apenas aforismos — contém um grau de complexidade e sutileza que poucos dentre nós poderiam reproduzir. A bibliografia sobre o Tibete e sobre o budismo em geral é enorme, e muitas das obras são excepcionais, capazes de mudar sua vida e fazer você ver tudo de uma maneira nova.

Na verdade, às vezes sinto que o próprio ar rarefeito, a intensidade e a magia do Tibete têm o efeito de operar uma transformação em muitos dos que o visitam, até mesmo em leituras (ou na mente). Neste livro, procurei ser um leitor médio falando a outros leitores médios, trazendo nada mais do que a curiosidade e o interesse de um jornalista que jamais praticou o budismo e pouco conhece a respeito, mas que tem curiosidade em saber como é capaz de expandir a mente de qualquer um, budista ou não. Para quem desejar ler livros de sabedoria mais profunda e verdadeiramente abalizados sobre o assunto, gostaria de render homenagem a algumas das obras que mais me instruíram e tornaram minha vida mais bela, e recomendá-las aos leitores.

No que toca à vida e às vidas do décimo quarto dalai-lama, o melhor ponto de partida é sem dúvida sua segunda autobiografia, *Freedom in exile* [ed. bras. *Liberdade no exílio*], uma mistura viva e característica de reminiscências humanas e filosofia e política aguçadas, além de *In exile from the land of snows*, de John Avedon, que mesmo passados 25 anos continua a ser insuperável em seu relato tanto da vida tibetana quanto de sua história recente. Numa época em que não eram muitos os que tinham sequer ouvido falar no décimo quarto dalai-lama ou se preocupavam com o Tibete, Avedon se dedicou com tamanho empenho a esses dois mundos que talvez tenha descoberto mais do que qualquer um depois dele.

O filme *Kundun*, de Martin Scorsese, evoca de maneira eletrizante os anos passados pelo dalai-lama no Tibete (verificado de perto por ele próprio) e uma visão penetrante de como se apegar a alguma coisa digna de valor em meio às confusões e desafios do mundo. Outras perspectivas humanas e calorosas são as proporcionadas pela mãe do dalai-lama, Diki Tsering, em seu livro *Dalai Lama, my son* [ed. bras. *Dalai lama, meu filho*]; pelo irmão mais velho, Thubten Jigme Norbu, no livro escrito em colaboração com Heinrich Harrer, *Tibet is my country*, e pela irmã mais jovem, Jetsun Pema, em *Tibet: My story*. A primeira autobiografia do dalai-lama, escrita em 1962, *My land and my people* [ed. bras. *Minha terra e meu povo*], oferece um visão inestimável dos sentimentos e ideias dele sobre a própria vida após partir para o exílio, e *The last dalai lama*, de Michael Goodman, embora menos confiável, em termos de detalhes e nuances, do que muito do que foi publicado posteriormente, ainda é um relato profundo e vibrante, de tom e proporção corretos.

Para uma descrição bem-feita e sensível de toda a família do dalai-lama e dos constantes e animados debates entre seus membros, é difícil encontrar melhor livro do que *Kundun*, de Mary Craig.

Quando procuro um entendimento mais geral e não técnico sobre o que o dalai-lama pretende em relação ao mundo mais amplo, os primeiros livros de sua autoria que leio são *Ethics for the new millenium* [ed. bras. *Uma ética para o novo milênio*] e *The universe in a single atom* [ed. bras. *O universo em um átomo*], os quais, respectivamente, mostram com clareza e amplitude a visão moral que ele procura levar ao mundo inteiro e as pesquisas científicas que mais o entusiasmam. Ambas as obras foram objeto de grande atenção dele durante bastante tempo, e parece lícito presumir que proporcionam um registro altamente preciso daquilo que ele realmente deseja comunicar. Uma das primeiras coletâneas organizadas por ele, *Kindness, clarity and insight*, compilada após sua primeira viagem aos Estados Unidos, é ainda inestimável, e entre os livros suscitados por ensinamentos específicos e mais recomendados pelas pessoas próximas ao dalai-lama estão *The four noble truths* [ed. bras. *Pacificando o espírito: As quatro nobres verdades de Buda*] (uma introdução geral ao budismo), *The good heart* (no qual o dalai-lama se dirige aos cristãos e trata dos Evangelhos) e *Destructive emotions* [ed. bras. *Como lidar com emoções destrutivas*] (que registra um encontro seminal do Instituto Mente e Vida na qual cientistas e filósofos se reuniram para pesquisar os reflexos e impulsos que afastam as pessoas).

Outros livros que me ajudaram a compreender tanto o budismo tibetano quanto a visão particular do décimo quarto dalai-lama sobre a transformação são o inspirado *Inner revolution* [ed. bras. *Revolução interior*], de Robert Thurman, e *Happiness* [ed. bras. *Felicidade*], de Mathieu Ricard, manual claro e sereno para pensar sobre a vida de maneira diferente e embarcar no tema da transformação, que revela um pouco da amplidão do retiro do autor no Himalaia. *The Art of Happiness* [ed. bras. *A arte da felicidade*], de Howard C. Cutler, é merecidamente reconhecido por dar ao dalai-lama a possibilidade de tratar de estudos específicos de casos levados a ele por um psiquiatra ocidental, e *The wisdom of forgiveness* [ed. bras. *A sabedoria do perdão*], de Victor Chan, nos dá uma visão íntima e completamente convincente sobre o homem que fascina grande parte do mundo.

Não há melhor vislumbre do dia a dia do dalai-lama — e, mais misteriosamente, do personagem que se move através dele — do que o livro de fotografias documentais de Manuel Bauer, *A journey for peace.*

A história do Tibete é um assunto que cada vez mais tem atraído mentes interessantes nos últimos anos, como suplemento às obras iniciais de formação escritas por estudiosos como Giuseppe Tucci, Hugh Richardson e David Snellgrove. *The dragon in the land of snows*, de Tsering Shakya, é um relato extremamente sólido e equilibrado da história do Tibete desde 1947; *The snow lion and the dragon*, de Melvyn C. Goldstein, é ao mesmo tempo rigoroso e não sentimental; *Prisoners of Shangri-la*, de Donald S. Lopez Jr., estudioso que há muito se mostra profundamente solidário com os tibetanos, examina de modo inquisitivo os mitos que cercam o Tibete.

Alguns dos livros clássicos sobre o Tibete antes da ocupação chinesa que devem ser lidos são a obra de sir Charles Bell sobre o décimo terceiro dalai-lama e seu país; a interessante e popular história das explorações iniciais do Tibete, *Trespassers on the roof of the world*, de Peter Hopkirk, os relatos ricamente coloridos de Alexandra David-Neels sobre suas viagens e, naturalmente, o imortal *Seven years in Tibet* [ed. bras. *Sete anos no Tibet*], de Heinrich Harrer. Um de meus favoritos é *A stranger in Tibet*, de Scott Berry, que trata do excêntrico monge zen Ekai Kawaguchi e suas peregrinações a esmo pelo país, e nos primeiros anos deste século dois livros excelentes nos ajudaram a ver e perceber como é realmente o Tibete sob ocupação chinesa: o atormentado porém profundamente escrupuloso *Tibet, Tibet*, de Patrick French, e o cuidadoso e imparcial *Lhasa: Streets with memories*, de Robert Barnett. Também me deu prazer a leitura sobre o impacto do Tibete moderno sobre visitantes chineses contemporâneos, como Ma Jian, em *Red dust*, e Xinran Xue, em *Sky burial* [ed. bras. *Enterro celestial*] (assim como visitantes anteriores, como F. Spencer Chapman, Peter Fleming e Lowell Thomas Jr.).

The search for the panchen lama, de Isabel Hilton, continua a ser a obra definitiva sobre a morte repentina do décimo panchen-lama e a intrincada busca de seu sucessor, e *Dance of 17 lives*, de Mick Brown, dá uma visão vigorosa e atraente do legado Karmapa e suas complicações atuais. *A story of Tibet*, de Thomas Laird, publicado em 2006, no qual o autor faz o dalai-lama atravessar toda a história do Tibete de seu próprio ponto de vista, já me parece ser um dos livros essenciais e insubstituíveis nesse campo, permitindo ao leitor ouvir e sentir a voz pessoal do dalai-lama muito perto de si.

Sou grato aos muitos livros que me proporcionaram compreensão do budismo tibetano, talvez o mais detalhado e erudito dos quais seja *Self, reality and reason in Tibetan philosophy*, de Thupten Jinpa. *Buddha* [ed. bras. *Buda*], de Karen Armstrong, é uma pequena e séria biografia do próprio Gautama, vista por uma ex-freira e estudiosa de muitas religiões, enquanto *An end to suffering*, de Pankaj Mishra, é um exame mais profundo e amplo da vida de Buda e sua influência nos dias de hoje, feito por um viajante consciencioso. A obra de Huston Smith sobre o budismo é tão lúcida e inspiradora quanto seus trabalhos sobre todas as demais tradições religiosas principais.

Entre as obras mais eloquentes que li sobre o budismo no Ocidente estão *The Buddha from Brooklyn*, de Martha Sherrill, *Dragon thunder*, de Diana G. Mupko e Carolyn Rose Gimian, *Shoes outside the door*, de Michael Downing, e *Crooked cucumber*, de David Chadwick. Rick Fields narrou de maneira soberba a história da vinda do budismo para o Ocidente em *How the swans came to the lake*, Jeffery Paine a recontou de maneira interessante em *Re-enchantment*. Os livros de Stephen Batchelor, Steve Hagen, Mark Epstein e muitos outros colocaram ao meu alcance, de maneira admirável, práticas e ideias complexas.

Duas dentre as obras mais intrigantes e brilhantes que já li sobre o caminho budista — e que li e reli pelo menos cinco vezes do início ao fim durante os últimos vinte anos — são *The snow leopard*, de Peter Matthiessen, que trata de sua descoberta do budismo e da realidade nas alturas do Himalaia, e *A journey in Ladhak*, de Andrew Harvey, sobre seu encontro com o budismo tibetano e algumas almas carismáticas no norte da Índia.

Deve ter ficado evidente nas páginas precedentes que dei ênfase neste livro a trazer o dalai-lama para fora do Tibete e do budismo, levando-o para a comunidade mais ampla de ideias e pensadores e mostrando em que medida, e com que frequência, seus interesses são semelhantes aos de outras tradições e pesquisadores. Procurei, por esse motivo, incluir no livro a voz calorosa e inimitável de Desmond Tutu, assim como as ideias de Václav Havel, bom amigo e colega do dalai-lama; também quis examinar como as palavras e ideias deste último podem ser explicadas e refletidas de volta a nós de formas diferentes pelo décimo terceiro dalai-lama, pelo irmão mais moço do atual dalai-lama, Ngari Rinpoche, e pelo próprio Buda.

Ao longo dos anos em que me dediquei a esses temas, li e constantemente voltei a autores como Graham Greene, Ralph Waldo Emerson, Henry David Thoreau, Thomas Merton, Leonard Cohen, Aldous Huxley, Emily Dickinson, William James, Stephen Mitchell, Somerset Maugham, Robert Stone, Annie Dillard, Etty Hilesum e muitos outros, a fim de tentar oferecer uma estrutura mais ampla para as ideias essenciais — e extremamente universais — apresentadas pelo dalai-lama, e em 2005-6 voei com ele pelo mundo inteiro, assistindo a concertos do U2 em Nova Jersey, Copenhague, Los Angeles e Tóquio. Em seu trabalho e constantes entrevistas, o principal vocalista do U2, Bono, parece haver se esforçado com sinceridade e sem descanso em favor de muitos dos mesmos princípios que o dalai-lama elucida com tanta riqueza, especialmente um sentido de comunidade global, de justiça social e de responsabilidade com os pobres em toda parte, iluminado por uma recusa contagiante e vigilante de sua própria pretensão (e sua tendência a se considerar sempre certo). Ao ouvir as magníficas canções do U2 — e vendo com que profundidade o grupo apresenta os problemas sempre atuais de viver uma vida de consciência e espírito no mundo —, meu coração se exalta, fazendo-me rodopiar pelo quarto e me ajudando a esclarecer minhas ideias a respeito de um homem que representa, em minha opinião, junto a uma rede de outros que vai de Gandhi a King e a outras inspirações desconhecidas no futuro, possibilidades existentes além do Tibete, além do budismo, e mais amplas do que o âmbito de uma única vida.

Agradecimentos

Deve ter ficado evidente que minha primeira dívida de gratidão por poder escrever um livro como este é com Sua Santidade, o décimo quarto dalai-lama, que não apenas me dedicou parte de seu precioso tempo durante muitos anos, permitiu que eu viajasse em sua companhia e chegou a dizer (ao jeito dele) que "seria um privilégio poder ajudar com alguma informação", mas também, o que é mais importante e também típico dele, sempre deixou claro que não desejava um relato elogioso ou desnecessariamente simpático sobre ele e sua vida (embora ele dê valor à exatidão, equanimidade e responsabilidade). É raro conhecer alguém, sobretudo uma pessoa em posição política tão delicada, que demonstre claramente satisfação em ser desafiado, questionado e até mesmo contestado com argumentos decisivos. E é ainda mais raro — e talvez isso seja parte do motivo pelo qual escrevi este livro — encontrar alguém que exija padrões assim tão elevados de rigor, clareza analítica e imparcialidade científica, sem deixar de ser um modelo caloroso e vibrante de humanidade e generosidade.

Do mesmo modo e com o mesmo espírito, sou profundamente grato aos membros da família do dalai-lama que me dedicaram seu tempo e sua hospitalidade, como a irmã mais jovem, Jetsun Pema, e muitos outros do círculo familiar. Terá ficado claro para os leitores deste livro o quanto devo ao irmão mais moço, Tendzin Choegyal — conhecido como Ngari Rinpoche —, sempre disposto a responder a qualquer pergunta, convidar-me a seu terraço para longas conversas, gracejar comigo sobre meus cabelos (ou falta deles) em qualquer lugar, da Califórnia à Índia, ao longo de décadas. Choegyal sempre foi mais severo comigo (confirmando os ensinamentos do irmão) quando achava que eu estava sendo condescendente demais com o Tibete institucional — ou com ele próprio — e não os contestava com suficiente energia.

Para mim tem sido um grande prazer e um privilégio, há mais de um quarto de século, trabalhar com os membros do gabinete particular do dalai-lama, que por sua vez muito me ensinaram em matéria de paciência, bondade e consideração, a começar pelo insubstituível Tenzin Geyche Tethong. Poucas ocupações serão mais difíceis do que tentar organizar os compromissos de uma das pessoas mais solicitadas do planeta e, mais do que isso, trabalhar com alguém que sempre defende os mais elevados padrões de franqueza e abertura. Tenzi Geyche-la vem fazendo isso, em muitos continentes, há mais de quarenta anos, e nesse processo se tornou uma espécie de presença maravilhosa em minha vida; o que quer que estivesse acontecendo, fosse qual fosse o pedido que eu lhe fizesse, sempre podia contar com sua voz serena, bondosa e imperturbável, vendo o que podia fazer para que todos ficassem satisfeitos. Quem tiver visto o décimo quarto dalai-lama trabalhando com seu secretário e tradutor de muitos anos terá percebido o que muitas vezes pode ser comparado a dois músicos de qualidade em perfeita sincronia, cada qual entendendo os sinais do outro ou assumindo uma melodia original de autoria do outro, ambos se conhecendo tão bem que são capazes de ler a mente do parceiro. Aqueles que, como eu, falam frequentemente com o dalai-lama, muitas vezes acham que os que o rodeiam nos ensinam alguma coisa a respeito da sabedoria e da clareza.

Nessa ordem de ideia, senti-me entusiasmado por poder conhecer Tenzin Taklha e com ele haver trabalhado durante quase toda a década passada: personalidade elegante e doce entre as muitas que encontrei em minhas viagens, e que consegue, na função de secretário particular, ser ao mesmo tempo um profissional consumado e manter fisionomia sempre humana, sorridente e protetora; nos últimos anos, Chhime Choekyapa se tornou um colega perfeito, rápido, amigável e sempre pronto a deixar de lado a burocracia para chegar ao essencial. Thubten Samphel, do Departamento de Informação e Relações Internacionais, tem sido amigo leal e generoso durante anos, respondendo incansavelmente a todas as minhas perguntas com grande eficiência e precisão, e muitos outros do mundo tibetano, desde o escritório do Tibete em Nova York a toda a equipe da Casa do Tibete em Tóquio, me tocaram fundo ao indagar constantemente de que maneira poderiam me ajudar, se precisava de alguma coisa mais, e que soluções poderiam dar. Tempa Tsering, Geshe Thupten Jinpa Langri, Geshe Lhakdor, Geshe Dorji Damdul, Kusho Paljor-la, e muitos outros que seria exaustivo enumerar, me auxiliaram a completar meus conhecimentos sobre o Tibete e transmitiram a mim e a muitos outros uma sensação de afetuosa comunidade.

Um de meus primeiros amigos e contatos tibetanos, cuja companhia ainda prezo muito, foi Tenzin N. Tethong, na época representante do dalai-lama em Nova York e mais tarde chefe do gabinete do governo no exílio. O atual primeiro-ministro, professor Samdhong Rinpoche, também teve a gentileza de conversar comigo numa época muito atarefada.

Além de todos os contatos oficiais, toda a família tibetana no exílio me adotou, como fez com milhares de outras pessoas, mostrando-nos de maneira viva e direta o que o dalai-lama quer dizer quando fala do globo como uma "família humana". Rinchen Khando Choegyal e sua família, Kelsang Chukie Tethong, Tsering Drolkar Taklha, Maria Rinchen e muitos outros conseguiram nos fazer sentir que cuidar de nós é para eles uma alegria, e nada pediram em troca.

Em Dharamsala, a extraordinária equipe da Casa Chonor, a começar por seu diretor, Dechen Maja, e a antiga recepcionista (hoje nossa boa amiga) Dawa Dolma, fizeram que eu e Hiroko desejemos passar todas as primaveras no povoado, durante vários meses, imaginando-nos no velho Tibete; mais adiante, na mesma rua, Ashwini Bhatia, além de Angus e Zos e sua equipe (especialmente Lobsang) transformaram nossas vidas, graças ao Café Moonpeak. Lhasang Tsering, com sua maravilhosa livraria Bookworm, sempre foi extraordinariamente generoso e franco ao compartilhar comigo — e com todos os estrangeiros — sua poderosa e eloquente oposição às posições do governo, e o restaurante Lung Ta se tornou um novo lar longe do lar. Jagmohan Gupta, da empresa de turismo Ways and Means, sempre encontrou uma maneira de nos fazer chegar a Dharamsala (assim como o grande e lendário diretor do escritório da revista *Time* em Nova Delhi, Deepak Puri, que parece sustentar sozinho grande parte do império Time-Life e ainda, às vezes suspeito, a maior parte da Índia); e os novos amigos do Instituto Norbulingka, como Dolmakyap Zorgey, Kim Yeshi, Jeremy e Pippa Russell e Thubten Tsewang sempre nos abriram suas elegantes casas. Os tranquilos e incansáveis funcionários que fazem milagres no Cibercafé Awasthi e as equipes da Hospedaria Pema Thang, do

Cottage Kashmir, do Café Namgyal, dos restaurantes Khana Nirvana, Current Event e Ashoka, assim como muitos outros lugares favoritos dos frequentadores, sem dúvida sabem como são queridos e apreciados no mundo inteiro.

Um dos aspectos mágicos derivados da proximidade do dalai-lama e dos tibetanos é que eles se tornaram o foco e o ponto de encontro de algumas das pessoas mais interessantes que já conheci. Uma grande comunidade global começou a tomar forma em torno daqueles que se interessam por suas ideias, o que faz que muitos de nós nos sintamos à vontade em toda parte. Acho que tenho muita sorte por ter conhecido tantos indivíduos talentosos, dedicados e desprendidos devido a meu contato com o Tibete. Alguns deles — Robert Thurman, Richard Gere, Martin Scorsese, Melissa Mathison, Matthieu Ricard — se tornaram bastante conhecidos, e muitos outros são menos célebres porém não menos inspiradores. Todos os dias, ao que parece, minha caixa de entrada se enche de saudações e notícias de gente que conheci por causa do Tibete, com nomes como Darlene Markovich, Sole da Silva, Yusuke Memoto ou Vivian Kurz. Creio ter sido para mim uma grande felicidade ter passado algum tempo em Dharamsala com Brigitte Lacombe e seu inimitável assessor Gustav Bruns, com Martine Franck, Steve Lehman e a eterna Rosette Jein, de Paris; e, no círculo mais amplo daqueles que trabalham com o dalai-lama, tem sido um imenso prazer conhecer o supertalentoso e cativante Manuel Bauer, assim como colegas afáveis e excelente companhia como Howard Cutler, Victor Chan e Rajiv Mehrotra.

Devo agradecer de coração a Justin Williams, que conheci por acaso em um restaurante em Dharamsala, por me haver ensinado, com grande delicadeza e sem pretensão, o que significa a tradição de meditação do budismo tibetano, e a Huston Smith, por haver compartilhado comigo sua experiência de conversas com o dalai-lama durante um lapso de quarenta anos. Em minha cidade natal, tive a sorte de encontrar José Cabezon, titular da cátedra de Estudos Tibetanos que leva o nome do décimo quarto dalai-lama, na Universidade da Califórnia, em Santa Barbara. José foi extremamente generoso em oferecer a um desconhecido como eu os frutos de sua erudição e experiência. Keido Fukushima-roshi, em Quioto, me proporcionou a ventura de um vislumbre da tradição zen (e uma parceria para a vida inteira). Ao longo dos anos, Leonard Cohen me trouxe uma visão radiosamente tranquila, eloquente e generosa do que significam a disciplina, a humildade e a atenção budistas (tanto na vida quanto por escrito).

Fora da órbita budista, Annie Dillard e Bob Richardson me estimularam a ser mais prático na maneira de me sustentar, e Caryl Phillips, Meredith Monk e meu incomparável editor na *New York Review of Books*, Bob Silvers, me apoiaram nessa empreitada. Para levar este livro até a fase de impressão devo muito, como sempre, a meu agente, Lynn Nesbit, e meus antigos amigos e patrocinadores no Grupo Knopf: Sonny Mehta, Dan Frank, Marty Asher e Robin Desser.

Na verdade, Dan Frank insistiu muito comigo para ser mais rigoroso e claro, com a atenção e desafiadora amabilidade que se espera do mais compreensivo amigo, e graças a Fran Bigman cada passo deste processo foi mais indolor e amistoso. Na produção do livro, fiquei impressionado e inspirado, como ocorreu muitas vezes antes, com a incomparável designer de livros Abby Weintraub, cuja arte já adorna quatro de minhas capas, e por meu simpático e inimitável fotógrafo preferido, Derek Shapton, em Toronto.

Para minha surpresa, Stephen Mitchell se ofereceu para ler todo o manuscrito, embora só nos tivéssemos visto duas vezes (novamente, senti a importância da humildade a serviço da qual estão o treinamento e a meditação budistas); dois dias depois de havê-lo enviado a ele, recebi uma lista esclarecedora e exata dos pontos em que eu havia interpretado equivocadamente a tradição. Em Quioto, meu velho e grande amigo Michael Hofmann, que de início me abriu as portas para o budismo quando nos conhecemos, em 1987, influenciou tanto a mim quanto ao meu trabalho com a maior bondade, clareza e profundidade de percepção, procurando sempre fazer que eu me mantivesse honesto e me recordando o muito que eu não sabia.

Conforme está narrado nestas páginas, meu falecido pai foi quem me transmitiu sua relação pessoal com o décimo quarto dalai-lama e de fato levou monges e símbolos tibetanos a nossa sala de estar quando eu era ainda muito pequeno; à medida que o tempo passava, eu compreendi que esse era um de seus legados mais preciosos. Para minha alegria e gratidão, minha mãe compartilha diariamente comigo sua generosidade e talento. Na Califórnia, meus amigos do retiro beneditino New Camaldoli vêm me instruindo há dezessete anos sobre as motivações da atividade dos monges e o significado real dos frutos de seu isolamento, devoção e compaixão; no Japão, os indômitos e alegres associados do Clube Shikanodai de Ping-Pong me oferecem algo semelhante em um contexto menos formal.

Quando comecei a escrever sobre o Tibete, há muito tempo, tratava-se de um desafio muito solitário: ainda recordo haver explicado alguma coisa sobre o país e suas tradições a minha doce e radiosa companheira, Hiroko Takeuchi, que conheci em 1987. Desde então, ela adotou o Tibete em seu imenso coração, tornando-se a princesa sem coroa de seu segundo lar, Dharamsala, e tem procurado com empenho pôr em prática o que aprendeu com os tibetanos, muitas vezes rompendo o gelo nas conversas com o dalai-lama enquanto eu ainda hesitava na superfície. Quando soube que eu estava escrevendo este livro, o dalai-lama a aconselhou a "tomar conta dele para certificar-se de que ele não está se equivocando", útil lembrete a nós dois sobre o fato de que nossa responsabilidade começa em casa.

Finalmente, como sou morador de um pequeno apartamento em um subúrbio japonês, sempre me sinto grandemente influenciado e estimulado pelas obras que me chegam de longe. Neste caso, tenho uma grande dívida para com parte do material que realmente me comoveu e me alimentou as ideias enquanto trabalhava neste livro. O filme *Titus*, de Julie Taymor, *My life without me*, de Isabel Coixet, as obras de Philip Roth, *Mountains beyond mountains*, deTracy Kidder, a arte de Bill Viola e, conforme mencionei, o otimismo global e autozombeteiro do U2, cujo empenho em prol da libertação e da consciência muito tem a ver, num plano elevado, com grande parte do tema desta obra. Na medida em que este meu livro, como todos os demais que escrevi, trata da maneira de encontrar clareza e paz — num sentido mais amplo — em meio a nossa ordem global tão densa, acelerada e esfuziante, o U2 oferece sem dúvida um exemplo de como podemos rir de nossas próprias reivindicações de bondade enquanto nos empenhamos a fazer algum bem a outros. Aprecio os esforços de pessoas como essas, que desafiam o mundo, de olhos abertos e com decisão firme, sem jamais desistir da devoção a algo que nem sempre é muito visível no globo em que habitamos.

ESTA OBRA FOI COMPOSTA EM MINION PELO ESTÚDIO O.L.M. E IMPRESSA
EM OFSETE PELA PROL EDITORA GRÁFICA SOBRE PAPEL PÓLEN SOFT DA
SUZANO PAPEL E CELULOSE PARA A EDITORA SCHWARCZ EM JUNHO DE 2009